The End of
Burnout

Why Work Drains Us and
How to Build Better Lives

by
Jonathan
Malesic

なぜ私たちは燃え尽きてしまうのか

バーンアウト文化を終わらせるためにできること

ジョナサン・マレシック
吉嶺英美 訳

青土社

なぜ私たちは燃え尽きてしまうのか　目次

なぜ私たちは燃え尽きてしまうのか

バーンアウト文化を終わらせるためにできること

「べつに好きになる必要なんてないさ。だから、〝お仕事〟って言うんだ」

ジョージ・マレシック（一九三三 - 二〇一八）

はじめに

何年か前のことだ。当時、大学で教鞭をとっていた私は、朝になっても出勤の準備ができず、何時間もベッドで横になったまま、同じミュージックビデオを何度も何度も、繰りかえし見つめていた。英国のポップ・スター、ピーター・ガブリエルが一九八六年にケイト・ブッシュとデュエットしたバラード『ドント・ギヴ・アップ（あきらめないで）』のミュージックビデオだ。ビデオではこの二人が、日食がはじまって終わるまでの太陽を背に、六分間にわたって抱き合っていた。夢破れた男性の心情を歌う、絶望と孤独に満ちたガブリエルの抒情的な歌詞。それはまさに当時の私の気持ちそのものだった。ケイト・ブッシュは励ますように何度もこの歌のタイトル「ドント・ギヴ・アップ（あきらめないで）」を繰り返し、つらいのはいまだけ、と慰めていたが、私の心にその言葉はまったく響かなかった。

その日、私の最初の講義は午後二時からだったので、やっとのことで時間ぎりぎりに教室にたどり着くと、必死の思いで講義をし、それが終わると一目散に帰宅した。夜はなんとか元気を出そうとアイスクリームを食べ、ウイスキーやアルコール度の高いビールをちゃんぽんにして飲んだ。そして私は15キロほど太った。

当時、私は誰が見ても最高の職に就いていた。宗教や倫理、神学理論を教えるという自分の得意分野で、高度なスキルを発揮し、学生たちを教育していた。同僚はみな知的で気さくだったし、給料も十二分にもらい、手当も申し分なく、講義や研究の進め方も自由に決めることができた。そのうえ終身在職権《テニュア》まで得ていたのだ。学問の世界だけに存在する、そして最近では学問の世界でも珍しくなった安定雇用だ。それでも私はひどく落ちこんでいたし、それが仕事のせいだということもわかっていた。もうすべてを投げ出したかった。私はすっかり燃え尽きてしまっていたのだ。

当時の私は、問題は自分にあると考えていた。こんなに恵まれた職に就いていて、なんの文句があるというのか？　だがやがて気がついた。バーンアウト、すなわち燃え尽き症候群は、たんにひとりの労働者が絶望しているというだけにとどまらない、もっと大きな問題なのだ。というのもアメリカやカナダといった豊かな国に住む人々は、仕事を中心にした「バーンアウト」文化を長い年月をかけて営々と築いてきたという背景があるからだ。しかしだからといって、バーンアウトが私たちにとって逃れられない運命である必要はない。

本書は、さまざまな業界で働く何百万人もの人々が、なぜ働く気力を失い、自分を人生の敗北者と感じてしまうのかを知りたいという私の切実な思いから誕生した。この本のなかで私はバーンアウトを、仕事に対する「期待」と「現実」のギャップに引きずり込まれることと定義した。そしてこの五〇年で広がった文化的現象であるバーンアウトは、これまで長く信じられてきた考え方、すなわち仕事は報酬を受け取る手段というだけでなく、その人の尊厳や人格、目的意識を保つ手段である、という考え方に根ざしていると考えた。実際、バーンアウトを懸念する声が社会で大きくなってもなお、この文化はなくならない。なぜなのか？　それは、私たちがそのような職業上の理想を大切にし、仕事がもたらす「意義」を失うのを恐れているからだ。さらにアメリカをはじめとするポスト工業国の労働環境も、バーンアウトの撲滅を阻んでいる。

私は本書が、仕事は私たちに尊厳を与えるものでもなければ、私たちの人格を形づくるものでも、生きる目的を与えるものでもない、ということを人々が理解する一助になってくれることを願っている。仕事に尊厳を与えるのは私たちであり、仕事の性格を形づくるのも、人生のなかで仕事をどう活かすかを決めるのも私たち自身だ。それに気づけば、仕事に入れ込みすぎなくなり、労働環境の改善を考えるようになり、賃金労働をしない人たちのことも尊重できるようになるはずだ。そうすれば、バーンアウト文化に終止符を打ち、仕事に依存しない生き方で繁栄していくこともできるだろう。実際のところ、充実した人生における仕事の位置付けについて、これまでとは違う考え方をする人も出てきている。だが多くの場合、そのような考え方を受け入れ、実践しているのはバーンアウト文化の辺縁にいる人たちだ。この本では、そんな新しい生き方を紹介していこうと思う。

本書は世界中の仕事を根底から覆した新型コロナ感染症のパンデミックをきっかけに誕生した。アメリカでは社会全体で行われた隔離政策によって大量の失業者が生まれ、それまで信じられてきた労働の理想はすべてまやかしだったことが白日の下にさらされた。人々の尊厳、すなわち人間としての価値と、その人が働いているかどうかはなんの関係もなかったのだ。たとえばあるウエイトレスがパンデミックのせいで職を失っても、外出禁止令によって職場のレストランが閉店する前と後で彼女の尊厳のレベルが変わったわけではない。だとすれば今回のパンデミックは、五〇年以上にわたって私たちの仕事を支配し、バーンアウトの原因となってきた倫理観と決別するいい機会とも言えるだろう。仕事のあり方を考えなおし、私たちの生活における仕事の位置付けを見なおす絶好のチャンスなのだ。もしこの機会を逃せば、私たちはまた、バーンアウト文化をつくり上げた以前のパターンへと逆戻りしてしまう。

バーンアウトは、一般的な労働問題とは少々性質が異なる奇妙な問題だ。終身在職権のある大学教授にさえ起こるのであれば、これがたんに劣悪な労働環境を巡る問題と言えないことは明らかだ。つまり、高い給料や手当、職の安定を確保することで解消するような問題ではないのだ。労働環境は重要だし、労働者はより良い条件で働くべきだと私も思うが、それだけでは問題の半分しか解決しない。

バーンアウトは労働経済だけの問題ではない。これは魂の病でもある。たいていの場合、私たちが燃え尽きるのは、「仕事とは社会的、道徳的、精神的に繁栄するための確実な道」と信じているからだ。だが仕事は私たちが期待するものを与えてくれず、私たちは理想と現実のギャップに疲弊し、不信感や絶望をおぼえる。また、人々は仕事を個人的なものととらえているため、燃え尽きたことを互いに話し合うこともなく、団結して現在の状況を改善しようという動きにもつながらない。仕事が期待どおりにいかない場合、私たちは自分自身を責めてひとりで苦しむから、状況はさらに悪化する。だからこそバーンアウトの治療は文化的かつ集団的なもの、仕事が与えてくれない思いやりや敬意をお互いに与え合うものでなければならない。

だが、その解決策について語る前に、まずはバーンアウトという現象自体をよく理解しておく必要がある。人が燃え尽きるまでのストーリーには、これといった劇的なことは起こらない。大発見や大惨事、大恋愛のストーリーとは違うのだ。普通に働いていた労働者が、いつしか日常の仕事も満足にできない抜け殻になったとしても、その変化には明確な境界がない。ある朝、目が覚めて「また、一日が始まるのか」とげんなりする日はあるかもしれないが、それは一瞬のことで、特に気にせずやり過ごしてしまう。けれどもうそのときは手遅れで、あなたはすでにバーンアウトを回避するチャンスを逸してしまっている。自分の仕事を、ただ期待されているとおりにこなしてはいても、徐々に仕事をする力は衰えていき、あるときふと気づくのだ。自分がその仕事をほとんどできていないということを。仕事をするには、あまりにも疲れ、あまりにもいらだち、あまりにも役立たずになってしまっているということを。

まずは、それがどのようにして私に起こったかについて話したいと思う。

＊＊＊

大学生になり、教授たちと出会うとすぐに、私は自分も彼らのような仕事に就きたいと思うようになった。ニーチェやアニー・ディラードといった難解な本を読み、講義で学生たちに挑戦的な問いを投げかける彼らのようになりたい、と憧れたのだ。私が好きだった教授のひとりに、指導教官としてキャンパス内に住んでいる教授がいた。彼は金曜日の午後になると、コンクリートブロックづくりの小さな自宅アパートを学生たちに開放していた。私はその部屋の常連で、ワインレッドの布張りの椅子に座ってコーヒーを飲みながら、宇宙の膨張が神学にもたらす意味、などという小難しい議論を仲間たちと戦わせていた。教授は、学生寮のラウンジのテレビで、映画も見せてくれた。映画は『マイ・ディナー・ウィズ・アンドレ』や『ウディ・アレンの重罪と軽罪』、『さよなら子供たち』など、教授の学生時代に話題になった外国映画や芸術映画ばかりで、鑑賞後には学生たちがその作品について延々と議論を戦わせた。そんな教授の人生が、私の目にはこれこそ「良い人生」と映った。知識と芸術と学問のために生き、蓄えた知識や知恵を、知識欲旺盛な学生たちに手渡すことで生活の糧を得る。少なくとも当時の私は、そのような知識や知恵を喉から手が出るほど求めていた。教授は、夜遅くまで寮で交わされる学生たちとの会話を自らの職業にしている。そんな教授のあとに続きたい。そう思った私は、その憧れを実現するために、できるかぎりの努力をした。

次の一〇年、私はそのような生活を送るために必要なことをすべてした。大学院に行き、論文を書き、狭き門であるアカデミズムでの就職活動にも挑んだ。そして何度かの挑戦のあと、ようやく大学に職を得た。ペンシルヴァニア州北東部にある小さなカトリック系大学の正職員。それも神学を教える終身在職権《テニュア・トラック》コースの教授職に就いたのだ。まさに夢への第一歩だった。私は恋人とともに何十箱分もの本とツイードのジャケットを梱包し、大学院があったヴァージニア州からペンシルヴァニア州に引っ越した。その後、彼女はカリフォルニアに移り、大学教授になる夢を叶えるためにカリフォルニア大学バークレー校の大学院に入った。

遠距離恋愛になると、私は仕事に没頭した。学生たちにニーチェやアニー・ディラードを読ませ、講義では彼らに挑戦的な質問を投げかけた。著作を出し、教授会の委員をし、オフィスで遅くまで働いた。恩師たちのように学生にやる気を起こさせる教授になろう、同じ講義ノートを何年も使い回す化石のような教授にはなるまい、と私は心に決めていた。そんな私にとって最大の悩みは、学生たちが私の講義にまったく関心を持っていないことだった。神学は必修科目であり、自らの意思で履修している学生はほぼ皆無だったからだ。そこで私は学生たちがもう少し学ぶ努力をするよう、いくつかの手段——というよりはトリック——を編み出した。このトリックはある程度成功し、専攻を神学に変更する学生も何人か現れた。講義では『ジ・アポストル』〔南部の説教師を主人公にした一九九七年公開のアメリカ映画〕、

『ハイヤー・グラウンド』〔愛と信仰に悩むひとりの女性の半生をつづった二〇一一年公開のアメリカ映画〕、『ウディ・アレンの重罪と軽罪』といった映画を鑑賞させ、その映画について学生たちと少しばかり議論もした。まさにそれは、私が夢見た生活だった。

六年後、私は終身在職権《テニュア》を得た。このころには、恋人は私の妻となり、東部に戻ってきていた。博士課程を終えた妻が、マサチューセッツ州西部の田舎町で職を得ると、私は長期有給休暇《サバティカル》をとって、一年間、彼女とともにマサチューセッツで過ごした。午前中は毎日、論文書きと運動をし、午後にはカフェで本を読むか、自転車で丘陵の牧草地帯や廃墟となった水車小屋の脇を走る。それはもう、申し分のない日々だった。

けれど私も仕事に戻らなければならず、妻とはふたたび離ればなれの生活となった。会うのはひと月に二、三回。週末に四時間半かけて車でお互いの元に通い、私はふたたび仕事に没頭する日々に戻った。だが今回は、以前ほど仕事に全力投球できなくなっていた。その理由には、もう新米教授ではなく、終身在職権を得るために仕事ぶりをアピールする必要がなくなったということもあったが、それ以上に大きかったのは、大学が財政危機と認定評価の危機という二つの危機に直面していたことだった。職員たちは解雇され、給料や予算は凍結された。また、入学する学生数の減少という心配——大学は授業料収入だけで黒字を維持できるのか？——もあった。それ以外にも、大学認定機関を満足させるためにやるべきことが山ほどあり、キャンパスを歩く誰もが不安げに見えた。

失業の心配がない私でさえストレスは高かった。講義や研究だけでなく、委員会の委員長や大学の教育評価センター長まで引き受け、いままで以上に働いていたからだ。だが、その努力を大学側が評価してくれているとは思えなかったし、学生も私の講義に興味があるようには見えなかった。学部長や同僚は、引き続き私の講義をほめてくれていたが、私はその言葉を信じられなかった。なぜなら私は毎日、教室で自分の敗北をまのあたりにしていたからだ。しかたないからここにいる、という態度で講義を聞いている学生たちのぼんやりした顔は、私の敗北以外の何ものでもなかった。

こう言うと自分の弱点を認めるようにも、特権階級が抱える贅沢な悩みのようにも聞こえるが、当時の私が必要としていたのは、自分は誰かにとって意味のある仕事をしていると人から認めてもらうことだった。けれどほかの人はもっとつらい状況に耐えているのではないか？　自分はじゅうぶんな給料をもらい、面白いと思える仕事があり、横からあれこれうるさく言う上司もいないのになぜ、みんなのように不平を言わずに仕事に専念できないのだろうか？　いったい自分に何が起こったのだろうか、という思いに私は悩まされるようになった。

このころの私は、徐々に短気になっていた。いっぽうで学生のレポートを返すのは遅くなり、講義の準備もはかどらなくなっていた。夜、これまで使っていた学生の興味をかき立てる手段を思い出そうとするたび、思考が停止し、頭が働かなくなった。教え方について知っていたことをすべて忘れてしまったのだ。そしてあの『ドント・ギヴ・アップ（あきらめないで）』のミュージックビデオをただ繰り返し眺めるようになっていた。

もはや自分は、かつて夢見たような生活を送っているとは思えなくなっていた。それは二〇年前に私があこがれていた大学教授の生活ではなかった。その後の二年間で事態はさらに悪化し、私は一学期間、無給休暇をとり、かつて長期有給休暇を過ごした田園地域に戻ってふたたび妻と一緒に暮らすことにした。少し休めば、気分も晴れると思ったからだ。そして春の学期にペンシルヴァニアに戻ったが、何も変わらなかった。仕事は同じ。私も同じ。実際のところ、事態はこれまで以上に悪化していた。

＊＊＊

教室は静まり返り、プロジェクターの光が私の目にまっすぐ飛び込んできた。教室の隅のデスクでは学部長がノートをとっている。それは年に一度の講義評価の日だった。私は社会倫理の講義でラッパー、ケンドリック・ラマーの楽曲『オールライト』のミュージックビデオを学生に見せていたが、そこにいた二〇人の学生は誰ひとりとして、ビデオで繰り広げられる悲惨な光景について発言しようとしなかった。そのビデオの一シーンでは、口髭、サングラス姿の警官たちが一台の車を棺桶のように肩に担いで粛々と通りを歩いていた。車内では、運転席に座ったケンドリックが音楽に合わせて体を揺らし、後部座席の窓からは誰かが空き瓶を放り投げている。またケンドリックを含む黒人男性が、通りで警官たちに銃撃されるシーンもあった。学生たちが無言だったのはおそらく、その光景があまりにも新しすぎて奇抜、そし対立的すぎたからだろう。静寂は続き、その一秒、一秒が、私の精神を切り刻む拷問となった。

それでもついに、最前列にいた勇敢で真面目な女学生が手を挙げ、ビデオで使われている言葉や映像にひどく動揺したと発言した。私は、うわずった声で語る彼女と二言、三言やりとりをしたが、会話はそれ以上には広がらなかった。そこで学生たちにさらに質問を投げかけた。「私がこれまで講義で話した内容に関連するものが、このビデオにあったかな？　ケンドリックが教会のイエス・キリスト像のように電線の上に立っている場面はどうだろう？　もし彼がイエス・キリストなら、お金や車で彼を誘惑する悪魔は誰だと思う？」

けれど教室内は静まり返り、誰もひと言も発さない。私は、アドレナリンが脊髄を駆けのぼっていくのを感じていた。

そっちがその気ならそれで結構。心のなかでそうつぶやくと、私は次の話題に移り、ローマ教皇レオ一三世が産業経済における労働について記した一八九一年の文書について意見を求めた。レオ一三世が私有財産をどう考えていたか、答えられる人は？　この文書のどこが聖書の引用かわかる人はいるかな？　だが学生たちはうんともすんとも言わない。質問は？　質問のある人はいない？

質問したいのはこちらのほうだったが（その頭に、何かひとつでも思い浮かばないのか？　誰ひとり、何も考えていないのか？）、が、あえて言葉にはしなかった。脊髄を駆けのぼったアドレナリンが、ここで闘うか逃げ出すか、とるべき道はひとつだと私に迫っていた。

課題をなぜやってこないのか、と学生たちを叱責するべきか？　努力すらしない怠け者とののしるべきか？　学者然とした態度で彼らを辱め、学ぼうが学ぶまいがそれは君たちの問題で、私はどちらでもかまわない、と言い放つべきだろうか？　読書課題をしてこなかった者は、教室から出ていけと言い渡すか？　その言葉をもう一度繰り返して私が本気だとわからせ、学生たちがそそくさとノートをしまって上着を着こむあいだ、彼らをにらみつづけるか？

それとも、こちらが教材をまとめて教室を出ていくか？　だがそれはあまりにリスキーな賭けだった。いくら私に好意的な学部長でも、授業参観の報告書にそれを書かないわけにはいかないだろう。そんな報告書が出れば私はクビだ。だが、クビになったところで死ぬわけじゃない。

ぐっと奥歯をかみしめた。顔に血がのぼっていくのがわかる。闘ったりするものか。逃げたりなどするものか。大きく深呼吸してなんとか教師の威厳を保つと、困ったものだとばかりに、読んでおくよう宿題に出した文献について講義を続けた。もう、学生に意見を聞いて議論に参加させる気など失せていた。

生まれてこのかた、これほど腹立たしい気分になったことはなく、一一年間の教員生活でこれほどの屈辱を味わったこともなかった。この私は、ミュージックビデオについての意見さえ、二〇歳の学生たちから引き出すことができないのだ。

ありがたいことに講義の時間は終わり、学生たちはバックパックに荷物をしまい教室を出ていった。学部長は私の横を通りすぎざま、あなたが思うほど悪くありませんでしたよ、と言った。だが私には、もう終わりだとわかっていた。

私がたどりついたのは、学生のころに垣間見た教授の「良い人生」とは正反対の場所だった。私が憧れていた教授は、けっして知識をひけらかす衒学的な人ではなかった。教室では学生と輪になって座り、私たちの話をうなずきながら聞いてくれた。学生がおずおずと新しい考えを口にすると「もっと詳しく」と先を促してくれた。彼は気さくで博識だったが、いまの私は独りよがりで独断的だ。私の夢は崩れ去った。私の大学院生活、就職活動、そして終身在職権を獲得するまでの長い道のりを支えていた「大学教授になる」という夢は粉みじんに崩れ去ってしまったのだ。

一週間後、私は仕事を辞める決心をした。

アメリカをはじめとする豊かな国では、バーンアウトはよく話題にのぼるが、実態はほとんど理解されていない。話の内容も不正確で、それがよりいっそうバーンアウト文化をはびこらせる結果になっている。これまでにもバーンアウトに関する毒にも薬にもならないような記事は、ビジネス雑誌や人気のウェブサイトで何十回も読んできた。バーンアウトに陥ったら、眠れなくなったり、仕事に身が入らなくなったりするだけでなく、心臓病やうつ病、不安症になる可能性も上がると注意を促す記事も少なくない。[1] また、アメリカでは職場でのストレスによって、年間一九〇〇億ドルの医療費が余分にかかっており、とてつもない規模の生産性を失っていると指摘する人も多い。[2] さらに記事の書き手たちは、このような事実を報じるだけでなく、怪しげな忠告もしてくる。ある典型的な記事では、バーンアウトを避けるために次の三つをするべきだと説いている。

第一に適切な働き方を見つけること……第二に、勤め先には、自分にあった使命と文化を持つ組織を選ぶこと。第三に、「起業家精神」をもって仕事にあたること。つまり、置かれた状況に当事者意識をもって取り組み、自身の価値と強みと情熱をその仕事に注ぎ込む独創的な方法を見つけ、期待される働きをするのだ。そうすればあなたは成功するだけでなく、有意義に働くことができるはずだ。[3]

このようなアドバイスは笑ってしまうほど見当はずれで、この記事を掲載した心理学雑誌がバーンア

＊＊＊

ウトのことも労働者の生活実態もまったくわかっていないのが透けて見える。こういった記事を書く人たちはバーンアウトの全責任を労働者に押しつける。そのうえ働く場所も、仕事のどの部分に当事者意識を持つのかも、労働者が自分で決められると思い込んでいるのだ。しかもこの記事が掲載されたのは二〇〇八年のリーマンショックのまっただなか、米国企業が五〇万人の雇用を削減した時期だ。[4] こういった記事は例外的と言いたいところだが、じつはストレスは労働者個人の問題であり、会社や管理職の責任ではないというのがバーンアウトに対する一般的な社会の見方だ。[5]

　バーンアウトに関する記事はそのほとんどが恐ろしいほど似たり寄ったりだが、それはこの問題について、社会が思考停止状態にあるからにほかならない。さらに、このような論調が有害であるにもかかわらず、私たちは同じような説を読みつづけ、書きつづけている。こういった記事を書く人の多くは、すでに疲れ果て、無力感にさいなまれている人たちを鞭打つように、もっと頑張れば状況を変えられるとはっぱをかける。そのうえ自分のバーンアウトは自分で対処しろ、と言うだけなので、バーンアウトを引き起こした過酷な倫理的、経済的システムの問題には一切触れられないままだ。バーンアウトについて私たちが思考停止に陥るのは、それが私たちの文化的価値観にいかに深く組み込まれているかに気づいていないからだ。あるいは気づいてはいても、それを認めることを恐れているのかもしれない。人がバーンアウトするほど過酷な労働を強いるものであっても、それが利益を生むかぎり、そこで得をする人たちはシステムを変えようとは考えない。さらに、労働が道徳上の義務となっている現在の個人主義的な文化では、働ける状態を維持することは本人の責任だ。そして自分の頑張りを誇りにする多くの労働者は、それがダメージを伴おうとも、その責任を喜んで引き受ける。屈折してはいるが、私たちの多くはこのバーンアウト文化が好きなのだ。そして心の奥底で、自分もバーンアウトしたいと願っている。

本書は、五〇年にわたって固定化してきたバーンアウトに対する考え方からの脱却を目的としている。そこでまずは、バーンアウトを個人の問題ではなく文化的な問題としてとらえ、その歴史をたどり、一九七〇年代にバーンアウトが文化的に注目を浴びるようになった経緯についてつまびらかにしていく。さらに、さまざまな科学的知見を総動員して、バーンアウトとは「仕事に対する自身の理想と現実のギャップを埋めるために無理を重ねた結果」であるとの定義を定める。そしてこのような理想が生まれたのは、私たちの労働状況が劣化してきたここ数十年であることを明らかにし、バーンアウト文化に終止符を打つための新たな考え方も提案していく。本書はまた、人間の尊厳を高め、思いやりを深め、余暇での活動を強化して、仕事が生活の中心ではない新たな理想的生活も提案する。さらにはバーンアウト文化にあらがい、新たな生き方や働き方を作り出す先駆者として奮闘するコミュニティや職場、個人も紹介する。

バーンアウトに関する望ましくないアドバイスはどれも、現在の文化における制度やシステムはほとんど神から与えられたものであるかのように不変と決めつけている。これは多くの人が犯す間違いだが、もちろんそれは違う。これまでも私たちは働き方を変えてきたし、文化的変化がそのような改革の大きなきっかけになったことも少なくない。たとえば児童労働は、二〇世紀はじめにはごくあたりまえだったが、その後わずか数十年で違法になった。それと同時に、保護者も子どもを経済的に有用な存在としてではなく、「何物にも代えがたい存在」、倫理的にも感情的にも危険な労働などさせられない大事な存在として見るようになった。[6]そしてそれ以降も、多くの規範や制度が、迅速に作られてきた。いまや〔アメリカでは〕同性のカップルも合法的に結婚できるし、トランスジェンダーの人々も認知され、受け入れられてきている。社会構造を解体してまったく新しいものをつくるのは大変だが、それはけっして不可能ではないのだ。そもそものような社会構造を最初につくったのも人間だ。だとしたら私たちが、より良いものをつくれないはずがないではないか？

＊＊＊

バーンアウトは複雑な現象で、仕事と私生活の両方に影響を及ぼす。その原因は多岐にわたり、私たちが心に抱く理想が原因になることもあれば、家計を支える苦労や世界経済が原因になることも、相性の悪い顧客との日常的なやりとりが原因になることもある。そんな複雑なバーンアウトを理解するために、私は心理学だけでなく、社会学、政治学、神学まで、膨大な数の論文や文献に目を通し、何十人もの労働者を取材し、ニューメキシコの砂漠の峡谷で数日を過ごすこともした。また、自分の人生をじっくりと振り返り、私が教授職に就いていたあいだに作成した電子メールやノートも掘り起こした。したがって本書には科学的な文書や歴史があり、文化的な分析や哲学があり、驚くような報告や回想が含まれている。

第一部では、私たちがこの五〇年でどのようにバーンアウト文化を築いてきたかについて論じる。第一章は、バーンアウトが世間でどのように語られているかを調査し、バーンアウトについては誤解も含むさまざまな見方が混在していることを明らかにする。バーンアウトという言葉は、それを使うのが科学者か臨床医か、あるいはマーケッターか雇用主か労働者かによって、そこに込める意味合いは異なる。つまり、この言葉の意味についてはほとんどコンセンサスが得られていないのだ。そのせいでバーンアウトという言葉は事実上さまざまな意図で使える空虚な流行語になってしまっている。バーンアウトについてそのような不正確な表現を許しているかぎり、私たちがこの問題を本気で解決したいと思っているのかどうかは疑問だ。

バーンアウトは現代の現象だが、歴史的に見れば怠惰、憂うつ症、神経衰弱などと呼ばれた同様の現象が前例としてあり、これについては第二章で述べていく。バーンアウトと同じで、このような過去の精神的病いも誇りや恥といった要素に起因し、そこには当時の文化の価値観が反映されている。アメリカでバーンアウトが注目されるようになったのは一九七〇年代、別個に研究していた二人の心理学者が、無料診療所のボランティアや生活困窮者に対応する弁護士、カウンセラーなど、理想主義的傾向が強い人々に多く発症する新しい病いをほぼ同時に発表したのがきっかけだ。このことからもわかるように、バーンアウトが登場したのは、アメリカ人の働き方がより過酷で不安定なものへと劇的に変化したタイミングだった。

第三章では、バーンアウトに関する心理学的研究を掘り下げ、バーンアウトがなぜこれほど蔓延し、その現象がなぜこれほど多様なのかを探る。仕事の理想と現実のギャップが広がると、私たちは自分を見失いやすくなる。とは言っても、バーンアウトに至る道筋はひとつではない。バーンアウトはスペクトラムのようなもので、そのスペクトラム上にはバーンアウト・プロファイルと呼ばれるいくつかの異なる経験様式が存在する。

ざっくり言えばバーンアウト文化は、仕事に対して私たちが抱く理想と実際の労働環境のギャップが拡大することで生じる。第四章では、その労働環境が一九七〇年代以降、どのように劣化してきたかを紹介する。これはちょうど、外注や派遣といった雇用形態が増えていった時期だ。いっぽうでサービス部門は拡大し、それによって労働者はより多くの時間と感情を職場で求められるようになり、ストレスにさらされることも多くなった。こういった要因によって、職場での公平性や自律性、コミュニティ、価値観が損なわれていったのだ。こう考えると、バーンアウト文化は倫理的な失敗、すなわち労働者の人間性を尊重することに失敗した結果と言える。

五章では仕事上のギャップのもう一方の側、すなわち高くなるいっぽうの「理想」について掘り下げる。仕事の理想的なかたちとは、「一生懸命働けば報酬以上のものを得られる」という約束、「懸命に働けば社会的な尊厳や高い人格が得られ、精神的な目的も達成できる」という約束が守られることにほかならない。だがそんな約束はまやかしだ。仕事に没頭すれば、やがては仕事こそが人間にとってもっとも重要な活動だと信じる「トータル・ワーク」の状況に陥り、人の尊厳や人格や精神的願望はないがしろにされていく。つまり、私たちの労働倫理における最高の美徳は殉教、つまりこのような理想のためにバーンアウトを喜んで受け入れるという姿勢なのだ。けれど、この犠牲で一番得をするのは、雇用主たちだ。

第二部は、仕事を人生の中心に据えない新しい文化の創造について論じる。バーンアウトを予防し、治療するには、私たちが集団で仕事に対する理想を下げ、労働者の尊厳を損なわない労働環境づくりを求めていかなければならない。第六章では、教皇、超越主義者、マルクス主義者のフェミニストといったさまざまな思想家たちの考え方を紹介する。そして彼らの考え方を手引きに仕事を制限して、メンバー同士が互いを尊重するコミュニティのより高度な目的の下に仕事を位置付ける方法、そしてそれを人々の固有の価値を中心とした活動へと再編する方法について考える。

第七章では、社会のメインストリームからはずれた人々、バーンアウト文化を撲滅するうえで不可欠な労働の理想と労働環境を体現している人たちを取り上げる。ベネディクト会の修道士たちは、世俗の世界に生きる私たちにもおおいに参考になる生活を実践している。たとえばニューメキシコの人里離れた修道院で暮らす修道士の生活は私たちから見るとかなり過激で、彼らは祈祷に多くの時間をさくために、一日に三時間しか働かない。いっぽうで、ミネソタ州の二つの修道院を含むベネディクト会修道院の生活はもう少し親しみやすく、彼らは世俗的なニーズへの対応に多くの時間をさいているが、それでも互いの人間としての価値を尊重し、自分の存在と仕事を同一視しない働き方を保っている。

八章では、バーンアウトを防ぐ文化モデルを探していた私が出会った、ダラスの非営利団体について取り上げる。彼らは、貧困との闘いという困難な仕事に取り組むスタッフたちの人間性を全面的に認めることを目標としていた。また私は、自分自身のアイデンティティと存在意義を仕事以外の時間、すなわち趣味に見出している人たちとも出会った。さらに、障がいのあるアーティストの話を聞くうち、有給の仕事では尊厳を得られない人々が、自己受容や儀式、コミュニティ（オンラインのコミュニティである場合も多い）のなかに自らの尊厳を見出していることも知った。働くことができるかどうかにかかわらず、バーンアウト文化で受けた傷は、バーンアウトしかけている人たちとの思いやりあふれる連帯を通してしか癒やすことはできないのだ。

本書の結論では、仕事をより人道的で理想に沿ったものとするには、いまこそが絶好のチャンスだと論じる。Ｃｏｖｉｄ－19の大流行は、ほぼすべての人の仕事を一変させた。多くの人の生活やコミュニティが甚大な影響を受けたが、それと同時にこのパンデミックは、私たちの生活や文化における仕事の位置付けを見直す機会にもなったからだ。

＊＊＊

本書については、あらかじめいくつか注意しておきたい点がある。第一に、本書は個人向けの啓発書ではなく、むしろ文化全体に向けた本だということ。第七章、第八章に登場する、バーンアウト文化に抵抗する人々のライフスタイルは、読者の生活に変化を起こすきっかけにはなるかもしれないが、それでもバーンアウトを撲滅するには、社会規模の努力こそが不可欠だと私は考えている。第二に、本書では、バーンアウトは資本主義の直接的な結果であるとも、「後期」資本主義の直接的結果であるとも言っていないということ。現在の経済上の優先順位を改めれば、労働環境もいくらかは変わるだろう。だがたとえ資本主義を破壊することができても、バーンアウトを完全に終わらせることはできないだろう。なぜなら、仕事に対する私たちの理想が現実と乖離したのは、資本主義のせいだけではないからだ。とはいえ、もっと儲けたいと考える雇用主が、少ないコストで多くを生産するよう従業員に絶えずプレッシャーをかけ、それが労働者のさらなる不安やストレスにつながっているのも事実ではある。第三に、本書はおもに有給雇用におけるバーンアウトを扱っており、子育てなどによるバーンアウトには触れていない。[7] もちろん子育ては難しくないと言っているわけでも、子育てには仕事としての性質がないと言っているわけでもない。しかし子育てが原因のバーンアウトに関する科学的研究はかぎられているし、子育てと有給雇用は大きく違うのも事実だ。[8] たとえば子育ては仕事と違って解雇される心配はないが、会社勤めと違って不満を訴えることができる人事部もない。だがじつは、バーンアウト文化を打破するには、子育てや教育といった無給の活動や人間同士のつきあいには、有給の仕事とはまったく違う価値があることを理解することが重要なのだ。

　おそらく、バーンアウトを完全に撲滅することは不可能だろう。人間が努力をして働くかぎり、苦しみはかならずついてまわるからだ。けれどその苦しみを緩和することはできる。バーンアウトは、私たちの理想と現実のあいだの矛盾によって生じるが、同時に、職場での不健全な人間関係の産物でもある。バーンアウトは、他者への高度な要求や、他者に対する評価不足、言葉と行動の不一致などから生まれる。つまるところ、お互いの尊厳に配慮しなかった結果なのだ。したがって私たちは「どうすれば、自分がバーンアウトせずにすむか」を考えるだけでなく、「どうすれば、他者をバーンアウトさせずにすむか」を考えなければならない。そしてその答えは、よい職場を作ること、そしてより良い人間になるということに尽きるのだ。

第一部　バーンアウト文化

一章　誰もがバーンアウトしているのに、誰もバーンアウトの実態を知らない

終身在職権のある大学教授の職を辞そうと決めた数週間後、私は、自分の仕事に対するこの強い怒りと恐怖は、いわゆる「バーンアウト」なのではないかと思い至った。そこで根が学究肌の私は、自分に何が起こっているかを突き止めようとバーンアウトについてあれこれ調べつつ、なんとかその学期を乗り切った。バーンアウトについて調べるうち、カリフォルニア大学バークレー校の心理学者クリスティーナ・マスラークの名が、さまざまな文献に繰り返し登場することに気がついた。うちの大学にも彼女の一九八二年の著書『バーンアウト　思いやりの代償（Burnout: The Cost of Caring）』があったので、私は二〇世紀半ばに建てられた古色蒼然たる図書館の地下室からそれを借り出した。

驚いたことにその本は、まるでマスラークが私の仕事歴を見て書いたかのようだった。その本はおもに、人にサービスを提供して報酬をもらう対人サービスの世界で働いている人たち、たとえばカウンセラーやソーシャルワーカー、警官や矯正官、そして私のような教師に焦点をあてていた。マスラークによれば、バーンアウトに陥る人たちは理想主義的傾向が強いという。「高い理想を掲げて仕事をする人の場合、その高潔な理想が問題を引き起こす」と彼女は書いている。「どんなに頑張っても、理想には手が届かないからだ[1]」

マスラークは、仕事においては心理的欲求が満たされることが重要だとし、「親密な家族や友人がいない人は、顧客や同僚に感謝してもらいたいという気持ちがほかの人よりずっと強い」と述べている。[2] それこそまさに私のことだった。仕事量がもっとも多かった時期、私は妻と三〇〇キロ以上離れて暮らしており、近くには両親も兄弟もいなかった。友人は全員が職場の友人で、集まればしょっちゅう仕事上の不満を言いあっていた。また、学生たちの無関心な態度は、私が大切にしているものすべてに対する非難のように思えた。

そんな私はマスラークの著書を読むうちに、やっと理解してもらえたという安堵感につつまれた。その本には、彼女のグループが調査した「燃え尽きた労働者たち」への思いやりがあふれていたからだ。彼女はバーンアウトした私たちを責めず、むしろ理想を追求するその姿を賞賛してくれていた。バーンアウトした労働者は、自身の職業が抱える困難な現実をきちんと認識する必要があるが、けっして能力不足というわけではない、たんに職業上の問題に対処する訓練が足りていないだけだというのが彼女の主張だった。[3] マスラークとの共同研究もあるアヤーラ・パインズやエリオット・アロンソンもこれに同意し、人は自分の苦しみにはちゃんと名前があること、そして「自分だけがおかしい」のではないとわかると安堵することを明らかにしている。[4] マスラークとマイケル・ライターは一九九七年に『燃え尽き症候群の真実　組織が個人に及ぼすストレスを解決するには』を著しているが、これは私が大学で教えていた最後の数週間、多くのアンダーラインやコメントをつけながら読みふけった本だ。この本で彼らは、バーンアウトが起こるのは制度のせいであり、個人のせいではないと主張していた。「バーンアウトは労働者自身の問題ではなく、人々が働く社会環境の問題」だというのだ。「職場が仕事の人間側の側面を考慮しない場合、バーンアウトのリスクは高まり、社会は高い代償を払うことになる」と彼らは書いていた。[5]

バーンアウトの責任は個人にはない。だが当然ながら、その影響を受けるのは個人だ。マスラークは、バーンアウトには三つの側面、すなわち消耗感、シニシズム（脱人格化とも呼ばれる）、そして有能感や達成感の低下があると考えていた。[6] つまりバーンアウトに陥るのは、仕事に絶えずエネルギーを吸い取られていると感じるとき（消耗感）、顧客や学生を助けるべき相手としてではなく問題として見てしまうとき（シニシズムまたは冷笑主義）、自分の仕事が何も達成できていないと感じるとき（個人的達成感の低下）だというのだ。実際のところ、当時の私はこの三つすべてを強く感じていた。朝は疲れ切った気分で目覚め、その日の仕事のことを考えて恐れおののいていた。また私のことなど気にもとめていないらしい学生や大学の経営陣に絶えず苛立ち、その怒りを必死で抑えていた。さらには、自分の努力も才能もまったく無意味であり、学生たちには学ぶ気などなく、私の仕事なんてゴミみたいなものだとも感じていた。

じつは私のバーンアウトには大きなアイロニーが潜んでいた。それは文芸評論家のローレン・バーラントが言っていた「残酷な楽観主義」で、「愛着を抱く対象それ自体が、その対象に惹かれた目的を積極的に阻害」していたのだ。[7] 私の場合は、目的――学び、教え、学者仲間のコミュニティに貢献するという目的――を達成するために自分のキャリアに邁進したが、その結果、疲弊し、冷笑的になり、絶望し、そうこうするうちに当初の目的を達成する力がそがれてしまったのだ。

これこそまさに自分のことだと考えた私は、この状態に関する文献を読みあさった。読んだ論文の脚注を頼りに別の論文、さらに別の論文と読み進めていったのだ。そしてそこで繰り返し登場したのが、マスラーク・バーンアウト・インベントリー（ＭＢＩ）だ。これは、クリスティーナ・マスラークが心理測定テストとして開発し、バーンアウト研究の基準となった、バーンアウト測定の代表的指標だ。そこで私は、ＭＢＩの教育者向けテストを受けてみることにした。費用は一五ドル。オンラインで受ければものの五分で終わるテストで、これで自分がバーンアウトに陥っているかどうかを科学的に確認できるのなら安いものだ。テストは二二の質問で構成されており、「仕事で精神的に消耗していると感じる」（消耗度を計測）から「学生がどうなろうと、気にならない」（脱人格化またはシニシズムの度合いを計測）、「学生と密接にかかわると幸せな気分になる」（個人的達成感または有能感の度合いを計測）まで、仕事や学生に対して感じるさまざまな感情をどのぐらいの頻度で抱くかを尋ねられた。私はこの二二の問いに正直に答えたが、じつは不安でしかたなかった。もし試験に「落ちたら」、というかバーンアウトではないと認定されたら、私はこれからも自分のキャリアを狂わせ、人生を台無しにした原因を探しつづけなければならないからだ。

だがそんな心配は無用で、私は余裕で試験に合格した。結果は、消耗感が百分位で九八番目、個人的達成感は一七番目、つまり私はこのＭＢＩの試験を受けた教育者のなかでももっとも精神的に消耗しているひとりであり、個人的達成感にいたっては六人中の五人目に低かった（個人的達成感の点数が低いほど、無力感は高い）。驚いたのは、脱人格化すなわちシニシズムを示す得点がわずか四四番目と、平均をわずかに下回っていただけだったことだ。四四番目ならじゅうぶん高いという研究者もいるが、それでもシニシズムが平均［五〇番目］以下というのは腑に落ちなかった。当時、私は毎晩深夜まで、大学の全職員宛てに怒りに満ちた長文の電子メールを書いていたからだ。これがシニカルな人間の所業でなくてなんだろうか？　それでも消耗感を示す得点は非常に高く、これについては大学院入学時のＧＲＥ（大学院進学適性試験）で高得点をとったときと同じくらい嬉しかった。

私が読んでいた多くの研究論文も、バーンアウトの症状を測るテストが存在することも、このような状態で苦しんでいるのが私だけではないことを示していた。では、バーンアウトに陥った労働者はどのくらい存在し、彼らはどんな苦しみを味わっているのだろうか？　私と同じような症状なのか、それとも違うのか？　こういった問いに答えるのは思いのほか難しいが、それは私たちの文化がバーンアウトに対して抱く葛藤に直結している。

＊＊＊

たしかに、バーンアウトは世間でも大きな話題になっている。人気のウェブサイトや雑誌、業界紙によれば、どのような仕事に就いていてもバーンアウトに陥る可能性はあるという。本書の執筆中、私はインターネット上に公開されたバーンアウト関連の記事を通知するメールを毎日受け取っていたが、そのメールには毎回、何一〇ものリンクが含まれていた。一回の通知で、バーンアウトに陥った医師や看護師、教師、保護者、歯科医、警察官、温暖化問題の活動家、大学の安全管理者、弁護士、血管内治療専門医、安全保障関係者、テニス選手、大学院生、司書、音楽家、フリーランサー、ボランティア、コメディアンのデイヴ・シャペルなど、無数のバーンアウト当事者の記事を見ることができたのだ。

そして記事の見出しの多くが、これこれの職業はバーンアウトの発生率が高いとうたっていた。たとえば血管内治療の専門医〔脳卒中など血管閉塞を手術する医師〕の記事には、この分野の医師の五六パーセントがバーンアウトの基準を満たしていると書かれていた。[8] ある研究チームは、一般の労働者の二八パーセント、医師の四四パーセントがバーンアウトしていると報告していた。[9] また、労働者の二三パーセントがバーンアウトしているという調査報告もあった。[10] こうして論文を読んでいくうちに、ありえないレベルの数字までが出てきた。ある調査では「七七パーセントの回答者が現在の仕事でバーンアウトに陥ったと答え、その半数以上がバーンアウトを二回以上経験したと答えた」というのだ。[11] また驚いたことに、ミレニアル世代（一九八〇年から一九九〇年代半ばに生まれた世代）の九六パーセントがバーンアウトに陥っているという報告まであった。[12]

このような見出しそれぞれが、単純だが憂慮すべきあることがらを物語っていた。つまりかなりの数の労働者がこのような症状、すなわちなんらかのかたちで自分の仕事に組み込まれ、仕事の遂行能力を損なってしまう症状に苦しんでいるというのだ。多くの記事はバーンアウトのことを、まるで連鎖球菌性咽頭炎かなにかのように、わかりやすく明確な状態として論じていた。典型的なのが「一般開業医の七九パーセントがバーンアウトに陥っていると判明」（傍点は筆者）[13] といった見出しだ。こんなふうに明確な数字で言われると、あたかも健康な労働者と不健康な労働者のあいだには、はっきりとした境界線があるかのように聞こえる。電球に例えれば、労働者はついているか、切れているかのどちらかだけで、その中間はないと言っているようなものだ。だからもし切れて（燃え尽きて）しまえば、あとは業務時間をなんとか乗り切ることしかできない。そう、まさに歩く屍ならぬ、働く屍だ。

しかしこれらの記事を総合すると、事態はもっと複雑であいまいだということがわかる。たしかにバーンアウトは蔓延している。だがそれを指摘する際に引き合いに出される数字のつじつまが合わないのだ。たとえば、バーンアウトに陥っているのは労働者の四分の一であるのに対し、ミレニアル世代全員がバーンアウトに陥っているなどということはありえない。というのもその調査が発表された時期、全労働者に占めるミレニアル世代の割合は三分の一を上回っていたからだ。[14] そして当然ながら、もっと上の世代でもバーンアウトに陥っている人たちはいるはずだ。

なぜこのように数字が食い違うのか。その背景を調べるうち、バーンアウトの定義は研究者によってそれぞれ異なっていることがわかった。バーンアウト研究といっても、取り上げている対象はかならずしも同じではないし、実際にそれを認めている研究者もいる。[15] そもそも私が受けたMBIテストの二二の設問すべてに依拠した研究はほとんどなく、MBIを採用している研究者たちにしても、その利用法はまちまちだ。あるメタ分析によれば、MBIを使って医師のバーンアウトを調べた一五六の研究において、バーンアウトの定義はなんと四七種類もあったという。また、情緒的消耗感やシニシズム、無力感についても、それぞれ少なくとも二四種類の定義があった。だとすればこのような研究において、バーンアウトに陥った医師の割合が〇パーセントから八〇パーセントまで大きく開いていたとしても不思議ではない。[16] それこそまさに、寸法の測り方を統一することなく、みなが勝手に板を切ったり、釘を打ったりして、一軒の家を建てているようなものだ。

また、消耗感、シニシズム、無力感を尺度で測定するMBIと違い、多くの研究はバーンアウトに明確な閾値を設定している。たとえば、この値より下ならバーンアウトに陥っている、上なら陥っていないといった具合だ。これは調光器のついた電球のようなもので、たとえ電球が部屋を照らしていても、任意の明るさに達していなければ、電球は「ついていない」とされてしまう。さらに面倒なのが、多くの研究がバーンアウトの定義を一般の人々の主観に頼っている点だ。たとえば調査の設問で、「バーンアウトになった経験はあるか」と尋ねられたとしよう。バーンアウトを、まったく機能できない状態と考える人と、疲れて土曜の午後に昼寝をしてしまう状態と考える人とでは、回答の意味が大きく違ってくる。だがどちらの定義も「バーンアウト」でひとくくりにされ、その回答がデータ化されてしまうのだ。設問の回答者それぞれが考えるバーンアウトの意味がばらばらで、さらには研究者が考えるバーンアウトとも異なっていれば、同一の対象を調査しているつもりでも実際にはリンゴとオレンジ、そして堆肥の山を比べているのと同じになってしまう。

たとえば医師と一般の労働者のバーンアウト率を比較したメイヨー・クリニックの調査では、「私は仕事でバーンアウトに陥る」ことが月に数回ある、あるいは「この仕事についてから他者への態度が冷たくなった」と感じることが月に一回以上あると答えた人をバーンアウト（燃え尽き症候群）と分類していた。[17] また、この両方にあてはまらなくとも、どちらかいっぽうがあてはまれば、その人もバーンアウトに陥っているとカウントされた。たしかにこの二つを質問するほうが、MBIの二二の質問すべてを尋ねるよりは簡単だし、この二つの質問への回答が、MBIにおける情緒的消耗感および脱人格化と強い相関関係があるのも事実だ。[18] しかしメイヨー・クリニックの調査は第三の側面、すなわち個人的達成感（またはその逆の無力感）についてはまったく考慮していないし、情緒的消耗感を測る最初の問いは、回答者は自身が考える「バーンアウト」の定義に基づいて答えるようになっている。

もしメイヨー・クリニックの調査が示すように、医師の三〇パーセントから四〇パーセントがしょっちゅう疲弊している、あるいは患者を人間扱いできなくなっているとしたら、大きな社会問題だ。しかしだからといって、多くの医師が日々の仕事上の義務をほとんど果たせない状態にあるわけではないし、話し合い療法《トーク・セラピー》や薬物治療を必要としているわけでもない。問題は、バーンアウトに明確な定義がないせいで、このような数字を見ても医療界におけるバーンアウトの深刻度がわからないところだ。アマゾンのウェブサービス、メカニカルタークが実施した調査結果も同様だ。ミレニアル世代のほぼ全員がバーンアウトに陥っていると示したこの調査は、バーンアウトの問題が労働者に蔓延していると指摘しているように見えるが、それは調査を実施した人たちが信頼できる手法を使っていればの話だ。調査では「バーンアウトや精神的な消耗感があなたの日常生活に影響を与えていると思いますか?」と質問していたが、これはバーンアウトが明確に定義されていることを前提とした、恐ろしくおおざっぱな質問だ。したがってこの調査結果にはなんの意味もない。たとえば「憂うつになったことがありますか?」という質問にイエスと答えただけで、その人を臨床的うつ状態にあるとみなすことなどありえないからだ。だがそれこそが、バーンアウトを社会的流行病だと立証するために、マーケティング担当者や世論調査会社、さらには研究者までもがしていることなのだ。

バーンアウトの定義が難しいのは、世間で広く知られたほかの病気と同様にバーンアウトも大きなビジネスになるからだ。マーケティング担当者たちはバーンアウトを、世界保健機構(WHO)お墨付きの職業関連症候群として騒ぎ立てるが、その定義については当事者の主観に頼っている。そうやって広範であいまいな一連の症状に科学的権威の皮をかぶせることで、彼らはバーンアウト危機を作り出しているのだ。そしてその治療を求める人たち向けに、健康法から巧みに設計された「コンテンツ」に至るまでの一大市場を築いている。

たとえば、アメリカのメディア複合企業メレディス社は二〇一九年、世論調査会社のハリス社とともに「バーンアウトの発火点」と銘打ったアンケート調査の結果を発表した。それによると、女性の回答者の一九パーセントが、五年前よりもバーンアウトしていると答えていた。こうやって聞くとさも大問題であるかのように聞こえるが、以前よりも「ストレスが高い」（三六パーセント）、「疲れている」（三三パーセント）と回答した人の割合と比べればその数はずっと小さい。[19] それでも見出しに使われるのは「疲れている」ではなく、「バーンアウト」のほうだ。なぜか？ それは「疲れている」では商売にならないからだ。バーンアウトは文化的現象であり、時代精神《ツァイトガイスト》だ。だとすればバーンアウトこそが、私たちがいま直面している問題ということになる。

そしてそれは、バーンアウトには解決策があると主張する人たちにとって絶好のチャンスなのだ。メレディス社の報告書は「バーンアウトと闘ううえで、女性たちがブランドに寄せる期待はこれまでになく高い」と述べている。[20] もちろん、そんな女性たちをブランドで支えるサービスをメレディス社の「コンテンツ部門」が用意していることは言うまでもない。同様に、コンサルティング会社のデロイト社が発表した二〇一八年版の職場のバーンアウト調査も、労働者の大多数はバーンアウトの経験があるが、「職場のストレス緩和に役立つ従業員向け健康プログラムを開発するうえで、雇用主は的はずれな対応をしている可能性がある」と結論づけている。[21] でもご心配なく、そのようなプログラム開発は、デロイト社の人材コンサルティングサービスにお任せください、というわけだ。

バーンアウトという言葉は連鎖球菌性咽頭炎といった言葉と違い、その意味合いが使う人によって大きく変わる。じつはそのこと自体が、バーンアウト文化について重要なことを物語っている。つまり、バーンアウトという言葉の定義には、さまざま利害関係がからんでいるのだ。従業員、雇用主、研究者はもちろん、マーケティング担当者や臨床医までが、この言葉を異なる目的で使っている。自身の症状を検証するために使う人もいれば（私もそのひとりだ）、人員整理の際に役に立たない人を特定するのに使う人もいるし、新たな治療領域を確立するため使う人もいるから、バーンアウトという言葉は重要ではあるが、その定義をひとつに決めることは難しい。だからこのような状況でセンセーショナルな調査結果が公になれば、それはバーンアウトの現状をレポートするだけでは終わらず、それを読んだ人がみな、自分もバーンアウトしていると思いこんでしまうのだ。自分と同じ職業、あるいは自分と同じ性別や年齢層の大多数がバーンアウトしていると聞けば、誰もが自分もそうだと言いたくなるだろう。そう、これがバーンアウト文化のパラドックスだ。バーンアウトは人にとってけっして良い状態とは言えない。だがそれでも多くの労働者は、そこに自分をあてはめてしまうのだ。

＊＊＊

このパラドックスは、世間で注目を集めたミレニアル世代のバーンアウト現象に関する話題にも見てとれる。たとえば二〇一九年のはじめ、ジャーナリストのアン・ヘレン・ピーターセンはニュース・サイト、バズフィード・ニュースのエッセイのなかで、ミレニアル世代――当時の二〇代、三〇代の若者――が選挙登録などの重要な手続きやそのほかの雑用をきちんと遂行できないのは、彼らが怠け者だからではなく、バーンアウトに陥っているからだと書いている。生まれてからずっと、成果を出さなければというプレッシャーにさらされてきたミレニアル世代は、多額の教育ローンを抱え、不安定な雇用状況のなか、頑張りすぎて疲労困憊しているというのだ。バーンアウトは「一時的な病いなどではなく、ミレニアル世代の全員が患っている病いだ。これが私たちの初期設定であり、私たちのBGM。これこそが私たちの現実であり、私たちの生活なのだ」とピーターセンは書いている。[22]

彼女のこのセンセーショナルなエッセイが発表されてからの数日間、私はこの話題がソーシャルメディア上でどう展開していくかを注意深く見守っていた。私の私生活と仕事が交差する場所で起こったこの問題が、広く議論された。彼女のエッセイは何百万回も閲覧され、ラジオ番組やポッドキャストでも突如、世間の注目を浴びたからだ。このとき私は、ピーターセンのエッセイがこれほど話題になったのは、それが読者たちの悩みに名前を与えたからではないか、そして名前がついたその悩みにこのエッセイは正当性を与えたからではないかと考えた。彼女のエッセイはミレニアル世代をはじめとする多くの人々に、いまあなたが抱えている問題はあなた個人の責任ではなく、もっと大きな問題だと告げたのであり、だからこそあれほど話題を呼んだのだ。大学で教えていた最後の数週間、私の心にマスラークのバーンアウトの定義があれほど強く響いた理由もこれと同じだ。あの定義を見て私は、苦しいのは自分だけではないとわかったのだ。

しかしピーターセンのエッセイが話題になったのは、人々が悩む問題に名前を与えたというだけでなく、その問題に苦しむ人たちを励ましたということもあるだろう。彼女は、あなたがちゃんと働けないのは理想的な労働者だったツケが回ってきただけだと言い、アメリカの労働文化の道徳体系における高い地位を彼らに与えたのだ。ピーターセンはバーンアウトを極度の疲労以上のものとして定義し、「極度の疲労とは、それ以上は頑張れないところへ達したことを意味するが、バーンアウトはそこまで疲れてもなお何日も何週間も、あるいは何カ月も頑張りつづけていることを指す」と言っている。[23] この定義によれば、バーンアウトは生産性の喪失ではなく、生産する力がないのになお生産しつづけている状態ということになる。だとすれば、バーンアウトに陥った労働者はある意味、〝英雄〟だ。そしてピーターセンは自分もまた、極度の疲労が積み重なっているのになお、懸命に、そして効率的に働きつづけていると主張する。「この記事を書いているいまも、私は引っ越しの準備をしながら旅行の計画を立て、薬を薬局に取りに行き、犬を散歩させ、運動し、夕食を作り、スラックで仕事の打ち合わせをし、ソーシャルメディア用の自撮りをしながらニュースに目を通している……まるで「やることリスト」のトレッドミルに乗りつづけているかのように、用事が次から次へ現れてくるのだ」[24]

だがピーターセンのこのエッセイを読むかぎり、彼女は依然として仕事をこなしているし、仕事に対してシニカルな気分にもなっていない。それでもあと回しにしていることはあるらしく、友人と連絡を取る、病院に予約を入れるといったちょっとした用事がおっくうでやる気にならず、その状態を彼女は「雑用の停滞」と呼んでいる。しかし雑用が停滞するのは、仕事上のストレスに悩んでいる人にかぎったことではない。そんな悩みは誰にだってある。現在の私はもうバーンアウト状態にはないが、それでも病院の予約は延び延びになっているし、親しい人に電子メールを送る時間もなかなかつくれない。雑用の停滞は、日常生活を送っていれば誰もが経験することだ。

ピーターセンが仕事を巡って高いストレス状態にあったのは間違いないだろう。私だって彼女のようにテキサス州全土で上院選を取材したあと、新たなプロジェクトに取り組みつつ、引っ越しまですれば、大変なストレスを感じるだろう。だがそれでもピーターセンがきちんと仕事をこなしていたとすれば、ひとつ重要な疑問がわいてくる。仕事を高い水準でこなしながらもなお、自分はバーンアウトしていると言うことはできるのだろうか？

若い労働者のあいだにバーンアウトは広く深く蔓延しているというピーターセンの主張は世間から支持されたが、彼女の議論の一部には疑問の声もあがった。なかでも多かったのがバーンアウトと人種に関する指摘だ。[25] 特に多かったのが、ピーターセンの議論は白人の特権的立場で書かれている、有色人種の人々が体験するバーンアウトはより深刻だ、という指摘だ。詩人で学者のティアナ・クラークは『黒人が体験するバーンアウト』と題したエッセイで、アフリカ系アメリカ人にとってバーンアウトは珍しいものではなく、彼らは「延々と繰り返されてきた先祖伝来のトラウマ――先祖伝来のバーンアウトと言うべきか――、すなわち奴隷船や小作制度、学校から刑務所への直行ルート、着実に崩壊していく精神状態」をずっと耐えてきた、と言っている。ピーターセンはバーンアウトをミレニアル世代の「初期設定」と呼んだが、クラークは「その時々の社会運動とも、時代とも関係なく、何百年ものあいだ、バーンアウトはこの国の黒人にとってごく普通の状態だった」と書いている。[26]

クラーク自身も自らを「完全なる電池切れ《デッド・ブラック・バッテリー》」と言っているが、その言葉からも彼女が自らの向上心と他者（たぶんに人種差別主義者）からの期待の両方に応えようと必死に努力していることがわかる。彼女はまた、大学での一日の講義が終わるころには疲労困憊だと言い、委員会では白人の同僚よりも多くの仕事を引き受けているとも書いている。そして自分の労働のコスト、それもその多くが身体的負担となっている労働のコストをひとつ、ひとつ列挙してもいる。「夜中に歯ぎしりをしてしまう。よく眠れない。運動するのもやめた。激しい頭痛をおして仕事をしている。PCOS（多嚢疱性卵巣症候群）を発症。セラピーをキャンセル。頑張れない。友達と連絡を取らなくなった」[27]

けれどピーターセンと同じで、クラークも仕事がこなせないほど消耗しきっているようにも、仕事に対してネガティブな感情を抱いているようにも見えず、仕事での達成感を失っているようにも見えない。それどころか詩の世界では珍しい終身在職コースというポジションを得、作品集を数冊出版し、受賞歴もあれば、講演依頼も受けている彼女は、自身の職業上の実績に対してそれなりの誇りを抱いているように見える。バーンアウトに陥っているという彼女の主張に偽りはないだろうが、いまのところ彼女は疲れきっていても、とにかく仕事はこなせている。

実際、彼女はバーンアウトしていると言いながらも、周囲から求められていることには誇りを感じている。その証拠に自分の仕事については「短距離走とマラソンの両方だと感じる。なぜかって？　その答えとしては、ジェイ・Z〔アメリカのラッパー〕が言う『おれはハスラー〔目標や高見に向かって邁進する人のこと〕だぜ、ベイビー！』が一番しっくりくると思う」と語っている。[28] ピーターセンやクラークの言葉を聞くと、バーンアウトに陥っているという主張は、たんに自分が機能停止状態にあると言っているだけではないことがわかる。バーンアウトしていると発言することは、人はつねに働いていなければいけないというアメリカ人の理想を自分は実践している、と主張することでもあるのだ。

＊＊＊

バーンアウトを定義しようとすると、どうしても矛盾が生じるし、主観の問題も出てくる。また、仕事中毒をよしとする文化ではバーンアウト自体が地位や美徳の証にもなる。そうやって考えると、そもそもバーンアウトはほんとうに疾患なのかという疑問がわいてくる。バーンアウトの臨床的定義がある国はほとんどないため、「自分はバーンアウトしている」という訴えも、医学的に見れば「自分はアーティストだ」、「シカゴ・カブスのファンだ」と言うのとほとんど変わらない。つまり、バーンアウトしていると言いさえすれば、バーンアウトしていることになるのだ。けれどそんな検証不可能な主張（私の場合も含む）を、私たちは信用すべきだろうか?

バーンアウトの定義にはコンセンサスがほとんどないため、バーンアウトの研究はたんに暗がりで手探りをしているにすぎないと言う人もいる。臨床心理学者のリンダ・V・ハイネマンと社会学者のトルステン・ハイネマンは、そもそもすべてのバーンアウト研究者が「同じ現象を研究しているのか」と疑問を呈している。[29] また、研究者のなかにも、バーンアウトという言葉の使いすぎや意味の不正確さに警鐘を鳴らす人たちはいる。一九八八年、アヤーラ・パインズとエリオット・アロンソンは、この数年『バーンアウト』という言葉は非常によく使われるようになった。むしろ使われすぎと言ってもいいくらいで、あまりにも漫然と使われてきたせいでいまやほとんど無意味な言葉になっている」と言っている。そして、バーンアウトは「仕事のストレスや疲労、疎外感、落ち込みの同意語ではない。バーンアウトという言葉をゆるく使うと、その言葉の有用性が損なわれる」と警告している。[30]

バーンアウトすなわち燃え尽き症候群は、私たちがそこに大雑把な意味合いを持たせたために、文化的にもその解釈が拡大してしまった。ハイネマンによれば、バーンアウトは定義があいまいなせいで、

「精神病を患っていると偏見を持たれることなく仕事を休めるうえ、簡単に職場復帰もできる、都合のいい診断名」になってしまったという。ドイツでは特にその傾向が顕著で、二〇一〇年代、バーンアウトはVolkskrankheit（フォルクスクランカイト／国民病）としてマスコミで大きく取り上げられた。[31]二〇一〇年代はじめに、有名人やプロのスポーツ選手が自身のバーンアウトについて語る記事が何百本も雑誌や新聞に掲載されたからだ。[32]こうしてバーンアウトに注目が集まると、ジャーナリストたちはそれを、深刻化する社会問題、野心的な労働者なら誰もが直面しうる社会問題として取り上げるようになったとハインマンは言う。もしバーンアウトに厳密な定義があれば、記事内容にも制約がかかっただろう。だがそのような定義がないため、バーンアウトは労働に関連したさまざまな不快感を表す「包括的な用語」になってしまったのだ。[33]二〇一一年に発表されたあるドイツの科学論文はバーンアウトを、明確な定義が喫緊に求められる「いまどき流行の診断名」と呼んでいる。[34]またドイツでは二〇〇一年から二〇一一年のあいだに、抑うつ的症状の発現を「バーンアウト」と呼ぶ傾向が劇的に高まった。[35]ドイツの精神科医ウルリッヒ・ヘガールは、バーンアウトを重視しすぎるのは危険だとまで言っている。二〇一一年、彼はドイツのシュピーゲル誌で「バーンアウトについて語るのはまったく無益」と言い、「なぜならバーンアウトは、日常的な疲労を意味するときもあれば、生命を脅かす深刻な抑うつ症状も意味するときもあるからだ。そのせいで、バーンアウトという概念はうつ病の矮小化につながってしまう」と語っている。[36]

バーンアウトしているという主観的な主張は世に蔓延しているが、臨床的には意味がない。したがって、アンケートやジャーナリストの質問に「自分はバーンアウトしている」と答える人も、ＭＢＩにおける消耗感や脱人格化、無力感のスコアはそれほど高くないだろう、とバーンアウト懐疑派の人たちが言うのもよくわかる。労働を過剰に評価するこの社会では、バーンアウトに陥っていると言えば仕事に没頭している証となり、一定の地位を得ることができる。そう、バーンアウトしていると言うだけで、その地位が得られるのだ。ゆえに、バーンアウトを訴える人々の多くが「実際には」その症候群に苦しんでいないのだとしたら、結局のところバーンアウトという流行病など存在しないことになる。

バーンアウトに対する懐疑的な見方は、マスラークが先駆的研究を始めた一九七〇年代から存在した。タイム誌のコラムニスト、ランス・モローは一九八一年に発表したエッセイ『ほぼすべての人のバーンアウト』でバーンアウトを文化戦争の場に引き出し、「自己中心の一〇年間」と呼ばれる一九七〇年代から続く薄っぺらなナルシシズムを批判している。モローはバーンアウトのことを「流行りもの、でたらめ、心理学用語を使った戯言で、どこにでもあるという点ではジョギングと同等のものになってしまった」と書いている。バーンアウトしたという訴えが蔓延するのは、国民の精神が弱くなった証だというのだ。そして彼は「『追い詰められてもなお、優雅にふるまう』時代は、六〇年代の初めに消え失せた」とも書いている。一九八〇年代は「簡単に挫折してしまう人が多すぎる」と。[37]

精神科医のリチャード・フリードマンも、二〇一九年に世界保健機構がバーンアウトを、それ自体は医療上の病気ではないとしながらも、「職業上の現象」と呼ぶことにしたのを受け、ニューヨークタイムズ紙で同様の議論を展開している。彼は、「バーンアウトのリスクがある」労働者を特定するのに使われているあいまいすぎるテストを批判し、「ほぼ全員がバーンアウトしているという結果が出るのであれば、それは誰もバーンアウトしていないのと同じで、バーンアウトという概念は信用性を失ってしまう」と書いている。ある世代の医学生全員をカウンセリングしたフリードマンは、労働者の多くはごくあたりまえのストレスでも、そのせいで自分はひどく弱っていると思い込んでいると言い、「日常的なストレスや不快感をバーンアウトと呼んで医学上の問題にする」のは間違いだ、と結論づけている。[38]

もしバーンアウトに信頼に足る一定の基準があるとすれば、きっと実際にバーンアウトしている人よりもバーンアウトを自称する人のほうが多いという結果が出るだろう。だがフリードマンの懐疑的な議論は彼の意図するところを伝えてはおらず、むしろ正反対の主張を裏付けてしまっている。というのも、もし問題がバーンアウトの過剰診断であり、バーンアウトに明確な診断基準がないために過剰診断が生じているのだとしたら、解決策は診断基準をもうけること、すなわち問題を医療化することだからだ。診断用の詳細なチェックリストがあれば、多くの人をバーンアウト患者から除外できるし、仕事で消耗しきっているのに、それに気づいていない人をバーンアウトと診断することもできる。また、臨床的にバーンアウトと呼べる人がごくわずかだったとしても、きちんとバーンアウトと診断できれば、少なくともその人たちのことは処方薬や保険、傷害保険などの医療資源で救うことができる。また、バーンアウトの定義を狭めれば、バーンアウトという言葉の乱用によって、うつ病が矮小化されるというウルリッヒ・ヘガールの懸念も解消する。医師がバーンアウトとうつ病を見分けられれば、その症状が職業に起因する倦怠感ではなく、うつ病の症状だと特定できるからだ。

いっぽう、バーンアウトの定義が広いと、評論家たちは国民全員にこの症候群のレッテルを貼り、ほぼすべての社会的、政治的プログラムをその治療法と呼ぶようになる。もしそうなれば、バーンアウトはたんなる「社会問題」になってしまう。ではバーンアウトはほんとうに、人種差別や家父長制度、資本主義が生んだ毒入りの果実なのか？　ある特定集団のバーンアウト、たとえば母親や女性一般、アフリカ系アメリカ人、ミレニアル世代がバーンアウトしていると主張することは、たんにその集団が「不利な状況におかれている」というのと同じなのだろうか？　ティアナ・クラークは、奴隷制度時代から黒人差別法時代、そしてそれ以降の時代にいたるまでのアフリカ系アメリカ人がずっと抱えてきた「先祖代々のバーンアウト」について書いているが、バーンアウトは、そのような大規模な組織的迫害や暴力を語る言葉としては生やさしすぎる。そもそも歴史的不正を語る言葉としてバーンアウトは適当だろうか？　もっと小さなスケールで言えば、社会的疎外が個人に及ぼす影響の代用概念として、バーンアウトという言葉が使えるだろうか？　もし使える場合、医師や大学教授といった一般的には抑圧された存在ではない人々が、これほどの高確率でバーンアウトを経験していることをどう理解すればいいのだろうか？

　バーンアウトというこのつかみどころのない言葉を理解しようとすると、さらなる疑問がわいてくる。だがひとつ言えそうなのは、その言葉の意味がどうであれ、私たちの社会はバーンアウト社会だということだ。

＊＊＊

　バーンアウトという言葉に対する私の立場もまた、私たちの文化がこの言葉にとっている立場と同様にアンビバレントだ。バーンアウトが実際に存在するということは、私自身が身をもって経験しているからよくわかっている。あのころの疲労感は、たんに忙しい一日の終わりの疲れでも、全力で試験の採点をやり遂げた学期末の疲労感でもなかった。学ぶ気のない学生たちに感じた深い絶望は、どんなに身体を休めても癒やすことはできなかった。長期休暇も二回とったが——最初は一年間の有給休暇《サヴァティカル》、そのあとも一学期間、無給の休暇をとった——、バーンアウトは一時的におさまっただけで、仕事に復帰すると数週間で疲労や怒りはぶり返し、休暇前の憂うつな気分が舞い戻った。

　これがうつ病ではないことは、自分でもよくわかっていた。私が数カ月間通った心理療法士からも、あなたを臨床的にうつ病と診断する同業者はいないだろうと言われていた。かかりつけ医は抑うつ気分を伴う適応障害と診断し、SSRIを処方してくれた。この薬を飲むと、怒りの発作が持続する時間がいくぶん短くなったが、それでも著しい改善は感じられず、無給の休暇を取るころには服用をやめてしまった。結局、ほんとうに回復しはじめたのは大学を辞めたあとのことで、あの病いがなんであったにせよ、それが仕事と関連していたことは間違いなかった。

　バーンアウトが実在することは確かだ。だが人々がこの言葉を無頓着に使い、自分はバーンアウトしていると簡単に決めつけすぎだと懸念する人たちの気持ちもよくわかる。たとえば新聞や雑誌で、花嫁付添人《ブライズメイド》バーンアウト、バーニング・マン〔ネバダ州で毎年夏に催される野外フェスティバル〕・バーンアウト、TVドラマの一気見バーンアウトなどという新手のバーンアウトを目にするたびに、社会がこの病いの定義をあまりに薄く、大きく広げすぎてしまったことを思い知る。[39] こんなふうにすべてをバーンアウトと呼ぶのなら、バーンアウトなど存在しないのと同じだ。逆説的ではあるが、バーンアウトがどこにでもあると示すことでその重要性を証明しようとすると、かえってバーンアウトは日常の不満や失望の靄のなかに吸い込まれ、見えなくなってしまう。

バーンアウトを「語ること」自体がひとつの現象であるという事実は、バーンアウトがたんなる心理的な問題というだけでなく、文化的な問題でもあることを示している。その文化を理解するにはまず、その歴史を知る必要がある。燃え尽き症候群が注目されるようになった背景に、経済の変化や、私たちが抱く充実した良い人生のイメージの変化がどう影響したかを知る必要があるのだ。それが、私たちの次のステップだ。

二章　バーンアウト　最初の二〇〇〇年

　大学で教えていたころのことを振り返ると、仕事がどんどんつらくなっていたとき、私の身体はたしかに「何かおかしいぞ」とシグナルを送っていた。たとえば一月の授業が始まる前の週、私は断続的に鋭い痛みを感じていた。あばら骨のあいだを鋭利なもので刺されるような強い痛みで、夜もよく眠れず、もう痛みが来ませんようにと祈りながら、次の痛みに身構えて過ごしていた。痛みはおもに身体の左側だったので、心臓が悪いのかもしれないと心配になった。一般に、胸痛をおぼえたら（あれは胸痛だったのだろうか？）、病院に行けと言われている。そこで私は病院に行き、心電図と胸部X線写真を撮ったが、特段の異常は認められなかった。医師には、痛みの原因はストレスか「ウイルス症候群」だろう、と言われた。つまり、原因が特定しにくく、治療が不可能な現代病ということだ。それをヴィクトリア時代のイギリス史を研究する友人に話したら、一九世紀の医者なら、原因は瘴気〔沼や腐敗した物から発せられる気体で、ある種の病気を引き起こすと考えられていた〕だと言っただろう、と笑っていた。あなた、墓地のそばでも歩いたんじゃないの、と。

　医学の常識は変化が速いため、健康と病気の境界線はしばしばあいまいになる。その病気が「心」と呼ばれる謎めいた迷宮に存在する精神的な病いとなればなおさらだ。たとえば骨折は、昔もいまもたんなる骨折だが、「不安」のとらえ方はこの一世紀で大きく変わった。精神錯乱やヒステリーなど、現代では疑問符がつけられるようになった精神疾患も多く、その数はいまも増えつづけている。

私たちとしては専門医の客観的で時代に左右されない知識を信用したいところだが、医師の診断は科学的事実であるのと同時に、文化的事実でもある。そう、病いは身体や心のなかだけにあるわけではないのだ。病いは社会にも存在しており、その病いには私たちが自分自身や社会に対して抱く期待が反映されている。そのような期待を満たせないこと、それが不調だ。不調とは、膝の腫れや、胃酸の逆流、拭い去れない不安感など、何かがいつもの調子ではないことを言う。しかしその「調子」は時代とともに変わるため、不調とされるものも同様に変わっていく。つまり、ある文化において病いとみなされるものも、別のところではまったく正常な状態ということもあるのだ。そして時代の移り変わりとともに、医学的問題が倫理的問題になることもあれば、治療を担うものが医師から心理学者に変わることもある。たとえば同性愛は宗教的な罪であり、犯罪であり、精神病と考えられていた時代もあったが、いまやそれは指向の問題にすぎない。同様にアルコール依存症も、この数十年で不道徳な悪習から身体的な病いへと見方は変化した。

今日のバーンアウトの議論を見ていると、バーンアウトの定義がひとつに定まっていないことがよくわかる。その点で言えば、バーンアウトもこれまでの疲労症候群の典型だ。たしかにバーンアウトは現代ならではの疾患に思えるが、じつは慢性的に疲労を感じ、なすべきことがちゃんとできないという感覚に苛まれるのは、私たち現代人が最初というわけではない。アナ・カタリーナ・シャフナーは二〇一六年の著書『疲弊　その歴史（Exhaustion: A History）』で、「極度の疲労は、その人の精神生活だけでなく身体的健康とも複雑にからみあっている」とし、「また、社会の発達、特に仕事や休息に対する文化的姿勢とも深くからみあっている」とも語っている。[1] これまでも人類はみな疲れきっていた。だがその疲れ方は、それぞれの時代で異なっていたように見える。私はバーンアウトがなぜ、この非常にエネルギッシュで仕事中心の二一世紀社会における特徴的な疲れ方になったのかを知りたいと思ったが、私たちのバーンアウト文化のルーツははるかに遠い過去にあった。

＊＊＊

「空《くう》の空、空の空、いっさいは空である。日の下で人が労するすべての労苦は、その身になんの益があるか」[2] 労働の無意味さに対するこの嘆きは、紀元前三〇〇年ごろに書かれた『伝道の書』の一節だ。コヘレト（ヘブライ語で「伝道者」）としか記されていないこの書の語り手は、人生ははかなく、いかなる労働も無意味であるとぼやく。まさに「風を捕らえるようなものである」と。[3] コヘレトは人生の楽しみ——食事、酒、セックス、芸術、学問——を知り尽くした人物だが、そのどれをとっても我が身を死から守ってはくれないと嘆く。さらに悪いことに、たとえ良い仕事でも未完で終わることは少なくない。彼は「知恵は戦いの武器に勝る」と言うが、「しかし、ひとりの罪びとは多くの良きわざを滅ぼす」と続ける。[4] この悲しい事実を踏まえ、コヘレトは死から逃れられない読者たちに語りかける。いまを大切にせよ、労働においても「すべてあなたの手のなしうる事は、力をつくしてなせ。あなたの行く陰府には、わざも、計略も、知識も、知恵もないからだ」と。[5]

このように語るコヘレトはいかにも憂うつそうで、ヒポクラテス医学の四体液のひとつ、黒胆汁（メランコリー）の過剰に悩まされているかのように見える。彼は疲弊し、悲観的になり、自身の人生を傍観している。じつは紀元前四世紀のギリシャ哲学に起源を持つメランコリアは当初から、「非凡さ、芸術性そして『頭脳労働』と関連づけられてきた」とシャフナーは語る。[6] バーンアウトと同様にメランコリアも名誉の証となりえたのだ。だがその名誉は肉体的な重労働に対するものではない。アリストテレスは、有益な労働より純粋に思考することのほうが誉れ高いと語っている。[7] すなわち当時のメランコリアは、精神生活を気高く追求する人々が患うものだったのだ。

それから何世紀も経つと、今度はキリスト教徒の頭脳労働者たちが、日々のはかなさではなく、日々の果てしない長さに苦しむようになり、別の疲労症候群に悩みはじめる。初期の修道士たちはそれをアケーディア（ギリシア語で「無関心」の意）と呼び、北エジプトの砂漠の洞窟で修道生活を送る彼らを悩ます八つの「悪い考え」のひとつに数えていた。またこの倦怠感は、日が高い昼間、夕食までにまだ時間がある時間帯に襲ってくるため、「真昼の悪霊」とも呼ばれていた。その悪霊は修道士たちに「太陽はほとんど動かず、一日が五〇時間もあるように感じさせる」と、修道士で神学者のエヴァグリオス・ポンティコスは四世紀末に書いている。この悪霊に襲われると、修道士たちは落ち着きがなくなり、つい、まわりを見回して話し相手を探してしまうという。さらにその悪霊は、「修道士の心にその土地への憎悪、修道生活への憎悪、そして肉体労働への憎悪を植えつける」。そして彼らに、神を喜ばせるもっと簡単な方法や世俗的な成功について考えさせ、最終的には、砂漠に修行に来る前の生活――家族や以前の職業――を思い出させて、今後の修道士としての生活は果てしなく退屈だぞとささやきかけるのだ。[8]

真昼の悪霊の狙いは、修道士に修道生活を放棄させることにある。そこでそのような誘惑に打ち勝つために、エヴァグリオスの弟子、ヨハネス・カッシアヌスは修道士たちに労働を命じた。その手本として彼があげたのが、人里離れた土地で、籠の材料になるヤシの葉を集めては洞窟に保管するという作業を日々繰り返した修道院長パウロだ。「パウロは一年間かけて集めたヤシの葉で洞窟がいっぱいになると……苦労して集めたヤシの葉を燃やしていた……彼はそれをすることで、修道士は肉体労働をしないかぎり、ひとつ所にとどまることも、完璧を極めることもできないと証明した」とカッシアヌスは記している。[9] この記述を読むと、アケーディアはバーンアウトの無力感やコヘレトの絶望とはまったく逆のものだということがわかる。ここで注目すべきはパウロの作業の無益さで、悪霊を寄せつけないためなら、作業はどんなものであってもかまわなかったのだ。

　中世の神学者たちはこの八つの悪い考えを七つの大罪に変え、「アケーディア」を「怠惰」という道徳的な罪にしてしまった。こうしてアケーディアという言葉は西洋文化から消えたわけだが、これは非常に惜しい。というのもアケーディアは現代の労働者に典型的な、落ち着きのない散漫さをよくとらえている言葉だからだ。だだっ広いオフィスやダイニングテーブルにノートPCを置いただけの即席ホームオフィスという砂漠にいる現代の私たちを誘惑するのは、一回クリックするだけで別の世界に飛んでいけるインターネットだ。そこで働く私たちは特に生産性が高いわけでもないが、特に怠けているわけでもなく、とりあえず仕事中だ。したがって現代のアケーディアは、パウロ修道院長のように無意味な労働をするという方法では治すことができない。なぜなら私たちはすでにじゅうぶん無意味な労働をしているからだ。細菌が抗生物質への耐性を持つよう進化したように、真昼の悪霊も一七〇〇年の歳月を経るうちに、従来の防御を突破する方法を身につけたというわけだ。

　近世になると、古代のメランコリアは人間中心の新時代を生きる知識人の特徴的な苦悩、憂うつ《メランコリー》に姿を変えた。とはいえ当時の専門家や芸術家も認めていたように、その症状は多様で、なかにはそれがほんとうに憂うつなのか疑わしいものもあった。[10] シェイクスピアの『お気に召すまま』に登場する悩めいた哲人ジェイキスは、憂うつの種類は職業の数と同じくらい無数にあると語っている。彼は「私の憂うつは私だけのものだ。いろいろな成分が混ざり合い、いろいろな物質から抽出した憂うつ、要するに私の憂うつとは私が歩んできた旅路のさまざまな思い出にふけることなのだ。そうやって物思いにふけるうちになんとも気まぐれな哀しみに私は包まれてしまうのだ」と言っている。[11] 憂うつは、自分をとりまく状況や選択肢を理解できずに立ちすくむハムレットが陥っていた状態でもあった。アルブレヒト・デューラーの一五一四年の版画、『メランコリア　I』には、翼のある女性が頬杖をつき、もう片方の手でコンパスを所在なさげに弄んでいる姿が描かれている。彼女のまわりには科学や幾何学、技術に関連したオブジェがあるが、そのどれも使われておらず、足下にうずくまる飼い犬は何日も餌を与えられていない。この女性は「内省的主体という新たに手に入れた地位に付随する無限の可能性と責任の重さに打ちひしがれている」とシャフナーは著書『疲弊　その歴史』に書いている。「一五世紀に近代的主体が誕生した当時、そのような自意識には〈疲弊〉がつきものという感覚があったと思われる」というのだ。[12] そして一九世紀と言う勤勉な時代に入ると、憂うつと怠惰はより強固に結びついた。そしてそれを治療するもっとも確実な方法、少なくとも男性にとっての最も確実な治療法が、「仕事」だった。[13]

古代のメランコリアやアケーディア、そして近代の憂うつといった精神的不調はいずれも、自分は宗教的義務や世俗的な野心を果たすことができないと気づいたエリートたちを苦しめてきた。それは前衛的な人々がかかる病い、その時代の典型である男性（ときに女性）がかかる病いだったのだ。こういった病いは、それが快楽であれ、高潔さや知識であれ、その時代における「良い人生」という概念の負の側面だ。しかしこれらの病いはバーンアウトのように、良い人生を追求しすぎたあげく、それを達成する力を損なうといった皮肉な自己破滅を招くことはなかった。たとえば絶えず働き続ければ、いずれは働けなくなってしまうが、修道士が一日中祈りつづけても、原則的にはアケーディアのせいで祈れなくなるということはない。また、バーンアウトは職場の社会的環境によって生じるが、メランコリアの原因は自然界にあった。憂うつに陥った人は体液のバランスが悪いか、土星のもとに生まれたせいであり、原因は星の巡り合わせとされていた。

＊＊＊

科学の歴史では、別々に研究していた二人以上の研究者が偶然にも同じ時期に同様の発見をするという同時多発的発見がよく起こる。有名なところでは、微積分の発明や酸素の発見、進化論などだろう。また、それほど知られてはいないが神経衰弱の診断もそのひとつだ。神経衰弱は神経系への過度な負担によって生じる消耗状態で、二人のアメリカ人医師――ニューヨーク市のジョージ・M・ビアードとミシガン州カラマズーのエドウィン・H・ヴァン・ドゥーセン――が一八六九年にそれぞれの論文で発表したのが最初だ。[14] その後数十年で、神経衰弱は医学的事象としてだけでなく、文化的にも大きく広がった。神経衰弱という言葉が、おしゃれなジョークや一般向けの広告など、あらゆる場所に登場しはじめたのだ。特にこの病いはアメリカで蔓延したため、心理学者で哲学者のウィリアム・ジェームズはこれを「アメリカニティス」と呼んだほどだ。[15] 実際、しばらくのあいだこの病気は、アメリカの国民病となっていた。

神経衰弱もまた、先の時代の憂うつや、その後のバーンアウトと同様に議論の多い現象だった。ジェームズは神経衰弱を科学的に正当な病いと考えていたが（彼自身が実際に経験していたからだ）、一八九六年、ザ・センチュリー誌のライターは、アメリカ人は頑健なので、神経衰弱による疲弊などありえないと書いている。一般に「アメリカ人はエネルギッシュで押しが強く、落ち着きがなくて気が短い。また、ヨーロッパ人と比べても動きが俊敏で飲み込みが早く、機知に富み、せっかちだ。そしておそらくヨーロッパ人よりもずっと大きな緊張のなかで、気の休まらない生活をしている」というのがその理由だった。[16] しかし一九二五年、精神科医のウィリアム・S・サドラーはアメリカ人の多忙さについて正反対の結論を出し、アメリカ人は神経衰弱への免疫などまったくないと断じている。むしろ「アメリカ人のせっかちで慌ただしく、騒々しくて落ち着きのない気質」が、神経衰弱を引き起こすというのだ。サドラーは、「心臓病、脳卒中、ブライト病、高血圧」で命を落とす四〇代のアメリカ人が異常に多いのは神経衰弱のせいだとし、この病いの犠牲者は年間で推定二四万人にのぼるとした。[17]

神経衰弱が診断名としてよく使われていたのは、その症状の範囲が消化不良から薬剤過敏症、虫歯、さらには脱毛まで極めて広かったせいもある。[18] 神経衰弱について書かれた最初の主要論文で、一八八一年に出版されたビアードの著書『アメリカ人の神経症（American Nervousness）』の口絵には、神経性消化不良や近視、不眠、花粉症といった軽度なものから、さまざまなかたちの神経衰弱（神経衰弱独特の症状）、さらには深刻な飲酒癖やてんかん、狂気に至るまでの「神経症の進化」を記した図が描かれている。[19] この図では、これらの症状のすべてが一本の木の根や枝となってつながっていた。つまり、その木の幹が神経衰弱というわけだ。

神経衰弱は一見、ごく一般的な病気のように見えるが、神経衰弱と診断されることにはそれなりの特別感があった。というのもビアードは「疲労の原因は現代社会の特徴そのものにあるため……疲弊状態をポジティブなものと考えていた」とシャフナーは書いている。[20] 神経衰弱を患う人は時代の精神と調和した、真に現代的な男女であり、神経衰弱を引き起こすのは文明自体であるから、患者は罪のない犠牲者であり、罪深い怠けものなどではないというのだ。

アケーディアや憂うつに悩まされた人々と同様、神経衰弱を患った人たちもその時代のエリートだった。ビアードはこの疾患について次のように書いている。

神経衰弱を生み、育み、永続させるのは、文明の進歩であり、文化や洗練の進展であり、そのような進歩に伴って生じる「肉体労働より頭脳労働のほうが重要」という考え方だ。ゆえに、その疾患を患う人は、田舎よりも都市部、店舗や畑よりもデスクや説教壇、会計事務所で働く人に多い。[21]

ビアードによれば、神経衰弱を患う人は見目麗しく、知性が高く、感情を表に出す人が多いという。そして神経衰弱の特徴は「野蛮で低俗で教育を受けていない人よりも、文明化され、洗練され、教育を受けている人々」に見られるというのだ。[22] マルセル・プルースト、オスカー・ワイルド、ヘンリー・ジェームズ、ヴァージニア・ウルフなど世紀末文学の作家はその多くが神経衰弱の診断を受けており、自身の作品にも神経衰弱患者を登場させていた。[23] ビアードは、知識人は自分の好きなときに働き、労働時間を最大限に利用できるとし、「特に文学者や専門職の人々は自分の時間を自由に使えるので重要な仕事をする時間や日を選ぶことができる。また、なんらかの理由で脳を酷使できなくなったら、休息をとって気晴らしをしたり、作業を事務的なものにかぎったりすることもできる」と言っている。[24] こう聞くと、二一世紀のＩＴ系スタートアップ企業の活気あふれるオフィスが思い浮かぶ。そういったオフィスは、会議室のテーブルにレゴブロックがあり、クラフトビールも用意されているので、従業員は夜遅くまで働いたり、遊んだりできる。ひらめきはいつやってくるかわからないから、ずっとオフィスにいたほうがいいという理屈だ。

神経衰弱を患っていた作家の顔ぶれからもわかるように、神経衰弱は最終的には大西洋を越えヨーロッパにも広がった。さらにアメリカでは中産階級や下層階級にも広まり、やがて神経衰弱はほぼ国民的病いとなった。とはいってもビアードは、黒人や南部の白人、カトリック教徒は、北部に住む白人プロテスタントより神経衰弱になりにくいと考えていた。[25] このように神経衰弱がアメリカの国民病であったのは、たんに神経衰弱が社会に蔓延していたからというだけでも、アメリカはダイナミックで勤勉な国だという国の自意識を反映していたからだけでもない。この病いはアメリカの人種や宗教、階級、ジェンダーに基づく不当なヒエラルキーをも反映し、誰がこの国を繁栄に導き、誰がその恩恵を受けるに値し、誰がそれに値しないのかを物語ってもいたからだ。

ビアードが打ちたてた神経衰弱の理論は、この時期に急成長したテクノロジーで、二四時間年中無休という新たな時代をもたらした「電球」に着想を得ていた。トーマス・エジソンが電球を発明した二年後に書いた論文でビアードは、神経系を電気回路にたとえ、その電気回路が一連のランプ――印刷や蒸気機関、電信、民主政治、新興の宗教運動、貧困と博愛、科学教育といった近代文化の成果――をともすのだと説明した。ランプが明るくともるとき、電源は消耗する。そしてたいていの人はすべてのランプに接続しつづけようとするから、神経力を最大限に使うのだ。ビアードは「現代文明はつねに、その回路に新たな機能を追加してくる」と言い、次のように続けている。

個人差もあるし、その人が人生のどの時期にいるかにもよるが、すべてのランプを煌々とともしつづける力が出なくなるときはいずれやってくる。もっとも弱いランプは完全に消えてしまうが、たいていの場合、ランプは消えないまでも薄暗く不安定な光を弱々しく放つだけになる。これが現代の神経衰弱の基本原理だ。[26]

つまり過剰な負担がかかった神経系は燃え尽きてしまうというのだ。

神経衰弱についてのそのほかの説明も、常時接続状態にあるいまどきのハイパーコネクティビティに対する私たちの嘆きとそっくりだ。一八八四年、ドイツの精神科医ヴィルヘルム・エルプは、神経衰弱の流行は「過剰なまでの交通量の増加と電信電話の発達」、グローバル化、「政治、産業、財政の深刻な危機に対する憂慮」が原因で、国民の多くがこれらをつねに念頭に置いておかなければならないと考えるようになったからだと主張した。現代のこのような状況が「人々の頭を加熱させてより過酷な努力を強い、彼らから休息や睡眠、静寂の時間を奪っている。また、大都市の生活はこれまで以上に洗練され、慌ただしいものになっている」というのだ。[27] 現代の私たちも、これと同じ不平を鳴らしている。洗濯機からインスタント・メッセージ・サービスまで、現代のテクノロジーのおかげで私たちは多くの退屈な作業から解放された。だが同時に、「やらなければいけないこと」すべてをこなすために無理を重ねている。逆説的ではあるが、どの時代であれ何かが楽になれば、また別の困難がかならず生まれてくるのだ。

神経衰弱の治療法は、その症状や原因と同様、多岐にわたった。水治療、金治療、そして男性には激しい運動など、どの治療も医師のお墨付きだった。[28] 女性の場合、「安静療法」を受けることが多かった。S・ウィアー・ミッチェルが考案したこの治療は、患者を完全な幽閉状態に置くというもので、シャーロット・パーキンス・ギルマンは、一八九二年に発表した初期フェミニスト文学の短編『黄色い壁紙』でこの治療を批判している。[29] 当時、神経衰弱の治療は一大産業で、多くの製薬会社が雨後の竹の子のごとく現れ、通信販売用カタログという新たな媒体で消費者に独自のトニックやエリキシル剤といった特許薬を売り込んでいた。また電気療法も人気で、神経衰弱を病む人たちは神経系を再充電するというふれ込みの帯電ベルトを買っていた。[30] カタログ販売会社、シアーズ・ローバック社の一九〇二年のカタログには、カイゼルひげを生やした筋骨たくましい男性が上半身裸で帯電ベルトを締めているイラスト入り広告が載っており、帯電ベルトは神経衰弱だけでなく男性の性的機能不全にも効くとうたっている。ベルトからは男性器用のアタッチメントがぶら下がり、広告コピーには、そのアタッチメントが「性器を包みこみ、デリケートな神経と繊維に活性化と鎮静効果の両方をもたらす電流を直接流すので、この部分をもっとも素晴らしい方法で強化し、大きくします」と書かれていた。[31] なかには、性別による伝統的な役割分担など、従来の伝統的価値観にたち戻ることが、神経衰弱が蔓延する社会を治す唯一の手段だという大規模な解決策を提案する人々もいた。ドイツの精神科医、リヒャルト・フォン・クラフト＝エビングは神経衰弱を、文明衰退の兆しと考えたし、ジョリス＝カルル・ユイスマンスの一八八四年の小説『さかしま』では、疲れきったアンチヒーローが失われたカトリックの信仰を懐かしんでいる。[32]当時、神経衰弱は文化戦争の現場だったのだ。

こうして数十年にわたって典型的な現代病とされた神経衰弱も、やがて燃え尽きてしまった。神経衰弱という病名を便利に使いすぎ、あまりにも多くの症状を神経衰弱のせいにしてしまったからだ。一九〇五年、ある医師は神経衰弱のことを「複雑化され、拡大解釈され、乱用されすぎたおかげで、いまやほぼすべての病気の代名詞となり、なんの意味も持たない病名になってしまった」と嘆いている。[33]結局、医師たちは神経衰弱を引き起こす身体的な要因を突き止められなかった。ビアードが提唱した「神経力」は生物学的精査に耐えられず、特にホルモンやビタミンが発見されてからは通用しなくなった。[34]その後、米国医師会と米国政府は売薬の広告を取り締まるようになり、二〇世紀初頭になると精神疾患は精神分析的アプローチで説明されるようになっていった。[35]もちろん一九二〇年代に入っても人々は疲労を感じつづけたが、法律や医療、社会が大きく変化したことで、この時代の代表的な疾患だった神経衰弱は姿を消してしまった。

＊＊＊

英語圏の文化で最初にバーンアウトが登場したのは、グレアム・グリーンが一九六〇年に発表した小説『燃えつきた人間』で、この作品は疲労症候群の歴史における重要な一歩だ。なぜなら作中に描かれた主人公の症状は、神経衰弱以上に彼本人の職業と関係していたからだ。そう、この小説はまさに職業病について書かれた作品なのだ。

物語ではある夜、カトリックの神父と修道女がコンゴの奥地で運営するハンセン病の病院に、仕事を突然辞めたヨーロッパの著名な建築家ケリイが現れる。彼は、その病院のただひとりの医師に「自分もハンセン病患者だ」と告げると、アケーディアに悩まされた砂漠の修道士のように、患者の世話という単純労働をすることで病いを治そうとする。医師はケリイの自己診断が腑に落ちず「たぶん、きみの病いはまだそれほど進行していないのだろう」と言い、「ここに来るのが遅すぎた人は、病気自体が燃え尽きるのをただ待つしかない」と告げる。[36]つまり、この病いは患者から手の指、足の指、鼻とあらゆるものを奪いながら進行していくというのだ。しかし進行しきって病いが燃え尽きてしまえば、その後は伝染性がなくなり、患者は元の生活に戻ることができる。もちろん身体的ダメージは大きいが、それでも他者に感染させる心配はなくなるのだ。

神父も医師もケリイのことを、自分たちと同様、神によって与えられた天職を持つ人間だと考えるが、ケリイ自身はそれを認めない。彼は日記に「私の情欲は終わりを告げ、天職も終わりを告げた。もう愛のない結婚で私を縛ったり、かつて私が情熱的に取り組んでいたことを再度模倣させたりしないでほしい」と綴る。[37]ケリイはまた、自分の才能をもう使えない貨幣にたとえてもいる。そしてのちに、ジャングルまで彼を追いかけてきたジャーナリストに「神に与えられた天職を持つ人間はほかの人とは違う。彼らは失うものがそれだけ大きいのだ」と語る。[38]結局、ケリイは情欲や野心など、奪われえるものすべてを失った後、古い貨幣を再鋳造するように、自らの才能を新たな目的へと注ぎ、新しいハンセン病療養所の設計をはじめる。

ケリイは、二〇世紀半ばの資本主義世界における典型的労働者とは違う。九時から五時まで働くオフィスのサラリーマンや組み立てラインで働く労働者のように、戦後の繁栄した社会を機能させる機械の歯車でもなければ、簡単に代替えがきく存在でもない、献身的でクリエイティブな労働者だ。また彼は独立して働いており、デニムのシャツや、グレーのフランネルのスーツを着た会社勤めの労働者とも違う。彼自身と彼の仕事は分かちがたく、その仕事をしているからこそ彼は彼なのだ。だからこの小説の登場人物はみな、ケリイのような有名建築家がキャリアを捨てたことにショックを受ける。ケリイは、「すべてを捧げる天職としての仕事、という新たな理想」と、「その理想の拒絶」の両方を体現しているのだ。

グリーンのカトリック的観点から言えば、ケリイが被った損失は最終的には利益となる。天職は自身にとっても他者にとっても危険なものになりえる。才能ある人々、無機質な職場で退屈な午後を過ごしたりしない人々にとって、天職は呪いなのだ。ケリイは彼の天職が燃え尽きたことで解放された。この小説ではある神父が一六世紀の神秘思想家、十字架の聖ヨハネの著書『魂の暗き夜』を引き合いに出し、ケリイはより高度で聖なる思索に備えるための感覚の浄化、すなわち「心の乾燥の美徳」を与えられたのだと語っている。[39] 燃え尽きたことで、ケリイの前にはより大きな天職への道が開かれたのだ。

＊＊＊

一九七四年にレコーディングされた楽曲、『嵐からの隠れ場所』のなかで、ボブ・ディランは多くの悩みをつらつらと歌っているが、「疲れてバーンアウトした」こともそんな悩みのうちのひとつだった。ヒットチャートのトップを飾ったアルバム『血の轍』に収録されているこの曲の歌詞には、重要な文化的瞬間が凝縮されている。一九七〇年代の半ばは、いまで言う「バーンアウト」が初めて科学的に認められ、世間から広く注目を集めた時期だ。そしてこの一〇年前のボブ・ディランのキャリアと同様、バーンアウトもその原点はロウアー・マンハッタンのカウンターカルチャーに深く関わっている。

一九七〇年代初頭、ニューヨーク市の心理学者、ハーバート・フロイデンバーガーは自身の診療所で一日一〇時間働き、それが終わると今度はダウンタウンに移動してセント・マークス無料診療所でも診療をしていた。そこは、診察室にロックスターのポスターが飾られているような診療所で、イーストヴィレッジに住む若者たち――薬物依存症患者から妊婦や歯痛を訴える患者まで――に無料で医療を提供していた。[40] 一九六八年の夏にサンフランシスコのヘイト・アシュベリー無料診療所でヒッピーたちを治療した彼は、一九七〇年にこの診療所の設立に参画したため、ここの患者に対する思い入れは強く、「彼らの悩みや闘いは、私自身の悩み、私自身の闘いになった」とのちに書いている。夜、彼は診療所を閉めると、未明までボランティアスタッフとミーティングをし、その後、アップタウンの自宅に戻って数時間の睡眠をとり、翌日にはまた同じことを繰り返していた。[41]

もちろん、こんなことを永遠に続けられるわけはなく、このような日々を一年ほど続けた結果、彼は壊れてしまった。娘のリサによれば、家族で休暇に出発する日の朝、彼はベッドから出てこられなくなったという。[42] 当時、フロイデンバーガーの専門分野ではすでに「バーンアウト」という言葉が使われていた。南カリフォルニアの若年犯罪者向けリハビリテーション・センターで働くあるスタッフが著した一九六九年の論文には、バーンアウトは医療スタッフによく見られる「現象」であると書かれている。[43] セントマークス無料診療所で働くスタッフたちも自らの状態を「バーンアウト」という同じ言葉で表現していた。もしかしたら彼らはこの言葉を、診療所の患者たちが入り浸るイーストヴィレッジの街で聞きかじったのかもしれない。バーンアウトは、ヘロイン常習者の血管に対して使う言葉で、同じ場所に長期間注射をしつづけてその血管が使えなくなると、その血管は「バーンアウトした」というように使われていた。血管が燃え尽きて使い物にならなくなったという意味だ。[44] 一九八〇年の著書でフロイデンバーガーは、自分のような「バーンアウトした」人間を燃え尽きた建物になぞらえ、「かつて活気にあふれていた建物も、いまはうち捨てられ、誰もいない。活気があった場所も、いまやエネルギーと命の名残が瓦礫となって残っているだけだ」と書いている。[45]

自分に何が起こったのかを知るために、フロイデンバーガーは自身の専門である精神分析を、自分自身に対して行った。まずテープレコーダーに向かって話してから、今度は患者の話を聞くつもりでそのテープを再生し、耳を傾けたのだ。[46] 一九七四年、彼は学術誌に『スタッフのバーンアウト』と題した論文を発表した。その論文で彼は「バーンアウトに陥りやすい人は誰か」と問いかけ、それは「献身的でひたむきな人たち」だと断言している。[47] 彼によれば、無料診療所のスタッフは「自らの才能とスキルを提供しながら、最低限の金銭的報酬で長時間働いている」という。「そしてひたむきだからこそ、私たちはバーンアウトの罠にはまってしまう。長時間、根をつめて働きすぎるのだ。自分の内側からは働かなければ、助けなければというプレッシャーを感じ、外側からは、与えろというプレッシャーをかけられる。さらに管理者からも、もっと与えろというプレッシャーがかかれば、その人は三方面からの攻撃にさらされることになる[48]」

一人称で書かれたフロイデンバーガーの文章に、私の経験は強く共鳴した。三方面からの攻撃はまさに私の実体験だった。学生や同僚からの要求、自分自身への期待、カリキュラムの打ち合わせを求める学部長からの電子メール。たぶん、新学期が始まる一週間前に襲ったあの原因不明の脇腹の痛みはそのせいだろう。バーンアウトに関するフロイデンバーガーの分析は非科学的で、思いつきのようでもあり、厳密に分析されたものでもない。アンケート調査をしたわけでもなく、バーンアウトの度合いを測る尺度もなく、あるのはかぎられた観察、たとえばあのクリニックで働くとほとんどの人は一年でバーンアウトするといった観察だけだ。彼の語りは精神分析の専門用語とカウンターカルチャーの用語が融合し、七〇年代のスラングの「覚醒剤常用者《スピードフリーク》」や「自己意識《セルフ・コン》」といった言葉を使ったり、「誹謗中傷《バッドラップ》」を動詞として使ったりしている。[49] 彼が翌年に発表した同様の論文では、「自分の行動がどのような行動か、自己実現的なエゴの行動なのか、自己強化のための自己満足的な行動か」、あるいはまったく別の種類の行動なのかを特定することが大切だと力説している。[50] フロイデンバーガーが挙げたバーンアウトの症状は、ジョージ・ビアードが列挙した神経衰弱の症状と同様、その範囲はおそろしく広く、「疲労感、風邪がなかなか治らない、頭痛や胃腸障害が頻繁に起こる、不眠、息切れ」にはじまり、さらには「怒りっぽい」、被害妄想、自信過剰、冷笑的、孤立まで多岐にわたる。バーンアウトしたクリニックの職員は「マリファナやハシシの乱用に走ることもある」と書いていた。[51] 一九七四年に発表されたこの論文は厳密さに欠けたが、私は大いに惹きつけられた。フロイデンバーガーの情熱と同僚たちへの深い思いやりがひしひしと感じられたからだ。彼の主張は憶測でしかなく、明らかに深夜の愚痴り合いから生まれた推測にすぎない。だがそれは、数十年後のいまもなお基本的には当たっているように感じられる。

＊＊＊

フロイデンバーガーがアメリカ東海岸のニューヨークで、一日に二つの診療所を掛け持ちしていたころ、クリスティーナ・マスラークは西海岸で、心理学者のフィリップ・ジンバルドーに、いまや悪名高きあの「スタンフォード監獄実験」を中止させようとしていた。一九七一年の夏、スタンフォードで博士課程を修了したばかりのマスラークはジンバルドーと交際中だったが、この実験の設計にはいっさい関わっていなかった。実験は、実際の刑務所に似た施設を作り、そこで学生たちが二週間、看守と受刑者の役割を演じて過ごすというもので、その目的は脱人格化の研究、つまり人間はどのようにして他者を人間以下と見なすようになるのかを調べるものだった。実験が始まると、被験者の学生たちはすぐに自分の役割にどっぷりはまり、「看守」役は手に負えない「受刑者」役に対して身体的に辱めたり、マットレスを没収したり、独房に入れたりといった懲罰を与えるようになった。

結局、脱人格化のプロセスがあまりにもあからさまに示されてしまったため、実験は中断せざるをえなくなった。というのも、実験の五日目に現場を訪れたマスラークが、被験者であるごく普通の大学生たちが、ひどく残虐な行為をしているのを見て驚愕したからだ。足かせでつながれ、頭に袋をかぶせられた「受刑者」の列を「看守」が先導していくのを見たとき、彼女は嘔吐しそうになったという。[52] その夜のジンバルドーとのやりとりを彼女はこう回想している。「私は大声で怒鳴りました。『学生たちにあんなことをさせるなんて最低！』と怒鳴ったんです」。翌朝、ジンバルドーは実験を終了させた。彼によると、監獄実験の現場を訪れた五〇人のなかで、こんな実験は倫理的に間違っていると声をあげたのはマスラークだけだったという。[53]

マスラークはこのすぐあと、福祉の現場という、それほど悲惨ではない環境での脱人格化を研究しはじめた（彼女とジンバルドーは一九七二年に結婚している）。マスラークは「ケアや治療を担う人たちが、自分がケアする人たちをモノのように見るようになるプロセス」を知りたいと考えたのだ。[54] その結果、職業によってアプローチは変わるものの、介護者にとって重要なのは「突き放した関心」、つまり相手と一定の距離を置いて接することだとわかった。一般に医療従事者には同情的な配慮と臨床的な客観性を組み合わせた態度が求められる。しかし対人サービスの現場で働く人たちは感情レベルで相手と関わるため、いつしかその仕事で疲弊してしまう。したがって彼らが「一定の距離を置く」のは、自らを守る手段なのだ。マスラークは一九七三年の報告書で「一定の距離を置く」接し方が極端になると、「サービスの提供者は『バーンアウト』を経験する。このバーンアウトという言葉は、困窮した人の相談に乗る弁護士が使う用語で、依頼人に人間的感情を持てなくなることを指す言葉だ」と書いている。[55] マスラークがこの報告書を発表したのは、バーンアウトも同時多発的に発見され、やがてこの言葉は研究論文の領域一世紀前の神経衰弱と同様、バーンアウトも同時多発的に発見され、やがてこの言葉は研究論文の領域にとどまらず文化的流行語にもなっていった。

マスラークが提唱したバーンアウト・モデルの主要要素、「情緒的消耗感」、「脱人格化」、そして「無力感」はすでに一九七三年の彼女の報告書に登場しているが、当時の彼女はまだこの三つを一貫した理論としてまとめてはいなかった。たとえば無力感について、マスラークはすでにこの報告書に記しており、精神科の看護師や社会福祉の分野で働く人たちは状況が改善しない患者や相談者に出会うことが多く、その結果「自身が無力で無能であり、不要であるとさえ感じてしまう」と書いている。[56] いっぽう、情緒的消耗感の概念はまだ固まっておらず、「バーンアウト」と脱人格化をほぼ同一視していた。つまりバーンアウトはまだ、この症候群全体を指す用語になっていなかったのだ。おそらくこの報告書は職業的バーンアウトに関する最初の心理学的研究だが、驚いたことに彼女はすでにこのなかで、貧困層に対応する弁護士たちのあいだでは「『バーンアウト』の発生が急増している」と指摘している。[57] 言ってみればこの五〇年間、私たちはバーンアウトについて語りつづけ、バーンアウトが悪化するのをずっと感じてきたのだ。

　微積分をほぼ同時に発見したニュートンとライプニッツと同様、フロイデンバーガーとマスラークもバーンアウトの共同発見者だ。だがそれだけでなく、その概念の大衆化に補完的な役割を果たしたという点では、彼らはバーンアウト界のジョン・レノンとポール・マッカートニーでもある。フロイデンバーガーは学者ではなく臨床医なので、彼の研究は実験的観察というよりは自身の患者の症例研究に基づいている。そのせいか彼の研究は自由奔放かつエピソード・ベースという印象で、そこが大きな魅力でもある。よくわからない現代の病いをわかりやすく診断したことで、フロイデンバーガーは人気トークショー『ザ・フィル・ドナヒュー・ショー』や『オプラ・ウィンフリー・ショー』にも出演するようになった。[58] いっぽう、カリフォルニア大学バークレー校の心理学部に腰を落ち着けたマスラークは、完璧な研究者であると同時に飛び抜けて思いやりあふれる研究者でもある。一九八〇年代初頭、彼女は多くの研究者が実施した何百もの研究に参加した、膨大な数の被験者たちに科学的手法を適用し、バーンアウトを測定するあの代表的指標、ＭＢＩを開発した。そしてそれ以後、彼女はバーンアウト研究の重鎮でありつづけている。

　マスラークとフロイデンバーガーは、人が燃え尽きる仕組みや理由についても相補的な見解を示している。したがって両者の見解を考慮しないかぎり、バーンアウトの原因と結果を完全に説明することはできない。フロイデンバーガーは、すべてを仕事に捧げ、壁にぶつかったらさらに頑張り、倒れるまで働きつづける献身的な個人の労働者に注目し、バーンアウトが起こる原因には、その人が抱く理想が大きく関係していると主張する。いっぽうマスラークは、バーンアウトの原因は労働環境によるところが大きいと考えている。献身的な労働者にはバーンアウトのリスクがあるという点ではマスラークもフロイデンバーガーに同意しているが、マスラークは一九九〇年頃までに、バーンアウトの原因は組織にあるという包括的な理論を構築した。[59] たとえば雇用主が従業員にじゅうぶんな報酬を支払わない、あるいは不公平が蔓延している、同僚同士が交流するコミュニティがないといった場合、仕事を続ける能力や意欲は崩壊してしまうというのだ。

＊＊＊

フロイデンバーガーとマスラークは、一九七三年から一九七四年のほぼ同時期にバーンアウトを「発見」したが、これはたんなる偶然ではないだろう。当時、二人はそれぞれアメリカの西海岸と東海岸にいて、時代の兆候を見抜く手法も異なっていたが、それでも彼らはアメリカ社会に何かが起こっていることを察知していた。また、その兆候は、あのボブ・ディランも気づいていた。ニール・ヤングも一九七四年初頭にはそれに気づき、『アンビュランス・ブルース』のなかで、何をするでもなく時を過ごしている「燃え尽きた人たち《バーンアウト》」のことを歌っている。ではなぜ、この文化の節目を表す言葉としてバーンアウトが使われるようになったのだろうか？

もしかしたらそこには、一九六〇年代に起こった理想主義の崩壊が関係しているのかもしれない。当時のカウンターカルチャー――フロイデンバーガーがセント・マークス無料診療所で診ていた人々ももちろん含まれる――が理想としたのは、九時から五時までの労働を中心としない暮らしだった。しかし一九七〇年代になっても、そんなライフスタイルは定着しなかった。またこの時期、楽天的で、教育もじゅうぶん受けた人々の多くが、「貧困との闘い」に挑もうと福祉分野の職に就いたが、結局は、社会問題の解決がいかに難しく、官僚主義がいかに多くの時間を費やすかを思い知らされるだけで終わった。[60]ちょうどこのころ話題となったのがユニバーサル・ベーシック・インカム（最低所得保障）で、これは明らかに実現可能な目標だった。一九六四年、ある社会主義系の出版物が、社会の富は仕事の種類に関係なく、みなで共有すべきだと提案した。[61]その数年後には、フェミニストや福祉の権利を主張する活動家たちが政治の場やメディアに登場し、現在の家父長制と労働倫理の両方に対抗する手段として「適切な所得保障」を訴えた。[62]ミルトン・フリードマンからマーティン・ルーサー・キング・Jr.に至るまでのさまざまな思想家もベーシックインカムの導入を支持し、この政策を実験的に試した市や州もあった。リチャード・ニクソン大統領でさえ、アメリカの全世帯に最低所得を支給する案を支持したのだ。ニクソン政権の家族扶助計画は下院を賛成多数で通過した。しかし、もっとも悲惨かつ低賃金の仕事から労働者を解放するはずだったこの計画が完全に実現されることはなかった。法案は上院で否決され、ニクソンが承認するまでに至らなかったのだ。[63]

このような理想の挫折も、一九七〇年代初頭にバーンアウトが出現した理由のひとつだったかもしれない。だが、バーンアウトの出現にはそれよりもっと重要な理由があった。じつはバーンアウトが最初に注目されたのは、アメリカの労働史における重大な転換期となった一九七四年だ。それから数十年が経った現在、歴史家たちは一九七四年を「時代の分水嶺」と考えている。時代の分水嶺とは、歴史家のジェファーソン・カーウィーが一九七〇年代の労働者階級について書いた『ステイン・アライブ(Stayin' Alive)』のなかで使った言葉だ。[64] 一九七四年までは、労働に関するニューディール・コンセンサス、すなわち生産性が上がれば労働者の賃金も上がるという考え方がまだ通用していた。よって一般の労働者の実質賃金は着実に上がり、一九七三年にはそのピークに達した。[65] この時期は労働者階級、少なくとも白人の労働者階級にとっては全盛期で、彼らは政府のプログラムや労働組合の恩恵をじゅうぶんに受けていた。まさに多くの人が、豊かさを手にできると思える時代だったのだ。当時大人気だったシチュエーションコメディのテレビ・シリーズ『オール・イン・ザ・ファミリー』でも、主人公、アーチー・バンカーを筆頭に、テレビ番組の登場人物のほとんどは労働者階級で占められていた。とはいっても、労働者たちのあいだで対立がまったくなかったわけではない。労働組合員でも若い世代は、生産ラインの速度や、うんざりするような繰り返し作業を改善するために闘いたがった。いっぽう年配の組合員たちは、すでに満足のいく労働契約があるのだから、退屈でがまんできないなどという理由でことを荒立てる必要はないと考えていた。[66] それでも仕事の質を巡って労働組合内部で論争があったという事実は、当時の労働運動に力があったことを物語っている。

しかしそのような論争は長くは続かず、一九七四年を境に二〇世紀半ばの労働者の黄金期は崩壊した。ニクソン政権とベトナム戦争が不名誉な終わりを迎えたことで、国の政治制度に対するアメリカ人の信頼が大きく揺らいだのだ。さらに国際競争の激化やOPECの石油禁輸が引き起こした「オイルショック」、急速なインフレといった荒波に、アメリカの製造業も組合労働者も溺れてしまった。その結果、第二次世界大戦後初めて、労働者の生産性向上と賃金は切り離された。一九七四年以降、労働者の生産性は上昇を続けたが、賃金はそうならなかったのだ。実際のところ一九七〇年代、一九八〇年代を通じて非管理職の実質賃金は下がりつづけた。Covid-19の大流行で一時的な上昇は見たものの、賃金の低下はいまだ回復していない。[67]「期待の下方修正、それも連続的な下方修正は、一九七〇年代における重要な出来事だった」と歴史学者のリック・パールスタインは書いている。[68]

一九七〇年代にアメリカが直面したのは、政治・経済の問題だけではない。この時期、アメリカは感情の問題も抱えていた。歴史学者や現代の識者はこの七〇年代半ばの事象を国家的な「神経衰弱」、「集団的悲しみ」と呼ぶ。[69]その七〇年代を締めくくったのが、時の大統領ジミー・カーターのテレビ演説で、彼は国民にこの国は慢性の精神的病いに陥っていると呼びかけた。のちに「マレーズ（沈滞）・スピーチ」と呼ばれるようになったこの演説で彼は、自分は一〇日間かけて国民の悩みを聞いてきたと語り、自身のリーダーシップや国の状態に対する国民の数々の不満——自身の傲慢さから石油不足にいたるまで——を読みあげた。さらに彼は、自身が考える「アメリカの民主主義への基本的脅威」についても語った。その脅威とは「〈自信喪失〉という危機だ……私たちは人生の意義を疑うようになり、国の目的のために一丸となる力も失っている」。そしてこの自信喪失の危機は、投票率の低下や労働生産性の低下、明るい未来に対する希望の低下にも表れていると彼は考えていた。国自体が疲弊し、シニカルになり、無力感にかられたアメリカは、いわばバーンアウト状態にあったのだ。[70]

一九八〇年代に入ると「バーンアウト」は、疲弊し、打ちのめされたアメリカ人労働者を形容するキーワードになった。まもなくマスラークは、バーンアウトの原因は組織にあるという理論を打ち立て、一九八〇年にフロイデンバーガーが著した『バーンアウト 成功するために支払う高いコスト（Burn-out: The High Cost of High Achievement）』は人気の自己啓発書になった。一九八一年、航空管制官組合の委員長は、組合員が賃上げと労働時間短縮を求めてストライキを起こした一番の理由に「初期のバーンアウト」を挙げている。[71] このストライキが起きたとき、人々はまだバーンアウトとの闘いを楽観視していたのだと私は思う。おそらく当時の人々は、集団で行動を起こせば状況を改善することができると考えていたのだろう。しかし職場復帰命令を拒んだ一万一千人の管制官をロナルド・レーガン大統領が解雇したとき、その希望は打ち砕かれた。そしてレーガンのこの決定にこめられたメッセージは、今日でも労働者の耳に響いている。つまり、バーンアウトに陥ったら、自分でなんとかするか、いっさい何もしないかのどちらかしかない、ということだ。この一年後、バーンアウトという言葉は日常的になりすぎたらしく、コラムニストのウィリアム・サファイアはニューヨーク・タイムズ紙の「言語についての」というコラムで、「この言葉自体が言語学的バーンアウトに陥っている」と書いている。[72]

＊＊＊

バーンアウトに関する研究は一九九〇年代、二〇〇〇年代を通じて進み、研究対象も対人サービス労働者だけでなく、ホワイトカラーやブルーカラーの労働者に広がった。しかしこのころアメリカでは、「バーンアウト」という言葉は二〇年間の休眠期間に入ってしまった。そのいっぽうで、「バーンアウト」は一世紀前の「神経衰弱」と同様に海外へと広がった。二〇〇九年の論文でマスラークと二人の共著者は、「ざっくり言えば、バーンアウトへの関心が広がった順番は、当事国の経済発展に対応しているようだ」と語っている。[73] つまりバーンアウトは、北米やヨーロッパの豊かな国々が抱える問題として誕生し、その後、ラテンアメリカ、アフリカ、アジアへと広がったのだ（この主張が、北部の白人プロテスタントはほかの地域や人種、宗教集団の人々より神経衰弱になりやすいと主張したジョージ・ビアードの見方とやや似ていることは否定できない）。二〇一九年、世界保健機構の国際疾病分類（ICD）は、バーンアウトを病気ではなく「症候群」として分類した。[74] また、神経衰弱がついにICDから姿を消したのもこのときだ。スウェーデンなどヨーロッパ諸国のなかには、バーンアウトを有休休暇や疾病手当を受けることができる正式な診断名として認めている国もある。[75] たとえばフィンランドでは、バーンアウトに陥った労働者はカウンセリングや運動、栄養教室など、一〇日間の集中的な個別活動やグループ活動で構成されたリハビリを有給で受けることができる。[76]

この五〇年のあいだに、世界におけるバーンアウトの認知度は発祥の地であるアメリカ以上に高まった。しかしこの症状に関する一般の人々の理解はなぜかほとんど進んでいない。いや、科学的理解でさえ腹立たしいほど進まず、停滞しているのだ。バーンアウトの測定方法についてはコンセンサスがほとんどなく、広く認知された診断方法も存在しない。またアメリカ精神医学界の精神障害の診断と統計マニュアル（DSM）にも、バーンアウトは疾患として位置付けられていない。フロイデンバーガーが作成した、あのあいまいで、すべての疾患があてはまりそうな症状リストの影響が、数十年後のいまも色濃く残っているのだ。一九八〇年、フロイデンバーガーは、バーンアウトの原因は急速な社会的、経済的変化、すなわちセックス革命から大量消費主義にいたるまでの急速な社会的、経済的変化にあると主張した。「さらに」と彼は続け、「テレビは私たちに、〈良い人生〉を送る人たちの魅力的な姿を見せつけてきた」とも書いている。[77] もし「テレビ」を「インスタグラム」に代えれば、この文章は生活の最適化をスローガンにする健康サイトが昨日掲載した記事だ、といっても通るだろう。

ハイテク・バブルが絶頂期にあった一九九九年にニューヨーク・タイムズ紙の一面を飾ったバーンアウトの記事も、どこかで聞いたことがあるような内容だ。この記事を書いたレスリー・カウフマンが注目したのは、従業員の半分以上が「過剰なストレスを経験している」と報告したヒューレット・パッカード社の地域営業所だった。同社をはじめとする多くの企業は、こういった職場でのストレスを緩和して従業員の離職を防ごうと、「労働時間を四〇時間に制限したり、週末にEメールや留守電メッセージのチェックを禁止したりとあらゆる方策」を試したという。だが私たちはいまだに当時とまったく同じ問題に直面し、同じような解決策を提案している。ニューヨーク・タイムズ紙の記事には、フレックスタイムや在宅勤務も試されたが効果はなかったと書かれている。「この問題をなんとかしようとする動きはまだ始まったばかりだ」とカウフマンは指摘し、「この問題については多くの企業が議論しているが、従来のやり方をどう変えればいいか、いまだにわからずにいる」[78] と語っている。そしてそれから二〇年以上が経過したいまも、企業は依然としてバーンアウトについて議論しており、何をどう変えるべきかわからずにいるのだ。

こういった歴史を振り返ると、げんなりする結論にたどりつく。なんと私たちはバーンアウトについて、五〇年間ずっと同じ話をしているのだ。ここに神経衰弱の歴史を加えたら、私たちは一世紀半ものあいだ同じ話をしてきたことになる。さらにメランコリーとアケーディアを追加しようものなら、私たちは同じような話を二〇〇〇年以上続けていることになるのだ。仕事や文化によって生じる疲弊についての現在の議論は、一九七〇年代、一九八〇年代にフロイデンバーガーやマスラーク、そして彼らを批評した人々がしていた議論、すなわち高学歴のエリート労働者に焦点をあて、文化の加速を論じ、すべての病いをひとつのあいまいな傘の下にまとめがちだった彼らの議論とたいして変わらない。いやそれどころか私たちが言っていることは、一八八〇年代に神経衰弱を理論化したジョージ・ビアードやS・ウィアー・ミッチェルが言っていたこととそれほど変わっていない。初期のバーンアウト研究者たちは、疲弊することは現代人であるということ、時代の権化であるということだと考えていた。そしていま巷では、バーンアウトをこの世代全体の象徴、すなわちテクノロジー、変革、そして文化の最先端と同義であるこの世代の象徴と言っている。

これほど長いあいだバーンアウトについて堂々巡りの議論が続いていることには、複雑な思いを抱かざるをえない。もちろん、話を新たな軌道に乗せたいという気持ちはある。しかし万能薬を提案したり、揺るぎない個人主義の確立を呼びかけたり、テクノロジーを嘆いたり、ビジネスのやり方を変えると空約束をしたりといった、過去の過ちを繰り返したくはない。怪しげな疑似科学を並べたてる現代のジョージ・ビアードになりたくはないのだ。私としては、バーンアウト研究は、もっと系統だった研究になってほしい。私がさんざん苦しみ、キャリアさえも失ったこの症状の診断基準の確立を目指す研究になってほしいのだ。そしてたんにマーケティングだけが目的の馬鹿げた話ではなく、もっと合理的で思いやりのある話を聞かせてほしい。バーンアウトを巡る議論がもっと地道で正確で冷静なものにならないかぎり、燃え尽きてしまった労働者たちを助けることはできないからだ。

いっぽうでバーンアウトを巡る議論が変わらないのは、そもそも変えられないからではないかという危惧もある。アケーディアが砂漠の修道院生活に、神経衰弱が電気の時代に組み込まれていたように、バーンアウトも私たちの文化にがっちりと組み込まれている。もしかしたらその組み込まれ方が強すぎて、この文化に生きるかぎりバーンアウトの原因となる要素を変えることはできないのかもしれない。それは、自分の右手を自らの右手で手術できないのと同じだ。「バーンアウトの危険を冒すことなくスタートアップ企業を成長させる方法」などという見出しを見ると、ほんとうにうんざりする。[79] なぜなら、そんなことは不可能だからだ。現代の労働文化に参加するということは、バーンアウトの危険を冒すことにほかならない。バーンアウトせずに成功するなど、濡れずに泳ごうとするようなものだ。燃え尽きることをやめたら、私たちは私たちでなくなってしまう。人生の方向を決める文化的前提、たとえば何を追求するべきか、誰を手本に人生を歩むべきか、どうやって時間を過ごすべきかといった文化的前提を失ってしまうのだ。だからこそ私たちは、何十年ものあいだ、ストレスを受けつづけ、不平を言いつづけながらもバーンアウト文化に終止符を打てずにきたのかもしれない。この文化を終わらせたくないという気持ちが、私たちの心のどこかにあったのかもしれない。

この希望と不安がひとつになれば、覚悟が育つ。そうやって覚悟を決めれば、自分たちのアイデンティティを仕事中心ではないものに作り変えることができるはずだと私は信じている。私たちは、バーンアウト文化を終わらせることができるのだ。だがその前に、まずは私たちの社会的、倫理的、精神的生活の中心に位置するこの病いを正確に表現する言葉が必要だ。

三章　バーンアウト・スペクトラム

最初から燃え尽きてしまっている人などいない。神学の教授として働きはじめたとき、私は無限のエネルギーに満ち、何もかもがうまくいくと思っていた。ようやく夢見ていた仕事に就いたのだ。真実を探求し、精神の修養を積もうと胸を躍らせていたかつての私と同じ興奮を学生たちに体験させる機会にようやく恵まれたのだ。最初の学期、私は毎日、朝八時からの講義を担当した。毎朝、同僚の誰よりも早く出勤し、退勤はほぼいつも最後だったが、それでも仕事量はなんとか抑えることができていた。週末はオフィスに行かないと決め、おおむねそれを守れていたからだ。

最初に職業上の危機に襲われたのは、その学期の半ば、受け持ちのクラスの最初のレポートを採点しているときだった。課題は、神学的な文章で書かれた長く、美しい回想録、聖アウグスティヌスの『告白』を読んで、友情をテーマに小論文を書くというものだった（もしかしたら大学二年生にこの課題は難しすぎたのかもしれない）。採点をしているうちに、ある学生の小論文が異彩を放っているのに気がついた。言葉遣いが、大学生にありがちな間違いだらけの文章とはまったく違い、職人はだしの名文なのだ。まるでパイプをくわえた一九五〇年代のオックスフォードの研究者が書くような、格調の高い文章だった。「執念深い《インプラカブル》」といった凝った言葉さえ、その学生は適切に使いこなしていた。

だが読み進めるうち、その論文の内容は突然、自分を実際より賢く見せたがる人がやりそうな空虚で修辞学的な問いかけへシフトした。何より不思議だったのは、「私たちは神を友情しなければならない、なぜなら神は私たちを友情しているからだ」というように、「友情」という言葉を何度も動詞のように使っていることだった。さて、これはどういうことかと不思議に思い、同僚たちにもこの論文を見せるうち、ようやくある推測にたどり着いた。おそらくその学生は、アウグスティヌスと愛について書かれた複数の論文をつぎはぎし、PCの検索・置換機能で「愛」を「友情」に置き換えたのだろう。そして、そうやってできあがった論文を、その学生は見直すことすらしなかったのだ。学生のしたことに気づいた私は激怒したが、やがてほかの何人かの学生も同様の剽窃をしていることがわかり、ひどく落胆した。

数週間後には中間試験が行われたが、学生たちの成績は平均がD評価という惨憺たるものだった。彼らは何も学ばなかったのか？　もしかして、学ぼうとさえしなかったのか？　私は愕然とし、友人への手紙に「教育なんて、どうしようもないまやかしではないかという不安」を抱いていると書いたほどだ。翌年には、クラスの学生の半分近くが論文で剽窃をしていた。受け持ちのクラスで起こるこういった問題のひとつひとつが、私には自分の理想への冒涜に思えた。

もちろん、悪いことばかりだったわけではない。毎学期、学生たちが学ぶのをこの目で見ることができたし、私がなけなしの神学ジョークを言えば、彼らはきちんと笑ってくれた。しかし学生が提出してくる剽窃だらけの論文や彼らの無関心は徐々に私の心をむしばんでいった。そして大学で教えはじめて六年目、終身在職権取得の申請をしたころには、私はすっかり追い詰められ、深夜の二時に自分自身に宛て、自らの無能さを論証する「終身在職権の申請反対書」を書くほどになっていた。そこには、「本を読み、新しく難解な考えについて議論し、文章を書くという、学生たちがまったくやりたがっていないことを彼らにさせる自分の仕事が嫌になった」と書いた。また「その行きづまり」を突破する方法はわかっているが、それを実行する勇気がないとも書いた。「向学心のない多くの学生に何かを教えるだけのエネルギーも自発性も願望も、もう私にはない」と。

いまとなればこの一文に、バーンアウトの三大症状である「情緒的消耗感」、「脱人格化」、「個人的達成感の低下」のすべてが現れているのがわかる。だがこれは、私が仕事を辞める何年も前のことだ。当時はまだ、こんなふうに深夜に悶々とすることはあっても、朝、ベッドから出られないということはなく、暴飲暴食で気分をまぎらわそうともしていなかった。その後、私は終身在職権を得、「これが私の夢見た仕事だ」と自分に言い聞かせながら仕事を続けた。

あの「終身在職権の申請反対書」を書いていた時期の私はおそらく、バーンアウトしていたのだろう。だがそれはまだ決定的なものではなく、当時の私は、切れた電球や灰になった薪ほどには燃え尽きていなかった。しかしその後の数年で何かが変わり、生きていくには仕事を辞めるしかないところまで追いつめられることとなったのだ。もしそういった軽い焦燥感がつらい徒労感に変わる経緯を明らかにすることができれば、社会がいま、切実に必要としているバーンアウトの確固たる定義を打ち立てられるのではないだろうか。

＊＊＊

人々のバーンアウトの症状は非常に多様で、その幅はまさに大海原のごとく広い。また、その深刻さも大陸の砂州のように浅いものから、海溝のように深いものまでさまざまだ。なかには臨床的うつ病に見えるものもあれば、症状が突然出現する（そして消える）共感疲労に似たものもある。ゆえにバーンアウトの定義を決めるなら、このような症状の違いも考慮する必要がある。世界ではかなりの割合の労働者がバーンアウトの症状を示しているか、自分はバーンアウトに陥っていると主張している。だが一見したところ、その大半はなんとか働くことができている。いっぽうもっと少ない割合ではあるが、仕事がほとんどできなくなっている人もいる。彼らは慢性的な疲労に悩まされ、仕事のパフォーマンスもやる気も下がり、実行機能や注意力、記憶といった認知能力も低下している。[2] そのような人たちのなかには、薬物の乱用や依存症に陥る人もいる。また、なかには自殺を考える人もいて、アメリカではそこに驚くほど多くの医師が含まれている。[3] 自分はバーンアウトしている、と主張する人全員がそこまで深刻な状況というわけではないが、何百万人もの人がバーンアウトという言葉で何かを訴えているのは確かだ。自分と仕事の関係性が何かおかしい、と彼らは訴えているのだ。

バーンアウトの幅（誰もが少しはバーンアウトを感じている）と深刻さ（なかには深刻すぎて仕事ができない人もいる）をバランスよく考えるには、バーンアウトを状態としてではなく、スペクトラムとしてとらえる必要がある。バーンアウトについての一般的な議論では、それがあたかも白黒はっきりした状態とでもいうように、「バーンアウトした」労働者の話をする。しかしそのような考え方では、バーンアウトのさまざまな状態を説明することはできない。もし、ついているか切れているかがはっきりした電球のように、バーンアウトの境界線が明確なら、バーンアウトしてはいてもなんとか働いている人たちを分類するすべはないことになる。けれどバーンアウトをスペクトラムとしてとらえれば、この問題は解決する。バーンアウトしていると言いながらも衰弱しきっていない人たちは、そのバーンアウトが部分的なものか、それほど深刻ではないというだけだ。そういう人たちはバーンアウトを感じてはいるが、燃え尽きてはいない。バーンアウトがまだ最後の一撃を繰り出していないのだ。

すでに心理学者たちは、自閉症などの症状をスペクトラムとしてとらえ、深刻度が異なるいくつかの関連障害をひとつにまとめて分類している。なかにはスイスの心理学者、ジュールス・アンストのように、うつ病もスペクトラムとしてとらえる人もいる。一九九七年、アンストはカスリーン・メリカンガスと共同執筆した論文で、一五年のあいだに若年成人が抑うつ状態のスペクトラムに沿って変化していった様子を報告している。その報告によると、彼らが示す抑うつ症状は時間の経過とともに増減したという、深刻な抑うつ障害の閾値を上回ったり、下回ったりすることも少なくなかったという。[4] そして「閾値下の」抑うつ状態を経験した若者は、その後に深刻なうつ病を発症するリスクが非常に高いことがわかった。[5] これはじつに希望の持てる結果だ。なぜなら、そういった低レベルの抑うつ状態に気がつけば、その人はさらに多くの症状が出る前に治療を受けることができるからだ。

うつ病やバーンアウトはスペクトラムとしてとらえるほうが、単一の閾値で障害を区別するより、当事者の実感をより適切に反映できる。ちなみに、これらの閾値はすべて任意で、「閾値以下の抑うつ症」のさまざまなカテゴリーを区別する境界線もまた任意だ。マスラーク・バーンアウト・インベントリーやそのほかの尺度でも、「バーンアウトしている」と「バーンアウトしていない」の境界線がどこにあるかはわからない。なぜなら、そんな境界線などないからだ。虹の「赤」色がだんだんオレンジ色になるように、バーンアウトのさまざまな症状も混ざり合う。もちろん境界線を引くことはできるし、明確な診断が求められる臨床の現場ではそれが必要なこともある。しかしきめ細かく分類すれば、より繊細な治療が可能になるのだ。アンストとメリカンガスは、生きていれば誰でも、軽度、または一時的な抑うつ状態に陥る可能性があると言う。[6] 同様に、低レベルのバーンアウトの存在も認めれば、ほとんどの人がどこかの時点で、バーンアウト・スペクトラム上に位置付けられると考えられるだろう。たとえ全員が高レベルの情緒的消耗感、脱人格化、個人的達成感の低下といった症状に「進行」するわけではなくても、だ。どのような仕事に就いていても、私たちはバーンアウトのリスクにさらされる。部分的にしかバーンアウトを感じないという人もいるが、単一の症状が時間の経過とともに、完全なバーンアウトに進行する可能性もあるのだ。

　たとえば難民の子どもを支援するダラスの非営利団体で働くソーシャルワーカー、リズ・カーフマンの例を見れば、バーンアウト症状の移り変わりがよくわかる。カーフマンによれば、彼女の業界で働く人たちはみな「バーンアウトをバッジのように身につけている」という。だがカーフマンの場合、バーンアウトの症状は特定のかたちで出現した。彼女いわく、働きはじめて以来、仕事のストレスでシニシズムに陥りやすくなった、つまり冷笑的になったというのだ。以前の職場での話だが、カーフマンのチームは自分たちの給料にあてられる重要な助成金の申請をしていた。その結果が自身の仕事の存続に直結していたため、彼女はやがて強い不安に苛まれるようになり、気がつくと同僚の陰口を言うようになっていたという。これこそまさに脱人格化の典型だ。「すっかりシニカルになっていた私は、ほかの人の欠点ばかりに目がいくようになっていました」と彼女は語る。その後、助成金が更新されると、それまでの彼女の冷笑的態度は、個人的達成感の低下に変わっていったという。当時の彼女はアメリコー〔クリントン大統領創設の国内向けボランティア団体〕のメンバー調整をする仕事をしていたが、その仕事の意義がわからなくなったというのだ。仕事上のトラブルに対して新たな解決策を講じるときも、「とにかくなんとか乗りきればいい」と思うようになっていた。「どうせ、たいした違いはないのだから」と。

その後、ほかの組織で働いたときも、ふたたび彼女はシニシズムに襲われた。「いまはこうして愛想良く、丁重にあなたとお話ししていますが、当時の私はこうじゃありませんでした」と彼女は笑う。「好戦的で、怒りっぽくて、つねに相手にけんかを売っていました」と言うのだ。勤め先は、少し休んだらどうかと彼女に二週間の有給休暇を与えたが、当時のカーフマンはこれに対して「いったいどういうつもり?」と憤慨したという。しかし、しばらく仕事を離れると、自分がそれまでどれほど苦しんでいたかがわかり、自分も上司もお互いが相手に何を期待しているかをまったく話し合っていなかったことに気がついた。その結果、休暇を終えて職場に戻るころには、成果を出すために何をするべきかがよくわかるようになったという。

彼女との一時間の面談では、情緒的消耗感の話は出なかったが、もちろんほかの労働者たちは情緒的消耗感について語っていた。実際のところ、私たちは情緒的消耗感とバーンアウトを同義で使っていることが多い。バーンアウトが白黒はっきりした障害ではなく、連続した症状からなるスペクトラムだと考えれば、情緒的消耗感はおぼえても、脱人格化や個人的達成感の低下は感じないという労働者がいるのも不思議ではない。もしバーンアウトの症状の一部を感じれば、その人はすでにバーンアウト・スペクトラム上にいるのだ。仕事のせいで消耗したり、自分のことを冷笑的、あるいは役立たずと感じたりするのであれば、事態はさらに悪くなる可能性がある。

私のバーンアウトは数年にわたって悪化したり、軽快したりを繰り返したのち、症状は永続的になった。リズ・カーフマンと一緒で、私もシニシズムに陥り、個人的達成感の低下に苦しんだが、深刻な情緒的消耗感をおぼえてはいなかった。それを感じたのはもっとあとのことだ。私は当時、一学期に一般教養のクラスを四クラス担当していた。一般教養は、専攻に関係なくすべての学生が履修しなければいけない必修科目だが、受講者アンケートでは多くの学生が不満をもらしていた。「こんな意味のない授業なのに、教授は小うるさくて、採点も厳しい」は典型的なコメントだ。学生がこんな調子だったから、私は職業上の達成感を得るために、仕事の別の側面、すなわち委員会や学会、論文執筆に時間を費やすことにした。だが、その頑張りは私に負の影響を及ぼした。あの「終身在職権の申請反対書」を書いていたころ、私は自分自身に向けて次のような短い手紙も書いていた。「この仕事のすべてがうんざりだ。こんな仕事、知的挑戦なんかじゃない（挑戦ではあるが、知的なものじゃない）。それにやりがいもない。講義から学びを得たように見える学生はほとんどいないし、たとえいたとしても、彼らが私に感謝をするわけじゃない」

いまこれを読むと、教えるという仕事は知的挑戦ではない、というこのくだりに驚かされる。つまり、教えるという仕事が自分の期待していたものとは違っていたと言っているのだ。私は若いころ、自分を導いてくれた教授たちの人生を勝手に想像し、同じような生き方をしたいと思っていた。学究的生活に入れば、学問の世界の住人になれると思っていたのだ。しかし現実には、教職もまたひとつの職業であ

＊＊＊

ることに変わりはなかった。官僚的で、スケジュールに拘束され、午後五時までに終わらせなければならない退屈な作業もある。そのうえ学生は、自らの学びを高尚で知的な追求だなどとは思っていなかった。彼らにとって教育は、経理担当者やスポーツトレーナー、あるいは教師になるための手段でしかなく、かつての私のように神学的思索という純粋な知の快楽のために学んでいるわけではなかったのだ。彼らを責めるわけではないが、それでもやはり昔の自分のようであってほしいと期待せずにはいられなかった。

自分の仕事に対して抱く理想と現実のギャップ、それがバーンアウトの発火点だ。私たちが燃え尽きるのは、自分のしている仕事が、自身が期待する水準を満たさないときだ。ただ、そういった理想や期待は個人的なものだけでなく、文化的なものもある。裕福な国の文化では、人々は仕事に報酬以上のものを求める。尊厳を求め、人としての成長を求め、ときには何か超越した目的を求めることさえある。だが、そういったものは手に入らない。なぜなのか？ ひとつには、この数十年間、仕事がもたらす精神的負担は増えるいっぽうなのに、物理的な報酬は減っていることがある（労働条件の悪化および理想を実現できないことへの失望については、四章と五章で詳しく触れる）。たとえば私は、大学教授の生活とは聡明な同僚や勉強熱心な学生たちとの知的な会話がノンストップで続く生活だと思い込んでいた。しかし現実は違った。教えるという仕事は難しいし、認められることもめったになく、私は学生たちの剽窃行為を疑いながら、退屈な会議に出席し、オフィスでひとりぽつねんと過ごしていた。

バーンアウトは理想と現実のギャップから生まれるという考え方は、研究論文でもよく論じられる。[7]
クリスティーナ・マスラークと共著者のマイケル・ライターはバーンアウトを「その人本来の姿と、その人がしなければならないことのギャップを示す指標」と呼んでいる。[8] これは、その人の仕事が要求するものとその人の自己理解の乖離を示すのがバーンアウトだという意味だろう。一九七六年、マスラークはバーンアウトについて書いた初期の論文のなかで、バーンアウトが起こるのは、労働者にその仕事を引き受ける準備ができていないときだと指摘している。貧困問題を扱うある弁護士は彼女に「私は、法律を学びはしましたが、依頼人との接し方は学んできませんでした。だからそんな私にとっての悩みの種は、法律問題そのものではなく、依頼人や彼らの抱える問題に何時間も向き合うことでした」と打ち明けている。この弁護士の場合、「法的な問題」に関わる仕事をするという理想と、人間との問題を解決するという現実のあいだには大きなギャップがあり、それがバーンアウトの原因となったのだった。[9]
バーンアウトとは、二本の竿がそれぞれ別方向に倒れていく竹馬に乗っている状態とよく似ている。竿の一本は仕事上の理想、もう一本は仕事の現実だ。運が良ければ、二本の竿は近い距離で垂直に立っている。だから簡単に乗っていられるし、バランスを崩すことなく前に進んでいくことも容易だ。だがまあ、そういうことはめったにない。二本の竿が互いに離れていくと、竿は大きなV字を描く。竹馬の足場がそれほど高くなければ、つまり仕事上の要求がそれほど高くなければ、理想と現実の傾きが数度広がっても、乗っている人がバランスを崩すことはないだろう。けれど竹馬の足場が非常に高い仕事、たとえば救急外来の看護師のようにハードな仕事だと、現実と理想がわずかに乖離しただけでも精神的負担は非常に大きくなる。よって、時間が経過するうちに体力は限界に近づき、竹馬の竿の片方、または両方から手を離すことになる。いずれのケースでも、二本の竿に引き裂かれた当人は、人生でじゅうぶんに繁栄するだけの余裕を失ってしまう。

低レベルのバーンアウトや一時的なバーンアウトが起こるのは、この二本の竹竿が離れていき、乗っていた人が引きさかれ出したときだ。こうなると両方の竿をしっかりにぎるのが難しくなっていき、つらい状態に陥っていく。このときに起こる情緒的消耗感、冷笑的な考え方、そして個人的達成感の低下は、病気をしたときの発熱と同じで、バーンアウトの症状であり、何かがおかしい、何かバランスが崩れているということを示すサインだ。それでもなんとか一週間あるいは一カ月間、無理をして頑張り、プロジェクトが完了、あるいは締め切りが終われば、離れはじめていた二本の竿はまた元のように近づいてまっすぐ立つようになる。そうすれば緊張もゆるみ、その人はふたたび理想と現実の竿をしっかりにぎれるようになる。だがやがて、また新たな問題が持ち上がると、二本の竿が描くV字はふたたび広がっていく。なぜか今回は、数週間が過ぎても竿のV字が閉じていかない。やがて竹馬をつかむ手のひらが汗ばみだし、身体もぐらぐらしはじめる。竹馬の二本の竿をきちんとまっすぐに立てておかないといけないのはわかっている。両親だって、教師や卒業式で講演した人だって、みんなそう言っていた。それなのに、いったいどうしたことだろう。なぜ、こんなにつらいのか？　けれど竹馬の二本の竿はけっしてまっすぐには戻らない。そうやって一カ月、一年、またはそれ以上の歳月がたち、やがては何かをあきらめなければいけない状況に陥るのだ。

　むかし私が自分宛てに書いたメモを読むと、講義内容にまったく関心を示さない学生を前にしながら、自分の仕事への高い理想、新しい考え方を若い人たちに教えたいという理想を維持しようと頑張っていた苦悩がひしひしと伝わってくる。当時の私は、自分が抱いている理想と現実のはざまで生きることに、しょっちゅうストレスを感じており、メモには、その苦悩が繰り返し記されていたが、そんな感情がわき上がるのは決まって、理想と現実のギャップが広がったときだった。しかしそのギャップは自然に小さくなったらしく、やがて私の緊張はゆるみ、いつもの自分に戻っていた。だからけっして、つねに緊張状態にあったわけではないのだ。しかしそうやって頻繁に無理を繰り返すうちに、回復するだけの復元力を私は徐々に失っていった。そして数年後、竹馬の二本の竿はふたたび離れはじめ、その状態が長引くうちに、私はついに壊れてしまったのだ。

＊＊＊

バーンアウトのストレス体験は、人によって違うと思われがちだ。だが実際は、人も仕事もそれほど大きな違いはない。ある人のバーンアウトがシニシズムとして現れるのであれば、ほかの人もそうである可能性は高い。だとしたら、バーンアウトの典型的な症状の種類をいくつか特定すれば、それぞれのタイプのバーンアウトに悩む人々を助ける方法が見つかるのではないだろうか。

近年、研究者たちがバーンアウト「プロファイル」、すなわちバーンアウトの症状特性に注目しているのも、このような考え方からだ。[10] バーンアウトには消耗感、脱人格化、個人的達成感の低下の三つの側面があるが、そのうちひとつの側面のスコアだけが特に高く、あとはそうでもない人――消耗感は強いが、シニカルにはなっておらず、無力感にも苛まれていない――もいれば、三つの側面すべてのスコアが高いという人もいる。たとえばマスラークとライターはバーンアウトを五つのプロファイル、すなわち「三つの側面すべてのスコアが低い」、「すべてのスコアが高い」、「消耗感のスコアだけが高い」、「シニシズムのスコアだけが高い」、「無力感のスコアだけが高い」でとらえている。ちなみに、ここではスコアが「高い」、「低い」と表現しているが、この手の分析では、その人がどのプロファイルにあてはまるかを任意の基準値で判断することはしない。利用するのは、マスラーク・バーンアウト・インベントリーのテストの回答パターン、すなわちこの尺度のどこにスコアが集中しているかだ。[11] そしてそのスコアが集中しているところが、バーンアウト・プロファイル、つまりその人のバーンアウトのもっとも一般的な状態となる。

前述の竹馬のたとえに戻ると、バーンアウトの五つのプロファイルは、仕事の理想と現実という二本の竿の両方をしっかりにぎりつづけているときの五つのパターンとほぼ一致する。ひとつ目は一番簡単なパターンで、もともと理想と現実に乖離が少ないため、二本の竿をしっかりにぎり、さしたる苦労もなく歩いていけるパターン。これをライターとマーシャルは「エンゲージしている〔従業員が会社の理念・ビジョンに共感し、会社に貢献する意欲を持っている〕」状態と呼ぶが、私はたんに「バーンアウトしていない」状態と呼んだほうがふさわしいと思う（そもそも「従業員エンゲージメント」を仕事の理想とすること自体が、バーンアウトの一因だと私は考えており、これについては五章で詳しく触れる）。ほかの四つのプロファイルは、竹馬の二本の竿が互いに離れはじめたときに出現する。竿が離れはじめたときの対処法は、そのときの自身の状況や心理状態によって四つに分かれるが、その対処法は自分で選べるものではないことを強調しておきたい。バーンアウトするか否かを選べないのと同様、どのようにバーンアウトするかも選ぶことはできないのだ。特定の種類のストレスに対して私たちの身体が示す反応は四種類あるが、そのどれもが無意識だ。

仕事上の現実と理想が乖離しはじめたときに私たちがとるひとつ目の反応は、二本の竿に引き裂かれそうになってもなお、必死に両方の竿をにぎりしめるという反応だ。作業負荷が多い、じゅうぶんな支援がない、精神的負担が大きいなど、現実が理想からどんどん離れていっても、私たちは強い意志の力や拒絶感で自分の理想にしがみつく。しかしこのように無理をして両方の竿をにぎるうち、消耗感は高まり、無理をしすぎることになる。

二つ目は、理想を打ち捨て、妥協した現実を受け入れるという反応。そうなると私たちは同僚や顧客を人間として見なくなる（脱人格化）。あるいは自分の仕事の社会的使命を果たすのをあきらめ、ただ報酬のことだけを考えるようになる。たとえば「二七番ベッドのウィルス感染患者」というように、患者をその症状だけでしか見ない医療従事者や、「生徒さえいなければ、学校で働くのは最高なのに」と考える教師などがそうだ。このプロファイルには、先述のリズ・カーフマンのように同僚に突っかかったり、陰口を言ったりする労働者も含まれる。他者を一個の人間として敬意を持って扱うといった仕事上の理想がどうでもよくなると、私たちはシニカルになる。

三つ目の反応は、現実を見ない、あるいは現実に抗いながら、理想を維持するという反応だ。しかし仕事が自分の期待と一致しないと、私たちは失望や怒りをおぼえる。また、仕事から距離をとり、「こんなことはやる必要がない。どうせ失敗するんだから」と考えて、できるだけ働かないようにすることもある。その結果、自分は無力で価値がないと感じる。理想はあっても、それは実現できないと考え、失望してしまう。

最後の反応は、理想と現実の両方を手放すという反応だ。また、長いあいだ無理をしたせいで自分自身が引き裂かれてしまうこともある。ついには竹馬から落ち、最低限のことしかできなくなってしまうのだ。何をやっても疲れるばかりだし、仕事はただの雑用でなんの価値もない。疲労困憊で、自分が空っぽに感じる。そう、バーンアウトしてしまうのだ。

研究者たちはこの五つのプロファイルそれぞれに、どのぐらいの労働者があてはまるかを探った。アメリカとカナダの病院で医師や看護師などの臨床スタッフおよび事務や営業の職員に実施した複数の調査によると、およそ四〇から四五パーセントは、私が「バーンアウトしていない」と呼ぶプロファイルにあてはまった。二〇から二五パーセントは無力感のスコアだけが高い「失望」。一五パーセントは、消耗度が高すぎる「無理のしすぎ」、一〇パーセントは脱人格化のスコアが高い「シニシズム」、五から一〇パーセントが、バーンアウトの三側面すべてでスコアが高い、完全な「バーンアウト」だった。[12] プロファイルの定義が異なる別の調査では、「バーンアウトしていない」労働者は全体の約四〇パーセント、典型的な「バーンアウト」は五から一〇パーセントを占めていた。[13]

こういった数字が出たことでようやく、燃え尽きている労働者はどのくらいいるのかという重要な問いへの答えが出た。バーンアウト・スペクトラムと呼べる人、すなわちバーンアウトの三つの側面のうち高スコアの側面がひとつ以上ある人は半分より少し多いくらいだ。いっぽう三つの側面すべてのスコアが高く、典型的なバーンアウト・プロファイルにあてはまる人はもっと少なくて、一〇人にひとりといったところだ。この数字は感覚的にもしっくりくる。職場の同僚たちをざっと見ても、問題なくやっているように見える人はたくさんいるし、不満げな人、無理をしていそうな人もたくさんいる。そしてほんとうに苦しんでいる人も、ごくわずかだが存在する。

実際のところ、「バーンアウト」のプロファイルを示す労働者の数は、派手な新聞記事やマーケティング報告書が喧伝する「バーンアウトしている人」の数よりずっと少ない。しかしだからといって、職場や文化におけるバーンアウト問題の重要度が下がるわけではない。アメリカでは成人の八・一パーセントが臨床的うつ病とされ、私たちは深刻な問題ととらえているが、実は「バーンアウト」のプロファイルにあてはまる労働者の割合もそれとほぼ同じだ。[14] 労働者の半数が常時バーンアウト・スペクトラム上にいるとしたら、ほとんどの人は職業人生のどこかの時点で、これらのプロファイルのひとつを示すといえる。そして無視できない数の人たちが、最低でも一度は「バーンアウト」する可能性が高いのだ。もちろんいま現在、すべての人が燃え尽きてしまっているわけではない。けれど私たちのほとんどは、仕事の現実と理想のギャップによって緊張を感じたことがあり、つまずいたことがある。そしてそのなかの多くは、かなりひどいつまずきを経験している。

＊＊＊

このバーンアウト・プロファイルを見ると、その人がバーンアウトしているか否かといった一面的な見方では見えてこない、バーンアウト体験の微妙な違いがよくわかる。したがってバーンアウトをプロファイルでとらえれば、医師はバーンアウトの部分的な症状を特定でき、その患者に必要な治療を施すことができる。また、特定の職場や職種で働く人たちのバーンアウトと、ほかの労働者のバーンアウトとの違いを見るうえでも、このプロファイルは役に立つ。たとえばフランスの心理学者を対象にした調査では、マスラーク・バーンアウト・インベントリーのスコアにより、四つのプロファイルが顕著に現れたが、シニカルで脱人格化度が高いというプロファイルだけが欠けていた。この論文の著者はあとがきで、「たしかにシニカルで患者と距離を置きながらも、自分を有能と考えるエネルギッシュな心理学者を想像するのは難しい」と書いているが、まさにそのとおりだろう。[15] つまりこれらのバーンアウト・プロファイルは、この仕事に従事する人はシニシズムとしてより、無理のしすぎや失望感としてバーンアウトを経験する可能性が高いということを裏付けており、シニカルな心理学者のために治療法を考える必要はないことを示している。

私のMBIスコア――消耗感が高く、脱人格化が標準から高度、そして個人的な達成感が低い――を見るかぎり、私は先の五つのプロファイルのどれにもあてはまっていなかったように思える。けれどこのスコアをライターとマスラークの論文にある図表とじっくり比較するうち、当時の私は「無理のしすぎ」だけでなく、「失望」または「バーンアウト」のプロファイルにあてはまっていたかもしれないと思えてきた。たしかに私は消耗し、無理をしすぎていた。しかし達成感が低かった――私が、終身在職権を得るのにふさわしくないという手紙を自分宛に出していたことを思い出してほしい――ことを考えると、自分の身に起こったことは「無理のしすぎ」だけでは説明がつかないからだ。

バーンアウトの話になると、話題はたいてい消耗感の話だけになる。研究者でさえ、この間違いをおかす人はいる。しかしバーンアウト・プロファイルの研究により、消耗感だけではバーンアウトの全容は語れないことが明らかになった。ライターとマスラークは、もし研究者がMBIの消耗感の側面だけを見てバーンアウトを語るとしたら、その研究者は無理をしている「だけ」の人もバーンアウトしている人としてカウントしている可能性があると指摘する。「無理のしすぎ」という経験と、バーンアウト・スペクトラム上のそのほかのプロファイルの経験とは同じではないのだ。ライターとマスラークの研究によれば、消耗感のスコアだけが高い人は作業負荷については非常にネガティブな見方をしているが、仕事のそれ以外の側面についてはそうではないことが多い。いっぽう「バーンアウト」のプロファイルにあてはまる人たちは、仕事のすべての側面を否定的に見ていた。[16] この発見は朗報だ。このような評価を通じて「無理のしすぎ」のプロファイルにあてはまる従業員を発見できれば、雇用主はその従業員にさらなる負担がかからないよう、作業負荷を減らすことができる。同様にバーンアウトのプロファイルは、大きな消耗感はないものの、仕事のストレスでシニカルなやる気のなさを見せるようになった労働者を発見し、事態が悪化するのを防ぐのにも役立つ。

バーンアウト・スペクトラムのプロファイルでもっとも一般的なのが「失望」で、このプロファイルはMBIの無力感のスコアだけが高い（あるいは、個人的達成感が低い）。このカテゴリーに該当する労働者が抱く、自分の仕事に対するネガティブな思いは、「無理のしすぎ」、「シニカル」または「バーンアウト」の労働者ほどは強くないが、それでも「バーンアウトしていない」人と比べれば、仕事への満足度は低い。ライターとマスラークは失望を「中立的な状態には満たない状態」と呼んでいる。[17] また別の研究では、「失望」のプロファイルにあてはまる労働者は「健康に少しだけ影響がある」と指摘している。[18] ただ失望は深刻な衰弱状態には見えないので、見過ごされやすく、研究者のなかには研究計画を立てる際、失望をまったく考慮しない人も多い。たとえばアメリカの医師のバーンアウトを調査したあの有名なメイヨー・クリニックの研究では、個人的達成感をまったく計測していない。[19] また、ヨーロッパのある有力なバーンアウト・モデルでは、消耗感と仕事への熱意の喪失を測るテストがあるだけで、無力感の測定は含まれていない。[20]

しかし無力感は、バーンアウト経験においても、バーンアウトの社会的位置付けにおいても重要な役割を果たす。無力感は魂の危機であり、自尊心や意義に対する攻撃だからだ。それでも無力感が無視されがちなのは、無力感自体は消耗感やシニシズムほど害を及ぼさないからかもしれない。自己効力感が低くても、なんとか仕事をこなすことはできるからだ。アメリカでは労働者の約四分の一がまさにそういう感じで、彼らは自分の仕事になんの意義も感じていないと答えている。[21] ここで少々、この数字について考えてみたい。仕事に意義をまったく感じない労働者が四人にひとりはいるのだ。彼らには、役に立っているという実感もなければ、社会に貢献している、自分の才能を発揮しているという実感もなく、自分自身の目的を達成しようという気持ちもない。このようにやる気のない労働者はどこにでもいるものだが、そのような人たちはいくつかの地味な職種に集中しているように見える。アメリカ合衆国退役軍人省の研究者が調査したところ、失望プロファイル（彼らは「満たされていない人」と呼んでいる）にあてはまる人は、特に退役軍人病院の事務職と保守管理スタッフ、すなわち請求書の発送や必需品の発注、病院の施設管理を担う人たちに多かったという。[22] つまり、失望している職員は外傷や病気に対応することがほとんどない人たち、がんの症状が一時的に軽快した様子を見る機会もなく、お産を助けることも、脚を切断した人が義足を装着して最初の一歩を踏み出す姿を見ることもない人たちに偏っているのだ。

　仕事に無意味さや失望を感じても、それ自体は大きなダメージにはつながらない。しかしそのような感情は、疲労による身体的ダメージやシニシズムによる精神的ダメージを増幅する。したがって、仕事で疲れたり気持ちが荒れたりして、そのせいで失望感を覚えたら、事態はさらに悪化する。このような理由から、退役軍人省の研究者たちは、バーンアウトのネガティブな経験、特にその慢性的な特徴はおもに無力感によるものだとしている。[23] これは、バーンアウトは一般的に消耗感から始まり、労働者は人と感情的に距離を置くことでそれに対処する、というマスラークの長年の主張とは対照的だ。[24] 失望のプロファイルにあてはまる退役軍人病院の職員たちは特に、昇進や評価、賞賛についての不満を口にしていた。[25] 彼らはほんとうに職場で無視されているのだ。

失望した労働者は、仕事で努力をしても無駄だと感じている。それは、自分の仕事の成果を目にすることができないからだ。労働の成果が抽象的、または刹那的なのかもしれないし、実際の仕事が少なすぎるのかもしれない。昇進を見送られた、昇進の可能性がない、または彼らの努力や成果に上司がほとんど気づかないからかもしれない。あるいはその仕事が、労働者自身でさえその必要性を疑う仕事、人類学者のデヴィッド・グレーバーが「ブルシット・ジョブ」と呼ぶ、いわゆる「くそどうでもいい仕事」なのかもしれない。そのような仕事をしている人たちがしていることと言えば、四角の欄にチェックマークを入れる、仲介者の仲介をする、上司が重要人物であるかのようなイメージ作りをする、といったことぐらいだ。[26] したがってバーンアウトを消耗感のみでとらえると、バーンアウトした労働者の多くが日がな一日なにもせず、自身の才能がさびついて、クモの巣がはっていくのを感じているという状況の説明がつかない。自分は無力だ、役立たずだと感じることがその人に与えるダメージは、多くの場合目に見えないし、それがストレスに見えることもない。失望して不満を抱いている労働者は、そもそも最初から火がついていないため、燃え尽きたように見えない可能性もある。けれどバーンアウト・スペクトラムが、ジュールス・アンストのうつ病スペクトラムと同様のものであるなら、失望した労働者もいずれは消耗感やシニシズム、あるいは完全な燃え尽きを示す可能性が高い。だがもし、失望した労働者の抱える問題の核心が他者からの評価の不足だというなら、彼らをきちんと評価することで重大な事態が起こるのを未然に防ぐことができる。

　私のバーンアウトの入り口は虚しさで、それが最初の症状だった。その結果、私はフルタイムの教師になった最初の学期から「教育なんて実現不可能なまやかしだ」と嘆くようになった。とはいっても、そのような無力感はかならずしも、より深刻なバーンアウトへの第一歩になるというわけではない。もちろん無力感からバーンアウトが始まる人も多いが、別の道すじをたどる人もいる。「失望」のプロファイルにあてはまる人が多いのは、バーンアウトは乗り切る方法を学ぶことができる慢性の病いだが、ときに急性の症状も出る病いだと示唆しているのかもしれない。[27]

　私は問題がバーンアウトにあると気づかないまま、何年ものあいだ失望感や無理のしすぎ、シニカルな気持ちをなんとか乗り切ってきた。また、教育の価値を信じることができていたときは、長期にわたってバーンアウト・スペクトラムからはずれていたのだと思う。講義中、私が考案した演習によって学生たちの知識が整理されていくのを目にするのは喜びだったし、論文形式の試験で学生たちが熱心にペンを走らせ、ときどき書き疲れた手を振って休めている姿を見て、誇らしい気持ちにもなった。それは、自分たちが学んだことを、懸命に文章に綴って私に証明しようとしている姿だったからだ。また、彼らの論文を読めることが特権と感じることさえあった。必死に考えた内容を、論文を通じて私に教えてくれていたからだ。そんなとき、私の理想と現実のギャップは解消した。だがあいにく、それも長くは続かなかった。

＊＊＊

私たちがバーンアウトの研究や一般的な会話において労働者が抱く「役立たず感」を見過ごしてしまうのは、「自分は仕事ができない」と口にすることが社会的に許されていないからだろう。能力のない労働者は英雄ではなく負け犬と考えられているからだ。いっぽう、無理をして働く労働者は労働者の鏡とされる。仕事で消耗していると言えば、それは「自分はアメリカの労働倫理の規範を守る優秀な労働者だ」と言っているのと同じだ。消耗しているのは、自らを犠牲にして仕事に打ち込んでいる証だからだ。脱人格化でさえ、役立たずと言われるよりは社会的に聞こえがいい。また、愛想も言わずに、淡々と難しい任務を達成するハードボイルドの冷笑家もちょっとした英雄で、まさにテレビの警察ドラマや、医療ドラマの原型だ。

「無理のしすぎ」というプロファイルを主張すると社会的な見返りがあることが多いため、私としては無理のしすぎをバーンアウトと同一視するのには反対で、むしろ無力感こそがバーンアウトの重要な側面だと言いたい。完全なバーンアウトの状態に陥った労働者は――MBIの三つの側面すべてのスコアが高く、労働者の五パーセントから一〇パーセントを占める人々――、自分はこのままやっていけるだろうかと不安になるが、いや、大丈夫なんとかなると押し切っていく。この「英雄」的ナラティブは、バーンアウトがいかにアメリカ人の美徳、すなわち徹底した個人主義と不断の頑張りを反映しているかを浮き彫りにしている。つまりアメリカ人は、自分はそれ以上働けなくなるまで頑張ったうえ、さらに自分の限界を乗り越え、もっと頑張れるようになった！、と言いたいのだ。そういったナラティブの例のひとつが、小規模で低賃金であることが多いフリーランス向けのマッチングサイト〈ファイバー〉が二〇一七年に出した地下鉄広告だ。その広告には、つらそうにも魅力的にも見える若い女性がまっすぐにこちらを見つめている姿が描かれ、その下には「コーヒーがランチ代わり。とにかく働いて、働いて、働き抜く。睡眠不足は最高のクスリ。そんなあなたはデキる人」とコピーが入っている。遠くを見るような彼女の目には野心と疲労が混ざり合い、まさに燃え尽きた人が見せる取り憑かれたような目つきそのものだ。

バーンアウト文化が始まって以来ずっと、私たちは自分をバーンアウトしていると過剰に自己診断し、それを自画自賛の手段にしてきた。アメリカのエッセイスト、ランス・モローは一九八一年のエッセイで「バーンアウトという言葉は、誇張とナルシシズムが同時に発動するアメリカ人の習性を見事に捉えている。それはまさに、魂の心気症〔重大な病気にかかっているように思い込む精神の不調〕だ。バーンアウトという言葉に込められているのは、密かな自画自賛と自分は悪くない、という言い訳だ」と喝破している。[28] 一九八〇年代を通じてバーンアウトのワークショップを行った研究者のアヤーラ・パインズとエリオット・アロンソンは「ワークショップの参加者たちは、もっとも献身的な労働者のバーンアウトがもっとも深刻だと知ると、じつは自分もバーンアウトしていると気軽に明かすようになる」と報告している。事実、理想主義者はバーンアウトの兆候を示す傾向が高いと事前に知らされていた人たちのほうが、バーンアウト度のスコアは高かったという。[29] つまり、バーンアウトは英雄的な疲労であり、野心的な労働者はバーンアウトに憧れてさえいるのだ。アメリカの労働文化において疲労はけっしてネガティブなものではない。無理のしすぎがタブー視されることはないからだ。むしろタブーとされているのは、仕事ができないと認めることだ。

じつを言うと私自身は長期間にわたる失望感とシニカルな消耗感の末にキャリアをあきらめたので、燃え尽きたと言いながらも、なんら仕事に悪影響が出ていない人たちを見ると違和感を覚えざるをえない。私の場合、仕事が一番つらかったころは、パフォーマンスがどんどん下がり、同様に健康状態も悪化の一途をたどったからだ。仕事を辞めないかぎり、自分自身が大変なことになると身をもって感じていたのだ。講義をし、執筆し、さらには教授会の複数の委員長も務めるという獅子奮迅の働きを、私は誇りにしていた。追加の仕事を頼まれれば喜んで引き受けたし、そうすることで仕事ができると思われれば、なおうれしかった。そう、私はデキる人だった。

だが、そのころの私はバーンアウトしていなかった。それはまだ、バーンアウトのプレリュードでしかなかったのだ。長期有給休暇から戻った初日、私は午前八時のミーティングの前に職場に行き、夜の講義が終わるまでずっと仕事をしたが、そのときは疲弊してもいなかったし、自分の仕事に対してシニカルにもなっていなかった。仕事に戻ったことも、多くの人が私の仕事に期待してくれていることもうれしかった。だがその何カ月かあと、妻と電話で話していた私は、学会のパーティで自分を冷たくあしらったように見えた同業者への不満をぶちまけた。あれはたしかに〈シニシズム〉だった。採点すべき論文を放置し、準備もせずにだらだらと講義をしたのは〈無力感〉だったし、ほぼ毎朝、起床したあとに二時間の昼寝をしていたのは、まさに〈消耗感〉だった。

バーンアウトという言葉が言外に含む高い地位や美徳は、バーンアウトを自己診断可能な魅力的な病名にし、臨床的うつ病など社会的偏見が伴う深刻な問題を覆い隠す。いやもしかしたら、バーンアウトはうつ病の一形態なのかもしれない。バーンアウトの名付け親であるハーバート・フロイデンバーガーは一九七四年、バーンアウトに陥った労働者は「見た目も、行動も、うつ状態に見える」と書いている。[30] 彼のこの思いつきの言葉もまた、のちに科学的に裏付けられている。心理学者のアーヴィン・ショーンフェルドが、うつ病の症状とバーンアウトのスコアのあいだには強い相関関係があることを突きとめたのだ。とりわけ消耗感は、ほか二つのバーンアウトの側面であるシニシズムや無力感より、うつ病と強い相関関係がある。[31] ショーンフェルドと彼の共同研究者たちは、バーンアウトに陥っているアメリカの公立校教師の八六パーセントはうつ病の基準を満たし、バーンアウトに陥っていない教師でうつ病の基準を満たしたのは一パーセント未満だったと明らかにした。[32] バーンアウトもうつ病も日常の機能を損なうし、社会的離脱とシニシズムを伴う。[33] こういった理由からショーンフェルドは、バーンアウトとうつ病は別個の病気ととらえないほうが理にかなっていると主張した。同じ病気として見ることで、彼らに必要な会話療法や投薬を受けるよう労働者を説得できるかもしれないからだ。[34]

ショーンフェルドの研究は、ほかの研究者たちへの挑戦というだけでなく、バーンアウトにとりつかれた私たちの文化への挑戦でもある。もし彼の主張が正しいのであれば、バーンアウトに注意を向けることは、より根本的な問題、すなわち心理学者たちのほうがより理解している問題から目をそらすことになる。もちろん私は、バーンアウトを注目に値する問題と考えているが、バーンアウトのことはいくつかのプロファイルからなるスペクトラムととらえているため、バーンアウトとうつ病を同一視することが問題だとは思っていない。もしバーンアウトの症状がいく通りもあるのなら——過度な緊張、シニシズム、失望といった部分的症状も含む——、バーンアウトの三つの側面のあいだに強い相関関係は期待できないだろう。その点で、私はショーンフェルドの見解に賛成だ。なぜなら、ほんとうのバーンアウトは通常の疲労以上のもので、たんに休息すれば回復するようなものではないからだ。[35] また、バーンアウトの症状が深刻な人は、うつ病の検査を受けるべきというのもそのとおりだと思う。さらに、会話セラピーも抗うつ剤も私にはたいして効かなかったが、私と同様の職業上のストレスを経験した人でも、こういった治療が効く可能性はある。

バーンアウトとうつ病の関連性について研究されていることは心強い。仕事上のストレスを真剣に受け止め、バーンアウトの定義が拡大解釈されて治療ができなくなるのを防いでくれるからだ。仕事に対する労働者の理想と現実のギャップは、彼らの健やかな生活を台無しにし、活躍の機会を奪うことにもなりかねない。そして私たちの誰もが、そのギャップのあいだで引き裂かれる可能性があるのだ。なぜなら仕事に関しては、私たちの理想と現実は、国家的、世界的レベルで乖離しているからだ。

四章　バーンアウトの時代、労働環境はいかに悪化したか

　私の神学教授としての仕事のなかで現実と理想が乖離していたのは、教えるという側面だけではなかった。私は大学で受けた講義に魅了されてアカデミックなキャリアを目指したので、教えることが少なくとも教授の仕事の一部だということはわかっていた。しかし大学が「学務」と呼ぶ不定型の一連の仕事については、想像さえしていなかった。やらなければならない（とされている）委員会の仕事もそのひとつだが、これは不可避というわけではない。しかし大学で働いていたころの私は、時期はそれぞれ違うものの、多くの委員会に参加していた。カリキュラム委員会、カリキュラム刷新のための臨時委員会、カリキュラム内で新たな試験的プログラムを実施する委員会、カリキュラム評価委員会、認証評価委員会、大学の使命に関する委員会、講義に関する委員会、オンライン教育作業部会とそれこそありとあらゆる委員会の委員を務めていたのだ。こういった委員会はその多くに小委員会がある。私は委員長を務めることもあったが、これは、責任は重いが追加の報酬はないというしろものだった。こういった仕事に加え、学部内での通常の仕事もあり、さらには教育開発センターのセンター長まで務めていたのだ。私にとってこういった委員会は、自分のあこがれの仕事がもっとも仕事らしく感じられる場所だった。

　この手の仕事がやっかいなのは仕事量が多いというだけでなく、教育や研究にはない、大学当局との駆け引きが伴う点だった。そのうえ、感謝されることもまったくないのだから始末が悪い。大学当局からの

恣意的な妨害にあったときは、心底失望し、怒りがこみあげた。そうこうするうちに、もし私がこの仕事の厳しい要求をはるかに超える働きをしたとして、それで何か変わるのだろうか、と疑問を抱くようになった。たとえどんなに頑張っても、得られる報酬は変わりそうになかったからだ。いまとなっては、あのころ大学にあんなに気を遣う必要などなかったと思うことさえある。もっと手を抜いても、かまわなかったのだ。

一世紀以上前のことだが、ドイツの社会学者、マックス・ヴェーバーは、野心に燃える若き大学教授たちに「きみは毎年、毎年、凡庸なやつらが自分を飛び越して昇進していく状況に対して、憤慨もせず、ひがみもせずに耐えられると思うかね?」とつねづね尋ねていたというが、私は彼の言葉に妙な慰めを覚える。ほかの多くの業界でもそうだろうが、学者の世界も不公平なことは頻繁に起こる。成果主義を装ってはいるが、長年の積み重ねが不運によって一瞬でなかったことになることも多いのだ。助成プログラムが終了した、学問の流行が変わった、新任の学部長があなたよりもほかの人の取り組みを気に入った、といったことは日常茶飯事だ。「言うまでもないが」とヴェーバーは続け、もし不公正に直面しても耐えられるかと駆け出しの学者に問えば、「若者たちはかならず、もちろん耐えられると答える。この仕事は私の〈天職〉ですから、と。だが、そのような忍耐を、みずからの人格を損なうことなくまっとうできる人間はごくひと握りだ」と言っている。[1] 私もかつては、学問の世界は公正だと信じる純情な若い教授のひとりだったし、たとえ公正でなくても、天職としての使命感が自分を支えてくれると思っていた。だが、そうはいかなかった。そして少なくとも、人格を損なったのは私だけではなかったのだ。もしヴェーバーの言葉が真実なら、学者たちは一〇〇年以上にわたり、同じ試練をくぐり抜けてきたことになる。

学問の世界では、不当な労働や評価されることのない労働が長く続いてきたが、それは学者たちがバーンアウトする原因の一端でしかない。この五〇年間、大学職員の仕事もほかの多くの産業の仕事と同様、やりがいが薄れ、精神的負担も大きくなっている。現在の大学は、バーンアウト文化が幕を開けた一九七〇年代よりずっと多くの事務職員を抱えており、ある調査によれば、アメリカで最大の公立大学制度であるカリフォルニア州立大学における事務職員の数は一九七五年から二〇〇八年のあいだに三倍以上に増えたが、教員の数はわずか数パーセントしか増えていないという。[2]だが不思議なことに、教員以外の職員数が増えても、教員の仕事量は減っていないのだ。それどころか、ふくれ上がった事務職員の要求に応えるために、教員の事務作業はむしろ増えている。特に劇的に増えたのが評価分野の事務作業、すなわち教えることそのものではなく、教えることの有効性を評価する事務作業だ。大学をより「企業のように」運営しようとする動きは、教員たちが学問の世界でしたかったこととはまったく違う種類の仕事を増やすことになったのだ。

管理部門が拡大するいっぽう、終身在職権を持つ教授が指導する割合は減少している。典型的な大学教員はもはやツイードの服を着た終身在職権のある教授ではなく、学期単位で雇用され、手当もなければ、おそらくオフィスも与えられない、一クラスあたり三五〇〇ドル以下で働くパートタイムまたは非常勤の教員になってきている。[3]二〇一八年、教員の四〇パーセントはパートタイムの非常勤講師、二〇パーセントは低賃金で雇えるもうひとつの臨時労働力である大学院生だった。[4]私もこの数年は非常勤講師だが、これほど多くの上級学位保持者が非常勤で働いているという事実は、ヴェーバーの言う「天職」に対する使命感の強さと一九七〇年代以降の専門職の衰退の両方を物語っている。非常勤講師の待遇が悪くても、本人にはそれが自分のスキルや志向に合った最高の職に思えるのだろう。

この数十年、経済のあらゆる分野で仕事のストレスは高まり、やりがいはなくなってきている。その結果、私たちは自分の仕事の現実と理想を近づけるために、これまで以上に無理をすることになった。そしていまやこのようなつらい状況はすっかり一般的になったため、従業員を採用し、バーンアウトさせ、解雇し、それを繰り返すという行為は、雇用側が意識的に行う人材戦略のようになってきている。

＊＊＊

たいていの人は店や病院、学校、企業、警察署など、特定の組織で働いており、労働者がバーンアウトするか否かには職場環境が大いにかかわってくる。もちろん、職場によって環境はさまざまだし、同じ環境にいる人でも感じ方がそれぞれ違うことはある。しかしどのような組織でも、労働環境を地域の「天気」と考えれば、その天気を決めるのは労働を取り巻く総合的な「気候」、つまり経済や文化といった大局的な傾向だ。一九七〇年代以降、アメリカではその気候が労働者に不利な方向へと変わっていった。「ポスト工業化時代」（サービス労働への移行を強調した呼び方）とも、「新自由主義時代」（金融市場の力の増大と組織に属する労働者の減少を強調した呼び方）とも言われるこの時代、労働者の精神的負担はさらに増し、雇用は不安定になったが、同時に仕事に対する私たちの理想は高まった。失業率が歴史的な低水準となった二〇一九年でも、アメリカ経済における質の高い仕事と質の低い仕事の比率は、研究者がこのデータを取りはじめた一九九〇年以来、最低となった。[5] つまり、少なくともこの三〇年間、仕事の環境は悪化の一途をたどってきたのだ。

仕事がより多くを求めるいっぽうで、見返りはより少なくなるという現状を招いた大きな原因は、経営の原則が、それまで雇用主が負っていたコストとリスクを労働者に転嫁したことにある。資本家に都合のいい規制緩和や政策変更がなされた結果、雇用主は多くの労働者を資産ではなく負債とみなすようになった。つまり、一九七〇年代以降、従業員は生産性の源というよりはむしろ、給与や手数料が発生するコストとみなされるようになったのだ。そうなると企業は利益を最大化するために、つねに最小限の、そしてもっとも安い労働力を探す必要に迫られる。まさに、より家賃の安いオフィス、より廉価な包装を探すのと同じだ。[6]

雇用を負債とみなすモデルのルーツは、一九五〇年代に誕生した初期の派遣業界にあると社会学者のエリン・ハットンは言う。当時の広告は「女性の臨時派遣社員」を、臨時で雇える有能で魅力的な事務員、暇つぶしで働いているので高い賃金も要求しない事務員として描いていた。そのころの家庭は夫が主な稼ぎ手で、女性たちの稼ぎは「お小遣い」にすぎなかったからだ。[7] 一九六〇年代後半から一九七〇年代のはじめ、すなわちバーンアウトが世に出る直前の時期、企業は社会に、正社員は怠惰で、進歩がないという考え方を広め、人材派遣業界は急拡大した。正社員だったら景気が悪いときでも給料を払う必要があるが、派遣社員なら必要なときだけ雇って、仕事が終われば切ればいいので、企業にとってこんなに都合のいいことはないからだ。そのような雇用主たちは、不安定で予測不可能な雇用が派遣社員の経済状態や心理状態に及ぼす悪影響など気にもとめない。派遣社員は従業員ではないため、そんなことを会社が心配する義理はないからだ。

その後数十年、労働者を負債とみなすこのモデルは雇用主にとってますます魅力的になり、派遣社員は理想的な労働者になった。労働者全員が派遣社員だったらいいのに、と雇用主は思ったはずだ。

一九七〇年代、企業は従業員を解雇し、その人たちを臨時社員として再雇用しはじめた。[8] そうすることで企業は景気の動向に合わせてすばやく、そして密かに従業員を「適正な」規模に調整できるようになった。正社員を大量に解雇すれば、悪いイメージが広がるが、派遣労働者の契約を解除するだけなら、誰も気がつかないからだ。[9]

　規模の大小に関係なくなんらかの組織で働いている人ならわかると思うが、この人材の「経費削減」方針によって、数十年前であれば直接社員を雇用していた仕事の多くがいまでは外注に切り替えられている。たとえばアメリカでもっとも時価総額の高い企業、アップル社が二〇一四年に直接雇用していたのは、わずか六三〇〇〇人だった。残りの七〇万人、すなわちアップル製品を生産し、オフィスを清掃し、アップルの事業運営を管理する人々は、別の企業が雇用する下請け業者だったのだ。[10] 大学の場合は教員として臨時職員を雇うだけでなく、飲食の提供サービスやメンテナンスなど、大学の「中核的能力《コア・コンピテンシー》」からはずれる業務についても日常的に外注している。大学は最低の入札価格を提示した企業を雇ってそれらの仕事を監督させ、その外部企業は自社の利益を確保しながら、調理師やカウンセラー、ＩＴ技術者を雇うのだ。[11] そうやって大勢の請負業者を雇い、その中心に直接雇用する少数の社員を配置すれば、企業はブランディングや革新など価値を生み出すとされる抽象的活動から実際の生産にかかるやっかいなコストを切り離すことができる。あとは自社の基準を請負業者やフランチャイズ加盟者、供給業者に遵守させてブランドを構築するわけだが、企業は「そのような支配構造がもたらす結果の責任」はとらない、と経済学者のデイヴィッド・ワイルは書いている。[12] そしてワイルはこのモデルを「亀裂の入った職場」と呼んでいる。

このモデルは、分断された正社員と派遣社員の両方にとって不利となる。最低賃金や残業代に関する労働法のコンプライアンスが低下し、労働上の衛生や安全のリスクが高まるからだ。[13] また生産性が向上してもその見返りを受けるのは、労働者ではなく資本家だ。たとえば二〇二〇年、Ｃｏｖｉｄ‐19のパンデミックで大学の寮が閉鎖されたとき、大学は正職員の雇用は維持したが、外注のフードサービス職員は即座に解雇した。[14] また外部委託だと、労働者は誰を雇用主と考えればいいかわからなくなるため、そこに大きな混乱も生じる。たとえば病院の清掃作業員として働いているのに、給料が第三者企業から支払われる場合、実際の上司は誰で、自分は誰に対して責任を持つべきなのか、また自分はどの組織のミッション推進に役立っているのかがよくわからなくなるのだ。

中核的なポジションを占める社員は雇用の安定が約束されているが、そんな彼らにとっても労働者間に入った亀裂はストレスを生む。たとえば企業は人員を削減することで労働システムのたるみを引き締めるが、それをやってしまうと病欠者が出た、想定外に忙しくなったといった不測の事態への対応力が低下する、と経営学者のゼイネップ・トンは言う。つまり全員がよりハードに働かなければならず、人手がじゅうぶんあったときより仕事の効率は悪くなるのだ。[15]

アプリを利用した配車サービス、ウーバーなどのギグ・エコノミー〔インターネット経由で非正規雇用者が企業から短期、または単発の仕事を請け負う働き方〕はさらにその一歩先を行き、労働契約を可能なかぎり細かく分解し、仕事の単位を単発にしてしまった。こうなるともはや労働者間の「亀裂」という言葉は控えめな表現でしかなく、ギグ・エコノミーは職場を、砂利が敷かれた広大な空き地同然にしたと言っても過言ではないだろう。その結果、雇用主たちは労働者の基本的権利をいっそう軽視するようになった。ウーバーは自社を輸送企業ではなくテクノロジー企業と標榜し、ドライバーはうちの従業員ではない、彼らもタクシーの乗客と同様にウーバー社のサービスを利用する顧客なのだと主張する。ウーバーや彼らの競合企業であるリフトは、車の運転は自社の中核事業ではないとし、ドライバーは従業員ではなく、外部の請負業者と位置付けている。[16] ドライバーが請負業者なら、リフトのような企業は最低賃金や手当、雇用税など、従業員を抱えることで生じる「不利益」な支払いすべてを免れることができるからだ。それだけでなくウーバーは、テクノロジー企業であることを隠れ蓑に、非常に非倫理的な行為もしている、と調査ジャーナリストのアレックス・ローゼンブラットは報じている。ドライバーへの支払いミスがあれば「不具合」と言い逃れ、明らかな価格差別をアルゴリズムのせいにしているというのだ。[17]

請負仕事なら自律性と独立性をもって働ける、というのは請負仕事を巡るレトリックとしてよく言われる。請負仕事で働く人は、ひとつの仕事に縛られることがなく、自分のためだけに働く起業家であり、自分で雇用条件を決められる労働者というわけだ。臨時労働者はいわば「ひとり親方」であり、自らでリスクを負って成長し、成功も失敗もすべて自己責任だ。これはホワイトカラーも、ブルーカラーも受け入れている考え方で、特に男性にそう考える傾向が強い。[18] このようなトレンドをさらに一歩進めたのがギグ・ワークで、ギグ・ワークは単発の請負仕事を、ミレニアル世代のかっこよくて、自立した働き方として位置付けた。[19] したがって、ギグ・ワークは自律的な仕事という側面が強調されているが、じつはギグ・ワーカーは厳しい管理、監督の下におかれていることが多い。たとえばウーバー社は、車のダッシュボードに取り付けたスマホの振動をモニターし、運転中の加速やブレーキに基づいてドライバーを評価している。[20] また、ギグ・ワークは賃金が低いことが多いため、彼らは時間があいているかぎり働こうとする。そのうえドライバーがウーバー社のモバイルアプリからログアウトしようとすると、抜け目のないアルゴリズムが、すぐその先に儲かる仕事があるぞ、スワイプするだけで新たな仕事ができるぞ、と誘うのだ。[21] 依存性のあるビデオゲームと同じで、アプリは労働者に、お客をもうひとり、仕事をもうひとつ受けないかと持ちかけてくる。だから立場が不安定な労働者の仕事は、けっして終わることがないのだ。

＊＊＊

一九七〇年代以降の労働環境を語る場合、リスクが資本家から労働者に転嫁されたというだけでは物語の半分しか語ったことにならない。あとの半分は、製造業中心の経済からサービス中心の経済へのシフトだ。バーンアウトが労働災害として最初に出現したのは対人サービス分野、すなわち無料診療所のボランティアやソーシャルワーカー、貧困問題を扱う弁護士など密接に人と関わる分野だった。[22] そしてこの数十年、アメリカをはじめとする豊かな国ではこういったバーンアウト・リスクの高い職業が増え、人々は一日中、感情労働を求められるようになった。

製造業中心の経済からサービス業中心の経済への転換は第二次世界大戦以来ずっと進行してきた。一九四六年、アメリカでは非農業部門の就業者の三分の一が製造業で生計を立てていた。その後、労働力がピークに達し、バーンアウトが心理学者たちに注目されはじめた一九七三年、製造業が雇用するのはアメリカの労働者の約四分の一になった。そして二〇〇〇年、製造業が雇用する労働者は全体の一三パーセントにまで落ち込み、私が本書を書いている二〇二二年現在、製造業で働く労働者は九パーセントにも満たない。[23] 通常、雇用の喪失は不景気のあとに波状的に訪れる。二〇〇〇年代初頭に一度、そして二〇〇八年から二〇〇九年にもう一度大きな雇用喪失があり、製造業では毎年一〇〇万人の雇用が失われた。[24] それでも、高度な技能を持つ労働者や、自動化された生産ラインといった効率的な技術のおかげで、アメリカの製造業はこれまでと同様に高い生産性を保っている。[25] ただ、生産にこれまでのような多くの人手がいらなくなっただけだ。

アメリカの労働者はいまや、製造する代わりに、製造された物を売っている。二〇一八年にアメリカ国内でもっとも多い仕事は、小売店の店員だった。ほかにもレジ係は三番目、カスタマーサービスのスタッフは七番目、ウェイターやウェイトレスは八番目に多かった。[26] こういった販売職には「顧客サービス」の精神が求められる。つまり、他者の要求に即応する対応力だ。また物を売っていない人は、他者の仕事や教育、健康のニーズに対応している。そのような仕事のあいだじゅう、私たちは話をし、相手の言葉に耳を傾け、アイコンタクトを取り、相手の精神状態を想像し、予測し、相手を怒らせないようなだめたり、ご安心くださいと請け合ったりしている。いまや私たちの人格や感情は、生産の主要な手段となっているのだ。

その結果、雇用主は労働者の精神的、感情的習慣に、これまで以上に油断ならない規律を課すようになった。政治哲学者のカティ・ウィークスの言葉を借りれば、いまや上司は労働者の「態度、やる気、行動に基づいて」採用し、評価し、昇進させ、解雇することができるのだ。[27] つまり従業員の感情は売買可能であり、シフトのあいだ雇用主は彼らからその感情を借り受け、変容させているのだ。たとえば女性客室乗務員はシフトが終わっても笑顔でいるのをやめられない、とアーリー・ラッセル・ホックシールドは、一九八三年に発表した感情労働に関する古典的研究書『管理される心　感情が商品になるとき』のなかで書いている。客室乗務員たちは、雇い主である航空会社が自社の「最大の資産」と呼ぶ感じのいい人柄を、非番のときもつい演じつづけてしまうからだ。[28] その結果、彼女たちは非番時の自分のアイデンティティに欠かせない感情をうまく表せなくなってしまうのだ。もし感情が会社の利益につながるのなら、労働者の精神面、特に企業の目標に反する内心は、「矯正」しなければならない。ドットコム時代、メディア・コンサルタント会社の社員だったある人の話では、仕事上の精神的要求に応えられずに悩んでいると会社に訴えたら、従業員の「感情調整」を手伝うというジョージ・オーウェルの小説に出てくるような使命を負ったモラル・チームと面接するよう薦められたという。[29]

ポスト工業化経済は、製造部門が縮小し、サービス部門が成長しただけではない。生き残ったブルーカラーの仕事も変化し、彼らにもまたホワイトカラーのサービス倫理が求められるようになった。そのような変化のひとつが、プロフェッショナリズムすなわち「プロ意識」の拡大だ。プロ意識とは警察官からトラックドライバーや看護師、大学教授まで、すべての人を同時に二つの方向に引っ張る規範で、それを持つためには感情のバランスを巧みにとることが求められる。[30] つまりウィークスが言うように、「プロフェッショナルとは、仕事には個人として取り組むが、やっかいな同僚や依頼人、患者、学生、乗客、顧客と対処するときには、個人としてあたらないこと」なのだ。[31] プロフェッショナルであるということは、たとえ休日でも頼まれればコールセンターのシフトに入ることを嫌がらず、電話をかけてきた相手から理不尽に怒鳴りちらされても丁寧に対応できることをいう。自己と仕事を融合しながらも融合しすぎない、この奇妙で自己矛盾にみちた心理状態は、労働者たちの自我の一面を変えることで彼らをコントロールするという、ポスト工業化社会のイノベーションだ。これは工業化時代の黎明期につくられた「時間を守る」という規範と同じで、いまや私たちはその規範をごくあたりまえのこととして受け止めている。だから会議の始まりが二分遅れるだけで居心地が悪くなるのだ。この「プロ意識」もまた労働者に新たなプレッシャーを与えており、彼らの人格は、これまで以上に仕事の論理や条件にさらされるようになった。

ポスト工業化社会のビジネス原則はブルーカラーの労働者に対し、彼らを雇用するホワイトカラーと同じように考えることを求めた。トヨタが先駆けとなって導入した参加型の経営スタイルは、少人数の班が車をまるごと一台つくり上げ、上層部に改善の提案を行うという経営スタイルで、この手法の成功を見た米国企業は一九八〇年代、一九九〇年代にこの方式を取り入れ、労働者に新たな精神的規律を課した。[32] その際に起こったもっとも大きな変化が、長年産業界で働くうちにしみついた「時間給で働く視点」を労働者に捨てさせたこと、そして彼らに、自分たちは「新米経営者」だと思い込ませたことだった。つまり社会学者のヴィッキー・スミスも書いているように「これまでの自分から一歩踏み出し、自身の人的、文化的資本を活性化させれば、品質、革新、効率を向上させる」ことができる、と労働者たちに思わせたのだ。[33] この変革に成功した製材工場で働くある労働者はその変化について、むかしは「ただ出勤して、仕事をし、家に帰るだけだった。考えることに対して給料が支払われていたわけじゃないし、こっちも給料をもらうためだけに仕事をしていたからね」とスミスに語っている。[34] 別の言い方をすれば、当時の労働者は仕事から自分たちの心を守ることができていた。明確なスケジュールや労組間の契約など、外部から課された強力かつ明白な一線によって、「意欲を持たない」という規範が強固に守られていたのだ。

スミスによれば、工場労働者の大半は仕事のやり方に意見できる参加型経営スタイルへの変化を歓迎したという。だがそうすることで、彼らは新しく曖昧な負担を受け入れることとなり、仕事上の責任は彼らの心の奥深くに入り込んでくるようになった。それまでの産業モデルや以前の契約では、労働者が多くの判断を下す必要はなかった。また、工場の経営状態や顧客の満足度、製造プロセスの効率性に対する責任も、労働者は負っていなかった。しかし契約が弱くなり、参加型経営の方針のもとで働くようになった労働者は、ある面では自律性を得たが、その半面、「具体的な問題がなくても、つねにブレインストーミングをしていなければ」というプレッシャーや、主要な任務がより抽象的になったために「忙しそうに見える仕事」をしなければというプレッシャーを感じるようにもなった。[35] また、この新たな体制で働くようになった労働者は、仕事と仕事以外の生活を分ける、目に見えない精神的境界線を維持する責任まで負うことになった。

しかし、そのような境界線を完璧に保てる人などいるはずがない。仕事が労働者の人格そのものを利用するようになれば、仕事とそれ以外の生活を切り分けることなどまず不可能だ。仕事で身についた規範は、家庭生活や市民生活にも持ち込まれ、そうやって持ち込まれた規範は、家庭生活や市民生活の規範と混ざり合う。スミスが調査したコピー印刷会社の従業員の場合、自主管理を学ぶということは、正社員と外注が混在する亀裂の入った職場の知的、感情的、想像的な要求に適応することを意味した。つまり彼らはつねに直接の雇用主である印刷会社の基準と、顧客である大手法律事務所の企業文化や期待とのあいだで折り合いをつけなければいけないのだ。このような低賃金労働者たちは、自分が受けたコミュニケーションや紛争解決のトレーニング――彼らはこの種のトレーニングを非常に高く評価していた――は、家庭生活など、仕事以外の生活にも応用できたと語っている。しかしその仕事を通じて彼らは、ポスト工業化時代の企業が労働者に求める役割やスケジュールの柔軟性に慣らされてしまった。さらに経営側は労働者を頻繁に異動させたため、彼らは同僚と仕事上の関係を作ることも、労働者の組織づくりをすることもできなくなった。[36] また、仕事でのものの考え方は、制服を着替えるように簡単には切り替えられないため、労働者は仕事が求めるタイプの人間になってしまう傾向が強い。

＊＊＊

一九七〇年代以降の職場に起こった大きなトレンド――亀裂の入った職場と雇用の不安定さの拡大、対人労働が必要な仕事の増加、ブルーカラー労働者の精神面への仕事の浸食――はバーンアウトに陥る完璧な条件を作りあげた。負の感情を抑えて陽気なプロフェッショナル精神を演じるといった感情労働を強いられれば、労働者がバーンアウトする可能性は当然高まる。[37] そのうえ会社が人員削減を頻繁にすれば、残っている従業員が感じるプレッシャーは増大する。こうして労働環境は悪化の一途をたどり、自分自身やほかの人のために成し遂げたいと思っていた理想から現実はどんどん離れていく。そして仕事上の理想と日々の現実の両方を維持しようと無理をするうちに、労働者はバーンアウト・スペクトラムの症状をさらに悪化させてしまうのだ。

私たちの日々のくらしは、気候よりも天気のほうにより直接的な影響を受ける。これと同じで、労働者がバーンアウトするリスクも、おもにそれぞれの職場に影響される。もちろん気候変動は天気に影響するから、ダラスの住人が一一月の火曜日にショートパンツとサンダルを履きたくなる可能性も高くはなる。だがそれでも私たちは、気象学的にも職業的にも局地的なものに反応する。
労働環境の現実と理想のあいだに生じるギャップは通常、仕事のいくつか特定の側面に現れる。クリスティーナ・マスラークとマイケル・ライターは、労働者が「人と仕事のミスマッチ」をもっとも多く経験する分野として、作業負荷、裁量権、報酬、コミュニティ、公正さ、価値観の六分野を挙げている。[38] そしてこのような分野でミスマッチがあると、労働者がバーンアウトに陥る可能性は高くなる。重要なのは、バーンアウトの原因は働きすぎだけではないという点だ。仕事量はなんとかこなせるレベルでも、誰にも評価してもらえない、裁量権がまったくない、あるいは仕事が自分の価値観と矛盾するといった状況なら、その労働者がバーンアウト・スペクトラムに位置付けられる可能性は高い。また、不公正な扱いを受けている、同僚との仲間意識が崩壊しているといった状況でも同様だ。

衣装デザインから情報管理までさまざまな仕事をしてきた起業家、ジェシカ・サトリによれば、ワシントン州タコマ市に近い大学の経営学教授として働いていたころの彼女にとって、コミュニティは輪留め《リンチピン》（車軸から車輪がはずれないようにするピン）のように重要な存在だったという。彼女は私に、自分は学生たちに強い思い入れを持って教職に就いたと言い、学部内でも多大な支援を受けたと言っていた。教授は彼女のほかに二人いたが、どちらも女性で、彼女たちは晴れていようが雨が降っていようが、週に二、三日はかならずキャンパスの近くの湖のまわりを散歩し、ふたりは新任のサトリもその散歩に誘ってくれた。サトリによれば林道を歩くときは、ハイヒールをテニスシューズに履き替えるのが一種の「儀式《リチュアル》」だったという。

湖をぐるりと一周するには四五分かかるため、ひとりにつき一五分、会話の中心になる時間が与えられた。最初の五分間は、学生のことや、終身在職権委員会《テニュア》のことなど、「ただ不満を発散した」とサトリは言う。「どんなに感情的になっても、大きな声を出してもいいから、と言われました」と。あとの二人は、まずそれに耳を傾け、その後の一〇分間で提案をし、支持を表明し、助言をしてくれたという。二人ともサトリより年上だったが、彼女のことを価値ある意見を述べる対等な人物として扱ってくれた。その散歩は「紛争への対処や、人間関係への対処について、私が学生たちに教えていることを実践する場でした」とサトリは言っていた。「私たちはお互いを相手に、それを練習していたのです」

二年目になると、サトリはその大学システムの別のキャンパスに異動になった。学生たちへの強い思い入れは変わらなかったが、彼女は二人の助言者との例の儀式を失ってしまった。当時は「終身在職権を得ようと頑張っていたけれど、うまくいかなかった」とサトリは言う。彼女の仕事を支えてくれていた、コミュニティを失ってしまったからだ。起業家精神にあふれる行動派の彼女が、朝、だんだんベッドから出られなくなり、結局、新しいキャンパスでは一学期教えただけで、退職してしまった。だがのちに、彼女はこの経験をライフ・コーチおよび精神的指導者の仕事で活かし、人々が人生の転機をうまく乗り越える手助けをするようになった。

マスラークとライターは一九九七年、先述の六つの分野の状況は悪化しており、それが仕事上の「危機」を作り出していると主張した。彼らは、この危機をつくっているのはグローバリゼーション、テクノロジー、組合の弱体化、そして企業の意思決定における財務の役割の増大と見ていた。[39] それから二〇年以上が経過したが、その危機はいまだに職場をバーンアウトの製造工場にしてしまっている。一九七〇年代以降の雇用情勢において、労働者が理想と現実の差をもっとも感じている分野で状況はさらに悪化しているのだ。新自由主義時代の雇用の負債モデルと金融の力の増大こそが、このバーンアウト増加の流れの大きな原因だ。

多くの産業で、作業負荷は増え、激務の度は増している。特に労働時間に関しては、ほかの豊かな国は短縮傾向にあるのに、アメリカでは長いままだ。[40] アメリカでは労働者の半数が、個人の自由時間に仕事の遅れを取り戻していると言い、労働者の一〇パーセントがそれを毎日やっていると答えている。[41] いっぽう賃金は一九七三年から実質横ばいだ。[42] つまり、そうやって働いても、物質的な報酬の増加にはつながっていないのだ。ブルーカラーの労働者のなかには、参加型経営を通じて自律性を獲得した人たちもいるが、その代償として集中的かつ個人を侵害するような作業負荷が課せられるようになった。また、そのほかの製造業や小売業、運輸業の労働者たちも、プライバシーを侵害するような監視下に置かれるケースが増えており、仕事上の自律性も厳しく制限されている。[43] さらに、亀裂が入り、雇用も不安定な職場では、労働者一人ひとりが組織内で認められる機会も、昇格する機会もほとんどない孤立した請負業者になってしまうため、コミュニティの力も公正さも弱まってしまう。

たとえばアマゾンは、賃金を低く抑えながら、一生懸命働いてくれたら直接雇用すると言って臨時雇いの労働者をコントロールしている。しかし臨時雇いから直接雇用に昇格した労働者はわずか一〇パーセントから一五パーセントだ。[44] そのように臨時社員が増えて亀裂が入った職場では、「役割の曖昧さ」が増大するため、仕事を管理する労働者の力が弱まり、それもバーンアウトの一因となる。[45] また、経営的な視点が強まると、サービスを提供する労働者の価値観は、効率化や株主価値の向上といった経営には不可欠な要件と対立する。

仕事が拡大し、負担が増すいっぽうで、じつはその仕事が意味のないどうでもいいものになっており、労働者はそのどうでもいい仕事に時間とエネルギーを費やすよう強いられているというエビデンスもある。人々が仕事でしていることの多くは、企業の実際の生産を補助する「空欄にチェックマークを入れる」といった事務作業などの仕事で、大学教授時代に私がしていた「講義評価」などもそのひとつだ。ヴィッキー・スミスがインタビューした工場労働者が、自分は有能なセルフマネージャーだと示すために、自ら仕事を作り出していたことを思い出してほしい。そのような仕事は典型的などうでもいい仕事、すなわち「ブルシット・ジョブ」だとデヴィッド・グレーバーは言う。ブルシット・ジョブはたんなる茶番で、仕事のように見えても社会的な意義はなく、仕事をしている人もそれがわかっている場合が多い。グレーバーは「私たちの社会で行われている仕事の少なくとも半分は、なくなっても困らない」のではないかと言っている。[46] だが、たとえどうでもいい仕事でも、仕事であることに変わりはないため、ほんとうの仕事と同様に労働者を疲弊させる。そのうえ、ほんとうに意味のない無価値な仕事は、労働者がその仕事に抱いていたいいかなる理想とも相容れない。教えたい、地域社会に尽くしたい、人々が必要とする製品を売りたいと思って始めた仕事なのに、気がついたら些末な事務仕事の沼にはまっている、という屈辱。どうでもいい仕事がバーンアウトを招くのは、この屈辱感のせいにほかならない。

＊＊＊

過重労働にどうでもいい仕事、さらには管理主義の問題が重なり、バーンアウトが深刻な問題になっている職業のひとつが医療だ。医師がバーンアウトに陥れば、それは社会的な大問題だ。Ｃｏｖｉｄ－

19のパンデミックでは、膨大な数の感染者に対応した医師の作業負荷は激増したが、緊急ではない医療に携わる医師の労働時間（および報酬）はむしろ減少した。[47] 一般に、平時の医師の一週間の労働時間は長い。二〇一七年の調査によると、ウィスコンシン州のある保険制度では、家庭医の一日の労働時間は平均一一・四時間だった。[48] 二〇一九年の調査では、アメリカの医師全体のうち三八・九パーセントが、一週間の労働時間は六〇時間を超えると答えている。いっぽうほかの職種でそこまで長く働いている人は、六・二パーセントしかいない。[49] またこの調査は、医師は一般の労働者よりも情緒的消耗感および脱人格化（またはシニシズム）をおぼえる割合が大幅に高いことも明らかにした。さらに、情緒的消耗感の高いスタッフが働く集中治療室は、患者の標準死亡率が高いというエビデンスもある。つまり、医師や看護師が無理をしすぎていると、患者が死亡する可能性が高まるのだ。[50]

病院に行ったときにいつも感心するのが、私をケアしてくれる人たちのおだやかで、優しい気配りで、彼らはつねに平静だ。しかし実際の医療現場は、葛藤の連続であることが多い。医師のダニエル・オーフリは次のように言っている。

娘の発表会会場にいるときに、高齢の患者の息子から至急お話ししたいという連絡が入る。同僚に家族の緊急事態が発生し、病院から連続シフトでの勤務を求められる。患者の保険ではＭＲＩは適用外なので、自分が電話をして保険会社を説き伏せなければいけない。訪問医療に割りあてられた時間は一五分だが、その患者の治療には四五分かかる。[51]

このような難題に加え、医師たちは一日のうちの多くの時間を、医師免許がなくてもできるデータ入力という作業に費やさなければならない。いまや彼らは毎日、患者と向き合う時間のほぼ二倍の時間を電子カルテや電子的コミュニケーション――検査の記録や検査結果の確認、薬の処方など――に費やしているのだ。[52] そして電子カルテに多くの時間をとられている医師ほど、バーンアウトの兆候を示す可能性は高い。[53]

バーンアウトは、理想と現実の乖離によって起こるため、コンピューターの前で過ごす時間が長い医師がバーンアウトしやすいのはよくわかる。臨床医を目指す学生で、医学部の志望理由書に、「電子カルテが大好きだから」と書く人はまずいないだろう。ミシシッピ州の内科医、サムナー・エイブラハムは、研修医の指導をしていると、現実と理想のギャップに悩む新人医師をよく見ると言っていた。「思い描いていたことと現実が違いすぎて、自分はいったい何をやっているのか、と感じてしまうのです。彼らは、時間をかけて患者の話を聞き、安定した収入を得、週末は休める生活を期待していた。それなのに時給は九ドル。夜勤も休日出勤も多いうえに、ほとんどの時間をコンピューターの前で過ごさないといけない」。そうこうするうち、若い医師たちは疲れ果て、どんどん落ち込んでいく。しかしエイブラハムは、その疲労は過重労働によるものではないと言う。なぜなら医療界はこの二〇年間、研修医の長時間労働を削減してきたからだ。研修医たちが疲弊しているのはむしろ「自分が何をやっているのかわからなくなるからだ」とエイブラハムは言う。

企業化と官僚化が進む医療現場で、医師たちが感じる葛藤はますます大きくなっている。なぜなら、患者をケアすることと、コストを最低限に抑えることは両立しないからだ。メイヨー・クリニックの研究者、リズロット・ディルビーは二〇一九年のワシントンポスト紙で「医療システムは売り上げを増やすためにつくられており、患者のケアをするためにつくられてはいない」と語っている。[54] オーフリも、医師は自分の時間とエネルギーを注ぎ込むことで、自身の理想と雇用主の要求のギャップを埋めていると考えている。「勤務時間が終わったからと言って医師や看護師がさっさと帰宅してしまったら、患者たちは大変なことになる」と彼女は書いている。「医師も看護師もそれがわかっているので、仕事を投げ出すことはしない。医療システムのほうもそれをわかっていて、利用しているのだ」と。[55]

そうやって医療従事者がこなしている余分な仕事が、じつは何も達成していないという可能性もある。外科医で作家のアトゥール・ガワンデによれば、医療労働の多くは、過剰診断された病気や無害な病気のための検査や治療で、最終的な健康効果はないという。さらに悪いことに、この余分な「ケア」が、不必要かつ有害なストレスを患者に与えることも多い。ガワンデは二〇一〇年の調査を引用し、医療支出のおよそ三〇パーセントは無駄づかいだと言っている。[56] もしそうなら、医療労働の三〇パーセントは、意味がないということになる。コンピューターの前に座っているか、患者に必要のない検査や治療をして一日が終わるというのであれば、研修医たちが自分を役立たずだと思ってしまうのも無理はない。

献身的に私たちをケアしてくれている医師や看護師、そのほかの医療従事者に対しては私たちも同情しやすいが、ほぼ過剰請求されたときにしか話す機会がない病院や保険会社の事務スタッフに同情するのは難しい。しかしそういった事務スタッフたち——その数は一九七〇年から二〇一八年の間に一〇倍に増えた——も、仕事によって理想をくじかれた人たちであることにかわりはない。[57] 実際、退役軍人病院では事務スタッフのほうが、医師より燃え尽き症候群になりやすかった。（これは、時間給で働く食品サービスや清掃分野の従業員も同様だった）。前の章でも述べたが、事務スタッフのほうが医療従事者よりバーンアウトの失望プロファイルを示す人がずっと多く、これは彼らの無力感が高いことを示している。[58]彼らは、命を救うヒーローには見えないが、それでも医療従事者と同じように、劣悪な企業システムに巻き込まれ、同様のバーンアウト文化にさらされているのだ。

＊＊＊

ポスト工業化時代、労働を取り巻く「気候」の変化によって私たちの職場の「天気」も大きく変わった。しかしだからといって、同じ環境で働いていた二人が同じようにバーンアウトするとはかぎらない。これは二人の人が同じにわか雨に降られても、その感じ方が異なるのと同じだ。ひとりは傘を持っていたかもしれないし、もうひとりは濡れるとアレルギーが出る体質かもしれない。また、雨が大好きな人もいるだろう。経済がバーンアウト文化の醸成に大きな影響を与えたのは事実だが、じつは個人の性格特性もバーンアウトへの陥りやすさには影響を与える。たとえばバーンアウトは、心理学者が神経症的傾向と呼ぶ性格特性と深く関係している。気持ちの浮き沈みが激しく、不安を感じやすい人（本書の著者がそうだ）は、バーンアウトに陥りやすい。また、積極的で競争心の強い「タイプAの行動パターン」を示す人は、特に疲労しやすい。[59]

バーンアウトには人口動態学的パターンがあるが、それは一般に予想されるものとはかなり違う。たとえばストレスは時間の経過とともに蓄積していくため、年配の労働者のほうが若い人よりバーンアウト・スペクトラムの症状を示す可能性は高いと思われがちだ。大学でフルタイムの教授として教えていたころの私は、バーンアウトのことをそれほど意識していなかったから、バーンアウトという言葉をなんとなく加齢と関連付けて考えていた。バーンアウトなどというものは、何十年もの教職生活によって化石化した教授、何千回もの試験や論文に埋もれて過ごしてきた高齢の教授がなるものと思い込んでいたのだ。しかし実際にはどの産業でも、バーンアウトに陥るのは仕事を始めて間もない労働者が多く、医師も若い医師のほうが年配の医師よりバーンアウトしやすいのだ。[60] また、教師になって日の浅い人たちの離職率が高いのは、バーンアウトが影響しているとも言われている。[61] これは昔からある現象で、一九八二年、クリスティーナ・マスラークは、ソーシャル・ワーカーになって日が浅い人のほうが年配の同僚より高いレベルのバーンアウトを示したと述べている。[62]

理想がバーンアウトに果たす役割を考えれば、若い労働者が特にバーンアウトしやすいのも不思議ではない。仕事、それも天職と思える仕事についた直後は、仕事に対する理想がもっとも高い時期だからだ。だがその後、サムナー・エイブラハムが語っていた研修医たちのように、彼らは厳しい現実に直面する。そしてそんな毎日が続き、理想と現実の狭間で悩むうちに、若い労働者はそのギャップのあいだで引き裂かれていくのだ。やがて彼らはその状態に耐えられなくなり、仕事を辞めて、理想と現実が乖離しない別の種類の仕事を探すことになる。この最初の試練を乗り越えられるのは、その理由がなんであれ、現実と理想に引き裂かれずにすんだ人たちだが、もしかしたら彼らの理想ははじめから低かったのかもしれないし、幸運にも仕事での環境が少しばかり良かったのかもしれない。あるいは、心が折れそうになっても回復できる、稀有な力を持っていたのかもしれない。いずれにせよ、彼らはマスラークが言うところの「サバイバー」だ。[63]

回復力や年齢のほか、アメリカ社会に蔓延する不正――人種差別、性差別、同性愛嫌悪など――も、バーンアウトを悪化させる。社会の主流から取り残されたそのような人たちは、職場でさらなるストレスを抱え込むからだ。これと同じで、差別は人々が職場で直面するそのほかのプレッシャーをより悪化させると思われる。実際、著名ないくつもの研究が、同じ職業に就いていても、男性より女性のほうがバーンアウトすしやすいことを明らかにしている。たとえば医師の場合、女性は「消耗感」と「シニシズム」のいずれかが高いレベルを示す可能性が男性より三〇パーセント高い。[64] おそらく女性医師のほうが、同僚や患者からの差別、虐待、ハラスメントを受ける機会が多いからだろう。ある調査によれば、不当な扱いを受けていると答えた研修医がバーンアウトの兆候を示す可能性はそうでない研修医の二倍以上、そして女性は男性よりはるかに高い確率で不当な扱いを受けていた。[65] また、バーンアウトに男女間格差があるのは、女性は仕事のほかに、子育てや家事労働といった二つ目の仕事を担う場合が多いということもあるだろう。[66] とはいえバーンアウトとジェンダーの関連性を断定的に言うことは出来ない。バーンアウトに男女間格差はないとする研究も多いし、男女のどちらかいっぽうで占められている職業では、適切な男女比較ができないからだ。[67] 研究者たちはまた、男女で比べた場合、マスラーク・バーンアウト・インベントリーの消耗感の要素では一般に女性のスコアのほうが高く、「脱人格化」要素は男性のスコアが高いとしている。[68] この違いに注目する研究者のなかには、女性のバーンアウトのほうが高頻度に見えるのは、MBIは特に消耗感を検知しやすいからではないか、と指摘する人もいる。[69]

バーンアウトの罹患率に男女差があるかどうかは別にしても、女性の職場での経験は、バーンアウトが一九七〇年代以降、どのように労働者全体に拡大したかを見るうえで重要な指標となる。この数十年間で、職場は世界中で「女性化」してきた。これは、より多くの女性が家庭の外で働いて賃金を稼ぐようになったということを意味する。またこれは、ポスト工業化時代は従来「女性の仕事」とされてきた仕事と似た仕事が増えた、すなわち配慮や感情労働といった重い負担を伴う対人労働やオフィスでの仕事が増えたということも意味している。多くの労働者が、この「女性的」とされる仕事に就くようになったということは、性差別が多い社会のなかで、じゅうぶんな敬意が払われない仕事をする労働者が増えたということでもある。経済学者のガイ・スタンディングはこれを、「女性を対等の労働者として通常の賃金労働に組み込もうと、何世代にもわたって続けられてきた取り組み」がもたらした、皮肉な結果と見ている。職場での女性はかつてより大きな機会を得るようになったが、それは男性が「女性に多い雇用形態や労働パターン」で働きはじめたことが大きい[70]。つまり、いまや労働者全体が、二〇世紀半ばに派遣社員部門で働いていた女性たちと同様の環境に身を置いているのだ。そもそも典型的な派遣社員とは、生活費を稼ぐ必要もなければ、終身雇用も求めない（はずの）、若くて仕事熱心な「ケリー・ガール（女性臨時派遣社員）」だった。雇用を負債と見る考え方も労働者間に亀裂が入った職場も、ポスト工業化社会の労働環境構築に大きな役割を果たしたが、そのどちらもが究極的には性差別的な労働観に依存していた。一家の稼ぎ手である男性には、昇進のチャンスがあり、賃金もいい安定した職がふさわしいが、女性は家計の足しになる程度の仕事でじゅうぶんだという労働観だ。また、この労働観には人種差別的要素もある。というのもアメリカの黒人女性は伝統的に就業率が高く、彼女たちは白人家庭の家事労働に従事して、家族にとってなくてはならない生活の糧を稼いでいたからだ[71]。だがいったん女性の臨時派遣労働者があたりまえの存在になると、経営者側は男性労働者を高い負債と見るようになった。そして正社員を削減し、仕事を外注に出しはじめたのだ。つまり女性の社会進出にともない多くの男性労働者の地位が、女性と同等になっていったのだ。ジャーナリストのブライス・カバートは「いまや働く人全員がある意味女性労働者であり、そのせいで私たち全員が苦しんでいる」と言っている。[72]

バーンアウトと人種の関わりもまた、同じように複雑だ。労働に見合わない報酬はバーンアウトの一因とされるが、アメリカの黒人やヒスパニックの労働者が稼ぐ金額は、白人やアジア系アメリカ人が稼ぐ金額より大幅に低い。[73] さらに、人種間の賃金格差に男女間の賃金格差も加わるため、黒人女性は同程度の資格を持つほかのどの人種よりも総じて賃金が低い。[74] そのうえ、大学で詩を教えているティアナ・クラークが黒人のバーンアウトについて書いたエッセイのなかで書いているように、有色人種の労働者は自分の一挙手一投足が監視されていると感じることもある。「まるで黒人に自分の仕事や命が奪われるとでも思っているかのように、人々は境界線を引いている」とクラークは言い、「私がEメールに返信しなかったり、大学の学部会議を欠席したりすれば、同じことをしたミレニアル世代の白人男性とは違う結果を招く可能性がある」と書いている。[75] 人種間格差は社会にストレスを与えるが、職場ではそれがより微妙かつ陰湿なかたちで現れる。特に人種間格差が男女間格差と重なると、その傾向が顕著だ、とクラークは言う。彼女は自分自身のことだけでなく、周囲の白人の感情や反応にも配慮しなければならず、それと同時に、ほかの人にはない有能さも発揮しなければならないのだ。

しかし人種がバーンアウトに果たす役割を論じるには、現在の研究では限界があり、明確な答えを出すのは難しい。じつは、バーンアウトと人種の関係を調べた研究はほとんどないのだ。その問題を取り上げた研究もあるにはあるが、結論はまちまちで、アメリカの白人労働者に比べて黒人労働者のほうがバーンアウトする人が多い、またはバーンアウトの度合いが強いという結論はない。[76] むしろ既存の研究は、バーンアウトに大きく影響するのは、人種よりも労働環境や個人の対処方法であることを示唆している。たとえば精神疾患専門のケースマネジャーを対象にしたある調査では、黒人のケースマネジャーのほうが白人のケースマネジャーより情緒的消耗感や脱人格化の度合いが低かった。いっぽうで、保育士に関する別の調査では、黒人の保育士のほうが白人の保育士より脱人格化のスコアが高かった。[77] しかし、その調査でバーンアウトの三つの側面すべてと強い相関関係があったのは、人種よりも問題への対処戦略のほうだった。人種に関係なく、ストレスに遭遇したときに拒絶や離脱などの回避戦略をとる人が、もっともバーンアウトしやすかったのだ。[78] 研究者たちは、ブルーカラーを対象にした調査でも同様の結果を出している。サンフランシスコの市営交通システムのバスと電車の運転士を、一九九〇年代からのデータを用いて調査した研究では、多様な人種で構成されるこの職場において、人種とバーンアウトの統計的相関は見られなかった。[79] いっぽうで、職場での問題——不公正な待遇から乗客とのトラブルや事故まで——や、運転席の座り心地が悪い、車の振動がひどいといった人間工学的問題を報告している人は、バーンアウトのスコアが高かった。[80]

心理学者をはじめとする研究者たちは、バーンアウトと人種の問題およびそのほかの属性との関係をもっと注視する必要があるだろう。昔から、アメリカの有色人種労働者は一般に軽視されがちな職種で働く割合が不釣り合いに高かったし、労働条件を改善するための労働保護から閉め出されていることも多かった。[81] だとすれば、これまでの歴史と今日の現実が、バーンアウトにまったく影響していないとは思えない。だが同時に、バーンアウトと抑圧は同じものではないし、バーンアウトが労働環境の劣悪さを示す指針ではないということも覚えておく必要がある。また、バーンアウトは、労働者が抱く仕事の理想からかけ離れた経験をすることで生じるが、その理想自体が社会的不公正と密接に結びついているということも重要だ。なぜバーンアウトと人種の有意な関連性を示す文献がないのかについては、この問題の研究が進んで知見が蓄積するまでは、情報に基づいた推測ぐらいしかできないが、もしかしたら特定の人種の労働者は、長いあいだ差別されつづけたせいで、仕事に対して抱く期待がほかの人種のそれよりも低い、ということもあるかもしれない。政治学者のダヴィン・フェニックスは「多くのアフリカ系アメリカ人は、長時間働いてやっとの思いで生活する自分たちと、その努力を食い物にして繁栄するエリート層という構図を見ても、自分の権利が侵害されているとは感じない。むしろ彼らにとってはそれが普通なのだ」と書いている。[82] バーンアウトは期待と現実との乖離が大きく関わる問題なので、労働者のもともとの期待が低ければ、たとえほかのかたちの不公正に苦しんでいたとしても、バーンアウトを招く特定のリスクは緩和されるのかもしれない。

またバーンアウトの調査は、どんな人種でもバーンアウトの感じ方や、その症状の訴え方はみな同じだと決めつけている可能性もある。だとすれば、アフリカ系アメリカ人のほうが白人のアメリカ人よりうつや不安を訴える割合が低い、という結果にも説明がつく。[83] 白人に精神疾患の割合が高いのも、研究者の測定方法が、白人の症状の訴え方に偏っているからなのかもしれない。同様に、文化的背景が違うために、ストレスの感じ方が違うということも考えられる。ストレスは生物学的現象であると同時に文化的現象でもあるからだ。したがって、研究者たちが開発したマスラーク・バーンアウト・インベントリーなどを使った調査では、白人のバーンアウトのほうが見つけやすいということも考えられる。ティアナ・クラークが主張するように、黒人のバーンアウトは白人のそれとは違う可能性もあるからだ。もしそうならば、私たちはバーンアウトの測定方法を変え、よりバーンアウトの全体像が見えるようにする必要があるのかもしれない。

＊＊＊

バーンアウトの原因となる負担を人々がもっとも感じやすい六つの分野（作業負荷、報酬、公正さ、自律性、コミュニティ、価値観）を改めて見直すと、長年にわたって倫理を学び、教えてきた私にはなじみのある言葉が並んでいることに気づく。「作業負荷」と「報酬」は、労働者の仕事量とその見返りのことだ。両者の関係性は、労働者は労働にふさわしい見返りを得る必要があるという正義の問題である。「公正さ」もまた正義に関連している。「自律性」は道徳的責任と行動には不可欠な要素だし、「コミュニティ」は、私たちが倫理的に行動するための人的背景であり、道徳規範の源だ。そして「価値観」は、私たちの道徳的生活のあらゆる側面に影響を与える。

正義、自律性、コミュニティ、価値観、これらは倫理を構成する基本的要素だ。したがってこれらの要素が欠けている、あるいは崩壊している職場では、従業員が理想と現実のギャップに引き裂かれると感じる可能性が高い。またそのような職場では、疲弊し、シニカルになり、個人的達成感を失うこともあるだろう。つまりバーンアウトとは、私たちのお互いへの接し方の失敗であり、倫理の失敗、私たちの文化における行動規範の失敗だ。人々がバーンアウトしてしまうのは、彼らが望む条件、彼らが受けるに値する条件を組織が与えていないからだ。

バーンアウトした労働者はこの道徳的失敗の被害者だが、彼らが自身の能力を最大限に発揮できないことにより、事態はさらに悪くなる。たとえば私は、学生たちにふさわしい教師になれなかったし、疲弊し、落胆した医師は患者に最善の医療を提供できない。また、バーンアウトによってシニカルになった人は、同僚や顧客を一個の人格として扱わなくなる。質の低い仕事で不当な被害を受けるのは、労働者自身だけではないのだ。

しかし労働環境がよければ、バーンアウトのリスクが低くなるというわけでもない。もう一度、医師について考えてほしい。医師は給料も高く、社会的な地位も高いが、それでもバーンアウト尺度のスコアは一般の人たちより有意に高い。たしかにここ数十年で、医療は非常に時間がかかる仕事になったが、真の問題は、医師たちがおかれた劣悪な労働環境ではなく、そのような労働環境が彼らの理想と一致していないところにある。医師のダニエル・オーフリは、患者に向き合う同僚たちの献身的な仕事ぶりや「個人的犠牲を払ってでも、患者にとっての最善を尽くす」という姿勢こそが、病院のすべての仕事を動かしていると指摘する。医療の企業化が進むいまの時代、「病院という事業を存続させるために日々搾取されているのが、彼らの倫理観だ」とオーフリは言う。[84]

「労働環境」は、私たちが頑張って埋めようとする理想と現実のギャップ、けれど埋めきれずにバーンアウトしてしまうギャップの一側面でしかない。もういっぽうの側面は「理想」であり、理想もまた倫理の問題だ。なぜなら理想は、私たちが仕事を通じて良い人生を求めるときの原動力だからだ。このような理想は社会で広く共有されているため、これも私たちの文化の一面だ。そしてこの五〇年間、私たちの労働環境は悪化の一途をたどったが、理想のほうはさらなる上昇を続けていた。

五章　仕事の聖人と仕事の殉教者　私たちの理想の問題点

仕事に関して言えば、金持ちのすることは不合理だ。彼らはこの社会でもっともお金を稼ぐ必要のない人たちだが、なぜか一番働いているのが彼らなのだ。億万長者であるはずのハイテク業界の巨人たちは、彼らが働いたからといって株価が上がるわけでも、富がさらに増えるわけでもないのに、自分は一週間に一〇〇時間働いていると得意げに語る。また、高学歴のアメリカ人は平均所得がもっとも高いが、彼らの労働時間はそれほど学歴が高くない人より長く、レジャーにあてる時間も短い。裕福な家庭の子どもが夏にアルバイトをする割合も、貧しい家の子どもの二倍だ。さらにアメリカの高齢の専門職者はその多くが、老後の蓄えはじゅうぶんあるにもかかわらず仕事を続けている。[1]

いっぽう仕事がない惨めさは、物質的なものだけでなく、心理的なものでもある。白人の労働者階級の男性にとって、定職がないということは人並の男ではないことを意味する。その結果、大学教育を受けていない白人男性のうつ病や依存症、自殺は、心配になるレベルで増えてきている。[2] また私のバーンアウトは「教える」ことがおもな原因だったが、教えることをやめるとなんとも手持ちぶさたになった。結局、フルタイムの大学教員の職を辞して二年も経たないうちに私は非常勤講師になり、一講座あたり数千ドルという、以前の収入とは比べものにならない賃金で働きはじめた。

こういった例すべてが、私たちが働くのはお金のためだけではないことを示している。ボランティアも、子育てをする親も、貧乏アーティストも、多くはその労働への対価をまったく受けていない。また、けっして裕福ではなく、給料は一セントも無駄にできない人であっても、仕事にはお金より大事なものがある、と言うことはある。彼らは物質的利益のために働くのではなく、理想のために働くのだ。

前の章でも触れたように、いまや労働環境は悪化の一途をたどり、仕事では二〇世紀半ばよりも激しい感情労働が求められ、雇用も不安定だ。だがそういったことは、私たちがバーンアウト文化のなかで生きざるを得ない理由の半分でしかない。残りの半分の理由は、私たちが仕事に抱いている理想だ。そのような理想のなかには工業化時代以前から存在していたものもあるが、この数十年でそのレベルはどんどん上がっていき、いまや私たちが抱く仕事の理想と現実のギャップはこれまでになく大きくなってしまった。工業化時代と比べ、現代の仕事は肉体的にはずっと安全になったが、理想と現実のギャップは大きく広がった。それこそが、バーンアウトは現代の特徴的現象と言われるゆえんだ。二世紀前、イギリスのマンチェスターや、マサチューセッツ州ローエルの繊維工場の労働者は、現代のイギリスやアメリカの典型的な労働者よりも労働時間が長く、働く環境も危険だった。[3] しかし彼らは、現在の私たちほどにはバーンアウトしていなかった。なぜならその時代の労働者は仕事を自己実現の手段などと考えてはいなかったからだ。もちろん、彼らが疲れていなかったわけではない。だが彼らは、二一世紀に生きる私たちがバーンアウトと呼ぶ症候群を抱えてはいなかった。なぜなら彼らは、仕事に対して二一世紀のような考え方をしていなかったからだ。

今日のアメリカ人がヘトヘトになるまで働くのは、一生懸命働けば良い人生を送れるという理想があるからだ。良い人生とは、物質的に恵まれているというだけでなく、社会的尊厳、道徳的人格、そして精神的目的に恵まれた人生だ。私たちが働くのは、働くことがあらゆる意味での繁栄につながると思っているからだ。本書の序文でも書いたが、私が大学教授になりたかったのは、大学の恩師たちがそのような良い人生を送っているように見えたからだ。彼らは周囲から敬われ、すばらしい判断力を持つ人たちに見えたし、その仕事には明確で気高い目的、すなわち知識を得、それを伝えるという目的があるように思えた。あのころの私は、教室以外での教授たちの生活についてはほとんど知らず、彼らの心の葛藤も知らなかった。だがいまになって思えば、当時の恩師のうち二人は結局、終身在職権を得られず、新たな職を探さなければならなかったし、もうひとりは、重要な管理職的役割を引き受けた数年後に心臓発作で亡くなってしまった。でもそのころの私は、彼らの不運と自分の将来を結びつけて考えたりはしなかった。それはそうだろう。きちんとした仕事について努力をすればかならず、成功と幸せがついてくるというアメリカ社会の約束を信じ込んでいた私には、現実が見えていなかったのだ。

しかし、働けばかならず幸せになるという約束は、ほぼまやかしだ。それは哲学者のプラトンが「高貴な嘘」と呼ぶもので、社会の基本的な仕組みを正当化する一種の虚構にほかならない。[4]けれどももしその嘘を人々が信じなかったら、社会は大混乱に陥るとプラトンは説いている。そしてこの高貴な嘘は私たちに、勤勉に働くことには価値があると思い込ませる。たとえ上司のために働いているだけでも、自分は最高善を行っていると思い込ませるのだ。徐々に離れていく竹馬の二本の竿――仕事に対する理想と仕事の現実――をまっすぐに保とうとして無理をすることがバーンアウトだとすれば、仕事を始めるとき、私たちはすでにその竿の一本、つまり「理想」を握っている。このとき私たちは、仕事は成功をもたらしてくれるはずと期待するが、じつはその期待自体が私たちをバーンアウトに追い込んでいく。

成功への期待があるからこそ、私たちは残業をし、追加のプロジェクトを引き受け、たとえ昇級や評価がもらえなくてもがまんできるのだ。だが皮肉なことに、勤勉に働くことで良い人生が手に入るという理想を信じること自体が、良い人生を手に入れる際の最大の障害になるのだ。

勤勉であること、それはアメリカ社会がもっとも重視する価値だ。アメリカの世論調査機関、ピュー・リサーチセンターの二〇一四年の世論調査によると、自身の性格について尋ねる質問では、回答の八〇パーセントが自分のことを「勤勉」と答えていた。長所としてこれほど圧倒的に選ばれた性格特徴はほかになく、「思いやりがある」や「他者に寛容」も「勤勉」には遠く及ばなかった。「怠惰」という回答はわずか三パーセントで、統計的に有意とは言えない数字だった。[5] このような数字が物語るのは、私たちがどんな人間かというよりはむしろ、私たちが何を大切と考えているかだ。もちろん、真に怠惰な人間が少なからずいることはわかっている。ちょっと、会社の同僚を思い浮かべてみてほしい。怠け者はどのくらいいるだろうか？ 自分は怠け者じゃないと言いはる人間はどのくらいいるだろうか？ たしかにアメリカ人は概してよく働く。だがそうはいっても、ずっと勤勉に働きつづけているわけではない。一日中報告書作成に神経を使ったり、顧客との打ち合わせに汗を流したりしているわけではないのだ。私たちアメリカ人が自分のことを勤勉だと言うのは、そう言わなければいけないと思っているからであり、それが自分自身や他者を評価するうえで重要な要素なのだ。もちろん勤勉さが重要だと言っても、それですべての人が勤勉に働くわけではない。しかし、勤勉さを重要と考えることで、多くの人は心身の限界を超えるまで頑張ってしまう。そういった労働は利益をもたらすが、同時に何百万人もの人がバーンアウトすることになるのだ。

＊＊＊

仕事は「尊厳」、「人格」、「目的」の源だ、という「高貴な嘘」は、アメリカ四〇〇年の歴史のなかで育ってきた。同時にその嘘が約束する価値は拡大し、より抽象的になり、いまや私たちは仕事に充実感などという高尚なものまで期待するようになった。だが当初、仕事が私たちに約束していたのはもっと具体的で重要なもの、すなわち生き延びることだった。実際、高貴な嘘は、約束というよりはむしろ脅しとして始まったのだ。一六〇八年、病いが蔓延し、瀕死の状態にあった開拓地ジェームズタウンの指導者になったジョン・スミス船長は「毎日、私と同じように収穫をしない者は、翌日には川の向こう岸へ置かれ、その態度を改めないかぎりは怠け者として要塞から追放される」と書かれた布告を出し、それがやがてアメリカ人の考える理想的労働の基礎になった。[6]

スミスのこの布告は、労働者と役に立たない者、価値のある者と価値のない者、社会の一員と異端者をきっぱりと分け、その中間をなくしてしまった。そしてこの区別をアメリカの政治家たちはいまも続けており、「社会をつくる人」と「社会から奪う人」を対立させている。また、右派も左派も等しく評価する「完全雇用」の理想にも、同様の二分法が組み込まれている。[7] その二分法こそが、社会福祉を受けるなら働かなければならないという主張の根拠であり、国民皆雇用の根拠になっている。[8]

スミス船長のこの脅しは、新約聖書の「テサロニケ人への二番目の手紙」の一節、「働かざる者は食うべからず」[9]を引用したもので、これは仕事を持つことこそが「尊厳」への唯一の道であるという考え方と対になっている。社会学者のアリソン・ピューは、尊厳とは「社会の一員として完全に認められること」と定義している。[10] 尊厳とは社会的市民権なのだ。今日のアメリカ社会では、仕事を持っていれば周囲から社会に貢献していると認められ、社会の運営方法について発言する資格があるとみなされるデモなどで社会の不公正に抗議する人たちに対して「仕事を探せ!」と罵倒の言葉を叫ぶ人がいるが、それでは米国憲法修正第一項「言論の自由」は働いている人にしか適用されないことになり、社会にもの申す権利、社会からの恩恵を受け、権利を得る唯一の道は有給雇用だと言っているようなものだ。とはいえ歴史的に見て、勤勉に働くことで尊厳を得ることができたのは、白人男性だけだった。白人女性だって、財産権と投票権を獲得するずっと以前から、何百年も家庭内で勤勉に働いてきたし、何百万人ものアフリカ系アメリカ人も奴隷として懸命に働いてきたが、合法的に賃金を得られるようになってもなお、彼らは社会的市民権を得ることができなかった。働きさえすれば、誰でもアメリカ社会の一員になれるという考え方は高潔でご立派だが、人種差別や性差別によってその約束がまやかしになることは多い。

仕事が約束する二つ目のもの、それは「人格」の形成だ。これは、子育てでよく言われる話で、芝刈りやベビーシッター、ファストフード店員のバイトをするうちに、だらだらしていた子どももしっかりした大人になるとされている。その背景にあるのは、何度も同じ行動を繰り返すことで、人は変わるという考え方だ。繰り返すことでそれは習慣となり、良い習慣と悪い習慣の集合体が私たちの人格になる。歴史学者で哲学者のウィル・デュラントは、アリストテレスの道徳哲学を「人は行動の繰り返しで作られる」とまとめ、「ゆえに優秀さは行動によって得られるのではなく、習慣によって得られる」と書いている。[11] この考え方でいくと、良い人生とは勇気や自制心といった美徳を身につけること、となる。つまり一〇代の女の子が、最低賃金の求人に応募するのにじゅうぶんな時間、携帯電話をしまっておくことができ、時間通りに職場に来て、仕事をこなせば、その子は時間厳守や責任、根性など、倫理的に正しい生活を送るうえで重要な性質を学ぶことができるというわけだ。労働の理想を構成するこの二つ目の要素は、たんなる尊厳のもう一段上に位置するもので、一八二〇年代のアメリカで特に重視されるようになった。ちょうど、工場経営者たちが労働者に厳しい規律を課しはじめ、労働者のウィスキー摂取が素行不良につながることを懸念するようになったころのことだ。そこで経営者たちは職場での飲酒を禁止した。[12] 禁酒はよい労働者をつくり、労働はよい人間をつくる、と彼らは考えたのだ。

仕事が約束する第三の、そしてもっとも高度なもの、それは、仕事とは「目的」に到達する道というものだ。目的のある仕事がいかに重要かを説いた偉大な予言者、あのアップルの共同創立者、スティーブ・ジョブズは一九八五年のインタビューで、アップルは急速に成長しなければならない、だが「目的はお金ではない。そんなものはわれわれにはなんの意味もない」と語っている。アップルの目的はもっと高いところにあると彼は言い「アップルでは社員は一日一八時間働いている。この会社には普通とは違う人たちが集まってくる……自分の限界を超えた力を発揮して、世界を変えたいと熱望する人たちだ……いま、アップルにはそれをするチャンスがあると思う。だが、その先に何があるかはわからない。わかっているのは、いまここにいるわれわれよりずっと大きい何かがあるということだけだ」と語っている。[13] 結局、アップルの市場価値は、ジョブズが一九八五年に設定した控えめな数字をはるかに上回り、彼が亡くなった直後の二〇一一年には、世界でもっとも高い時価総額を持つ上場企業となった。しかしそんなことは「なんの意味もない」のだ。

ジョブズが俗世間の言葉で語った自己超越は、精神的見地から勤勉を正当化した古代や現代の議論ともよくなじむ。プラトンが著書『国家』のなかで語った「高貴な嘘」は、神々は人々の魂に金属を埋め込み、それぞれに逸脱してはならない社会的地位を与えたというものだった。[14] また聖書の冒頭部分は、人間の労働に目的を持たせる言葉で埋め尽くされている。たとえば神はエデンの園の手入れをさせるために人間を創造されたが、その人間が神に背くと、神は男女で仕事を分担させ、困難な労苦の人生を送るよう言い渡されたとある。そしてプロテスタントの宗教改革では、農民や商人の仕事が神の摂理にかなった人間社会の設計にどのように関わっているかを説明するために、ジョン・カルヴァンとマーチン・ルターが天職という現代的概念を作り出した。[15] この神学理論は仕事を、その人の魂を救うものではなく、神の命令を遂行するものだと位置付けるものだ。そして今日、「目的」という言葉は、仕事がたんに給料や健康保険といった俗っぽい欲求を満たすだけのものではないことを意味している。つまり漠然とした言い方ではあるが、仕事は仕事以上のものなのだ。

仕事を精神活動——自分を超越したい、より高い現実に出会いたい、満たされたいといった私たちの願望が宿るもの——に転換することこそ、仕事の理想の頂点だが、現代経済で働く人であれば誰でも、それを達成することはできる。そこが産業化時代の労働観と大きく違うところで、人々の仕事がより抽象的で、対人サービス中心になって初めて、仕事は自己超越への道になった。一九六〇年代と七〇年代に、女性が有給労働に就く機会を拡大すべきだと論じたフェミニストたちは、目的の追求をその議論の柱にした。ベティ・フリーダンは画期的な著作『新しい女性の創造』のなかで、自分たちの時代の「女性の、そして男性にも増えているアイデンティティ・クライシス」は、戦後社会の富と豊かさによるものだと論じている。技術の進歩によって物質的生産性の問題が解決したため、労働は無形の何かを得るための手段とならざるをえなかった。「人間にとっての仕事とは」と彼女は続け、「たんに生物学的生き残りの手段というだけではなく、自己を与え、自己を超越するためのもの、人間のアイデンティティと人間の進化をつくるためのものだ」と書いている。[16]

今日、「自己実現」という言葉は、低賃金、低い地位の仕事を語るときのレトリックにさえ登場する。また、「天職」はキリスト教界では依然として仕事の総称であり、「天職」という言葉は実業界のヒエラルキーにおけるすべての地位を神聖化する。そして「愛」という言葉は、すべての産業で労働に意義を持たせるために利用されている。[17] たとえばスーパーマーケットチェーンのウェグマンズは、「あなたの愛することをしませんか?」という広告コピーで、品出しやレジ係を募集している。ここで公平を期すために言い添えておくと、ウェグマンズはつねに、アメリカでもっとも働きやすい企業のひとつに数えられている。[18] それでも、仕事が愛や救済に姿を変えれば、労働者は労働環境のことなど気にならなくなってしまう。理想のために働けば、それだけで報われてしまうからだ。

＊＊＊

アメリカの労働倫理では、労働者が自分の仕事にエンゲージすれば、すなわち愛と熱意を持って真剣に取り組めば、尊厳も人格も目的もすべて手に入るということになっている。また、従業員エンゲージメント(企業と従業員、従業員同士の強い絆)も、収益には好影響をもたらすとされている。アメリカの企業にとって、利益が「聖杯」だとすれば、仕事に愛着と熱意を持って働く従業員は、円卓の騎士であり、根気強く、献身的で心の美しいガラハッド卿〔聖杯を見つけた騎士〕なのだ。労働者を対象にエンゲージメントに関するアンケート調査を行ったギャラップ社は、仕事にエンゲージしている労働者をまるで英雄か聖人について語るような言葉で表現している。

一緒に働くなら、エンゲージしている社員、すなわち意欲が高く、会社に自発的に貢献する社員が一番だ。彼らは協力して組織や制度、機関をつくるし、そのような組織で何かいいことが起こるとすれば、それはかならず彼らの働きによるものだ。こういった従業員は仕事に積極的かつ熱心に取り組み、全力を注ぐ。仕事の領域をきちんと把握し、結果を出すために新しく、より良い手段を見つけようと努力する。また彼らは、自分の仕事に一〇〇パーセントコミットしている。組織のなかで、新しい顧客を獲得するのは彼らだけだ。[19]

仕事に一〇〇パーセントコミットしている。いったいそれはどんな人なのか？　ギャラップ社の調査を信じるなら、アメリカの労働者の三分の一は仕事に一〇〇パーセントコミットしていることになる。[20]しかし私たちの大半は顧客獲得マニアではないから、こういった数字を報告するときのビジネス・コメンテーターは、仕事に熱中している労働者はわずか三分の一しかおらず、やる気がない労働者は約一五パーセント、そして労働者の大半はもともと仕事に「無関心」で、どうでもいいと思っていると嘆く。[21]経営者やコンサルタントにとって、労働者の三分の二が仕事に真剣に取り組んでいないとするギャラップ社の調査結果は深刻な問題だ。あるビジネス・ライターによれば、やる気のない従業員がいると、欠勤や生産性の低下によって、雇用主は給与の三四パーセントを追加負担することになるという。[22] 別のライターは、そのようなやる気のない労働者を「サイレント・キラー」と呼んでいた。[23] じつは生産性が低く、仕事に無関心な労働者は経営幹部のなかにも潜んでいることがある、とギャラップ社は警鐘を鳴らしている。やる気のない労働者は、他者の時間を無駄にし、業績を破壊することさえあるからだ。ギャラップ社は「熱心な労働者がどんなに努力しても」、「やる気のない人たちがそれをチャラにしてしまう」としている。[24] つまり、そういう労働者は悪役で、ヒーローのミッションを台無しにしているというのだ。

しかしそのようなレトリックは、たんに馬鹿ばかしいだけでなく、非人道的でもある。実際、ギャラップ社独自の基準によれば、アメリカの労働者はほかのどの豊かな国の労働者よりも熱心に働いている、つまり仕事にエンゲージしているのだ。だがもしかしたらアメリカ人労働者のそのような熱心さは、すでに人間の限界に近づいているのかもしれない。いやもしかしたら、「自分は仕事にエンゲージしている」と回答するアメリカ人労働者の割合が高いのは、アンケートに「自分は勤勉だ」と答えたときと同様、たんにそう答えなければいけないと思い込んでいるだけなのかもしれない。ノルウェーの場合、仕事にエンゲージしていると回答した労働者の割合はアメリカのほぼ半分だったが、それでもノルウェーは地球上もっとも豊かで幸福な国のひとつだ。いっぽうシリアはもっとも貧しい国のひとつだが、貧しさの理由はおもに内戦のせいで、二〇一三年の従業員エンゲージメントが〇パーセントだったせいではない。[25]

私がこの身をもって経験したように、仕事に熱心に取り組むことで、人生が破壊されることもある。

不適切な環境下、つまり典型的なアメリカの職場で仕事に熱中せよと文化的に強制されれば、どうしたってバーンアウトを引き起こす。私がクリスティーナ・マスラークのように、バーンアウトの症状がない状態を仕事に「エンゲージしている」状態と呼ばないのもそのためだ。また、仕事にエンゲージしていないからといって、その労働者がかならずしもバーンアウト・スペクトラム上にいるというわけでもない。もしかしたらその労働者はたんに、仕事への期待を比較的低く抑えるなど、仕事の理想と現実を一致させるすべを見つけただけなのかもしれない。たとえ心理的には八〇パーセントしか仕事にコミットしていなくても、その労働者がまあまあ有能なら、まったく問題はないはずだ。明日の仕事に向き合う気力がわかない、あるいは私の場合のようにレポートの採点や講義の準備ができないなど、バーンアウトした労働者が感じる消耗感は、仕事に入れ込みすぎたことが原因だ。そしてその消耗感が生じるのは、仕事を人格的なものとして捉えていた労働者が、じつは雇用主の優先順位は非人格的で冷たいものだ、という事実に直面したときだ。

たしかに、仕事にエンゲージすることが充実感につながる人はいる。医師や編集者、大学教授を生業とする私の友人のなかにも、熱心に働き、仕事を愛し、活躍している人たちは多い。特に外科医などはほかの職業よりも本人の充実感が高いように見える。一般に医師という職業はバーンアウトしやすい職業だが、外科医はほかの職種と比べても報酬はもっとも高い部類に入るし、仕事の満足度も高く、意義も高い。[26] また、外科医の仕事は難しく、重要で、自分が命を救った相手が誰かも具体的にわかる。だから一歩下がって自分の仕事を客観的に見れば、自らの仕事に深い満足感を覚えるはずだ。

だが、仕事にエンゲージするとは、自分の仕事を一歩下がって客観的に見ることではない。エンゲージするとは、没頭して、我を忘れてしまうことだ。外科医は手術のような繊細な手技をするとき、「フロー」という状態を経験する。それは、困難だがやりがいのある活動、日常的かつ漸進的に反応と見返りが得られる活動をするなかで我を忘れる状態だ。心理学者のミハイ・チクセントミハイによれば、フロー状態にある人は外の世界も自身の身体的欲求も遮断し、寝食も忘れて、これぞと思ったことだけに没頭するという。それはまさに、コンピューターゲームのデザイナーが作り出そうと目指す没入状態だ。その状態になると、プレイヤーはゲームを中断できなくなり、「あともう一回」、「レベルがもう一段上がるまで」とゲームを続け、気がついたら午前三時、手元にはスナック菓子〈ドリトス〉の袋が食べかけのまま転がっているということになる。

フロー状態に入ると、外科医は手術と一体化し、外科医と手術は区別がつかなくなる。ゲームはフロー状態を誘発するためのものだが、じつはフロー状態がもっとも起こりやすいのは仕事中だとチクセントミハイ考えている。なぜなら仕事には「目標、評価、規則、挑戦のすべてが組み込まれており、そのすべてが労働者に、仕事に関われ、集中しろ、没頭しろと促すからだ[27]」。彼が調査した模範的な労働者たち――農業労働者、溶接工、調理人など――は、「仕事に没頭して我を忘れることで、その自我をいっそう強化することができた。そしてそのような変化を経るうちに、仕事は楽しいものになり、自分の精神的エネルギーを投入したことで、その仕事はまるで自分が自由に選んだかのように感じられるようになる[28]」のだという。

チクセントミハイは、フローは幸福を感じるうえで非常に重要だと考えている。彼と共著者のジーン・ナカムラは「フローという経験的レンズを通して見た場合、良い人生とは、自分がしていることに完全に没頭している人生をいう」と言っている。[29] 私もフロー状態の感覚はよくわかる。本書を執筆しているときも、何度かそれを感じたからだ。どうすれば文章が良くなるかを考え、手を入れて実際に原稿が良くなったのがわかると、さらに同じことを次の文章、その次の文章にも行っていく。そう、これこそがチクセントミハイの言うフローだ。また、向学心にあふれる学生たちと、率直かつ興味深い対話をしているときの感覚もまた、これと同じだった。

フローは驚くほど万人に共通で、外科医や大学教授でなくてもその状況を体験することはできる。チクセントミハイは「自己目的的性格」、つまり仕事ですぐにフロー状態になり、そうなること自体が目的になってしまう性格を持つ人の例として、溶接工のジョー・クレーマーという人物を挙げている。ジョーは小学校四年生までの教育しか受けていなかったが、勤め先の鉄道車両製造工場にある機器すべてを修理することができた。彼は、自ら機器の故障を見つけて（チクセントミハイはこの点を特に強調していた）、修理していた。そうやって自分の仕事を自己目的的体験にしたおかげで、ジョーの人生は「自分では変えることのできない不毛な現実に縛られた生活を送る人の人生より、ずっと楽しいものになった」とチクセントミハイは語る。[30] 彼の同僚はみな、ジョーのことを余人に代えがたい存在と言っていた。そんな希有な才能を持つジョーだったが、彼はつねに昇進を断っていた。彼の上司は、ジョーのような従業員があと何人かいたら、工場は業界トップになれるのにと言っていた。[31]

エンゲージメントとフロー、この二つがあれば、大きなコストをかけなくとも生産性を大幅に上げることができる。だからこそポスト工業化時代の経営者たちにとってこの二つの概念は非常に魅力的だった。現在のビジネス原理では、従業員は負債でしかない。追加でもうひとり従業員を雇うことはリスクでしかないのだ。だとしたら、現在いる従業員にもう少し頑張ってもらえばいいじゃないか、と経営者たちは考えた。アンケート調査やワークショップや空港の書店に並ぶベストセラー本を通じて、労働者たちに「仕事に熱心に打ち込めば幸せになれる」と信じ込ませればいい。そして、幸せになるだけでなく、ジョー・クレーマーのように労働の聖人のひとりにもなれるぞ、と労働者に吹き込もう、と彼らは考えたのだ。

＊＊＊

しかし、いち労働者が自分が雇用主にとってジョーと同じくらい価値のある存在かどうかを知るのは難しい。この新自由主義の時代では、どんなに優秀な人材でも経営側に嫌われれば前触れもなく解雇されてしまうからだ（だから、ひとりの雇用主に依存しなくてすむ「ひとり親方」になる必要が生じる）。また、仕事にエンゲージする従業員を尊重する仕組みは、従業員に不安も与える。だから彼らは、その不安を抑えるためにより熱心に働くのだ。終身在職権のある大学教授のように終身雇用が保証されている労働者でさえ、アメリカの不安定な労働環境に蔓延する不安に飲み込まれ、自分の地位をあれこれ思い悩むほどだ。だから私たちは、自分の価値を確認するために仕事に戻りつづける。だが不安を鎮めるためのそのような行動もまた、私たちの心をむしばむ毒になる。不安を抑えるために、私たちは適切な報酬も裁量権もなければ、公平性も、人間同士のつながりもなく、自分の価値観とも矛盾する環境のなか、さらに過剰に働くからだ。そしてこのような状態で身動きがとれなくなってもまだ、私たちは自分の理想を必死に守ろうとする。そうやっていくうちに私たちは消耗し、シニカルになり、無力感に苛まれるのだ。良い人生を目指して働いているのに、なぜか仕事は私たちの人生をさらに悪化させていく。

　資本主義に不安はつきものだ。これを大前提としているのが一九〇五年にマックス・ヴェーバーが著した『プロテスタンティズムの倫理と資本主義の精神』であり、この本は今日でも、私たちの労働倫理を支える考え方を見事にとらえている。この本でヴェーバーは、現代の私たちが逃れることのできない金、仕事、尊厳についての思考様式を、ヨーロッパのプロテスタントたちがどうやって作りあげたのかについて語っている。ヨーロッパ社会も北米社会もいまやすっかり世俗的になっているが、そんなことはあまり重要ではない。プロテスタントの考え方はいまだに私たちのなかにあり、無神論者でさえプロテスタント的な考え方をしているからだ。プロテスタントの先人たちは、はからずも自分たちのために、そして私たちのために知的な「鉄の檻」を築いたのだ。[32]

　ヴェーバーは資本主義を「巨大な秩序界《コスモス》」と考えていた。[33] ちなみにこれは褒め言葉だ。彼に言わせれば、資本主義は包括的な経済的、道徳的秩序であり、人間が作ったもっともすばらしいもののひとつだ。だがその秩序のなかにいる私たちには、その存在がほとんど見えない。その秩序の規範があたりまえすぎて、まるで空気のようだからだ。それでも資本主義は、「ビジネスに直接関与している人だけでなく、この仕組みのなかに生まれたすべての人々の生活様式を、強力な力で決定する」と彼は言う。[34] 私たちは、「適切な」幼稚園に行くことから、生産的な仕事に従事し、死の床で医療を受けるまで、生きているあいだにさまざまなことをする。だがそのような行動をするのは、その行為のどこかで、誰かがかならずお金を儲けているからだ。したがって資本主義の秩序のどこに参加していようとも、資本主義の秩序はあなたに選択を強いる。資本主義の倫理観を採用するか、それを受け入れずに貧困と軽蔑を受け入れるかの選択を迫るのだ。

学者だったヴェーバーは、商業活動に関わることはなかったが、それでもほかのビジネスマン同様、彼自身もその鉄の檻にとらわれていた。『プロテスタンティズムの倫理と資本主義の精神』を発表する前の五年間、彼は神経衰弱に苦しんだ。熱心に学生の指導と研究に取り組んでは、心身を病み、治療を受け、健康を取り戻すために休職するというサイクルを何度も繰り返していたのだ。たとえ回復して復職しても、体調はまた悪化し、仕事を離れてふたたび治療を受けるといった調子だった。妻のマリアンネはのちに、当時の彼のことを「邪悪で嫉妬深い神々に悩まされる、鎖につながれた巨人だった」と書いている。[35] 彼はいらだち、落ち込み、自分は役立たずだと感じていた。学生の論文を読むことさえ、耐えきれないほどの負担だった。[36] 結局、彼は大学を二年間休職したのちに辞職し、三六歳で非常勤の教授となり、ゆるい学究的環境に身を置いた。[37] 私もヴェーバーと同じだとはおこがましくて言えないが、それでも彼の経験には励まされた。ヴェーバーは職業的には崩壊したが、それですべてが終わりにはならなかったからだ。大学を辞めたあと、彼は自身の仕事のなかでももっとも影響力を持つことになる仕事に着手したのだ。

プロテスタントの倫理観、それは基本的には信者が宗教上の不安に対処するために自分自身にかける心理的トリックだ。ヴェーバーによればこのプロテスタントの倫理観は、予定説を提唱したことで知られる一六世紀の宗教改革者、ジョン・カルヴァンの神学理論に由来するという。予定説とは、救済される者はあらかじめ神に「選ばれて」おり、それ以外の人々は滅びることが決まっているという考え方だ。神はこれを無条件に、そして通常の時間の経過の外で行う。また、誰かの最終的な運命について、神がのちに判断を変えることもない。それは神が完全な存在であるからで、判断を変えればそれは不完全を意味することになるからだ。救済される者として誰が選択され、誰が選択されなかったかを知っているのは神だけだ。しかし当然ながら人間はそれを知りたがる。カルヴァン主義の神学理論では、善行で救済を購うことはできない――神の恩寵に値するようなことをするのは不可能だ――が、善行が選択のしるしになることはある。つまり、神に選ばれた者は、その祝福された地位の結果として善行を行うのだ。したがって、もし自分が選ばれているかどうかを知りたければ、自らの行いを顧みて、清廉か、それとも罪深いかを見極めることだ。

　それを知るためには、自身の行動が社会の繁栄に貢献しているかどうかを考えなければいけないとカルヴァン主義者は考えた。神は自身が創造した世界を気にかけてはいるが（摂理と呼ばれる考え方だ）、直接介入をするのではなく、人間にさまざまな「使命」を与え、彼らを通して自身の意志を遂行する。そのような神にとって、労働する人間は自らの手だ。人間の労働者は神の手であり、ヴェーバーが言うように「社会に有益な仕事をすること、それは神の栄光を高めるものであり、神の意志によるもの」なのだ。[38]ゆえに自分は選ばれたという確信を得るためには、自分が天職を通じて自身やコミュニティを豊かにする生産的存在になっているかどうかを知る必要がある。

　二一世紀の豊かな国に住む世俗的な人々は、自分が神に選ばれているかなど、ほとんど気にしない。だがそれでもなお、私たちはカルヴァン主義のあの檻に囚われている。私たちが雇用主になるかもしれない相手や自分自身に対して、自分は才能豊かで、自己目的的性格であり、労働者の模範のような人間だとアピールするのもそのためだ。しかし神による選択と同じで、そのような存在になるための条件は抽象的だし、自分がそれを満たしているかも断言できない。だから私たちは、自分がその条件を満たしていると他者から認めてもらい、雇用を維持したいと願うのだ。[39] したがって自分の地位に対する不安が高じると、私たちは宗教的文化遺産に救いを求める。そう、勤勉に働いて不安を癒やそうとするのだ。たとえばミレニアル世代のイギリス人広報担当者、トリステン・リーは、自分は長時間働き、睡眠も、休みらしい休みもじゅうぶん取れず、高すぎる家賃にあえいで、もうボロボロだと訴える。彼女は「身も心も仕事に捧げている」と言い、「ある程度のレベルの成功と収入を手に入れようと必死で、人生を楽しむことを忘れてしまった」と語る。ジャーナリスト兼作家のアン・ヘレン・ピーターセンが言う「雑用疲れ」こそが、自分のいまの自分の状態だ、と彼女は言い、「銀行に行く、借りた服を返すといった、たいしたことのない用事でさえ、もう無理と感じ始めている」と嘆く。[40]

リーは、自分の存在を「証明しなければいけない」と感じているが、同時に「でも誰に対して？」という疑問も覚えているという。ヴェーバーなら、「あなた自身に対してだ」と言うだろう。リーのこの経験は、二一世紀になってもいまだに残る、一六世紀のカルヴァン主義神学理論の影響だ。働いている自分のことしか評価してくれない社会の判断を内面化してしまった彼女は、自分の価値を確認して安心したいのだ。けれど完全に安心できる日などけっして訪れない。なぜなら、現代の労働思想では、たとえ何かを達成しても、その成果より、次の成果に向けた、たゆまぬ努力のほうが重視されるからだ。

「じゃあ、最後はどうなるんです？」とリーは尋ねる。「絶え間なく続くこの苦しみはいつ終わるんです？　私たちはどの時点で人生に満足し、ああ、やっとここまで来た、私はほんとうによくやった、と思えるのでしょう？」[41] だが残念ながら、そのような日は来ない。それが、あの鉄の檻に囚われているということなのだ。

＊＊＊

ヴェーバーが『プロテスタンティズムの倫理と資本主義の精神』を発表した四〇年後、戦争で破壊され、競合する二つの経済体制によって分断された彼の祖国は、政治経済の自然実験を開始した。しかしドイツの哲学者、ヨゼフ・ピーパーには、資本主義も共産主義も共通の倫理的欠陥を抱えているように見えた。どちらの主義も、彼が「トータル・ワーク」と呼ぶ、仕事がすべて、という状態をつくりだしていたからだ。[42] ピーパーは、もしヨーロッパがこれに抗わなければ、大陸の新しい文化は「トータル・ワーク」に乗っ取られてしまうと考えた。一九四八年の著書『余暇　文化の礎（Leisure, the Basis of Culture）』で彼は、「ひとつ確実に言えるのは」と切り出し「いまや〈労働者〉の世界が恐ろしい勢いで形成されつつある――その善し悪しは別としても、歴史上悪魔的な勢いと言いたくなるスピードでそれは進行している」と書いている。[43]

悪魔は人間の価値観をひっくり返す。そうすることで悪魔は、私たちが生きるために働くのではなく、働くために生きるように仕向けるのだ。そして労働こそが最高の活動であり、唯一の価値は使用価値、すなわち会計士たちが帳簿に記録するタイプの価値だと私たちに信じ込ませる。悪魔は私たちに、自分は末端の労働者であり、仕事上の行動によってのみ定義される存在だと思い込ませる。こうして悪魔にとり憑かれた私たちは、詩から信仰に至るまで、明らかな使い道がないものすべてを貶めるようになる。ピーパーは「人間の活動や存在のうち、五カ年計画やその技術的組織に組み込まなくても正当化できるものなどあるだろうか？　そんなものが、ほんとうにあるのか？」と問いかける。[44]悪魔は私たちに「ない」と答えさせ、その結果、私たちは自らの人間性を失ってしまうのだ。

その悪魔は二一世紀の社会にも住んでおり、それは私たちの使う言葉からもうかがい知ることができる。実際、賞賛に値する活動はすべて、仕事がらみの言葉で表現される。たとえば私たちは子育てを「世界で一番きつい仕事」と言う。[45]また教育も、私たちはほぼ完全に労働の観点で考えている。たとえば友人から聞いた話では、一年生の娘の学校からの手紙には、「時間通りに始めることが大切です。私たちは子どもたちを労働力として育てていますと書かれていたという。[46]幼稚園に通う娘を持つ別の友人は、幼稚園では毎日、担任教師が子どもたちに「勤勉は……報われる！」とコール・アンド・レスポンスで唱えさせていると言っていた。また、学生が大学に行く理由のトップは「いい仕事に就くため」だそうだ。[47]私たちは結婚生活を「大仕事」と言うし、死でさえも労働だ。スティーヴ・ジョブズの妹は彼を追悼するスピーチで、死が近づいたときのジョブズの息づかいは「激しく、意識的で、ひたむきでした……そしてわかったのです。兄は死に対しても真剣に取り組んでいるのだと。兄はただ死んだのではありません、兄は死を成し遂げたのです」と語っている。[48]

生活のあらゆる側面が仕事に変容する「トータル・ワーク」の社会に生きる私たちは、簡単に手に入るものに対してつい、疑いの目を向けてしまう。お金はもちろん、洞察力も喜びも、すべてのものは苦労して手に入れなければいけないと思っているからだ。スティーブ・ジョブズの場合のように、死でさえも簡単には手に入らない。ゆえに仕事にしか価値を感じない人は「何かをプレゼントされることを嫌がる」とピーパーはいう。[49]生産性のない時間は無駄だ。だから私たちは休息することを「セルフケア」

と呼んで正当化する。休息は仕事がすべての精神に反しているように見えるが、実際には、きつい仕事をこなすための体力を維持する手段であることが多い。ピーパーは「たとえ一時間、あるいは一日または一週間でも、仕事中にとる休憩は仕事のうちだ。それは実用的な機能の鎖の輪のひとつだ」と言っている。[50] テック系スタートアップは、ゲームルームや仮眠用簡易ベッドを備えた「楽しい」職場を用意しているところが多いが、じつはこういった環境も娯楽のためではなく、社員を延々と働かせるために作られているのだ。

仕事へのこの執拗なまでの執着は、私たちの仕事量を増やすだけでは終わらない。仕事で身についた習慣は、人間の発揮できる能力の幅を狭め、仕事が育むとされている道徳的な成長をも損なう。一八世紀の工場労働は人々をたんに機能を果たすだけの存在に変えてしまった、とアダム・スミスは言っている。『国富論』の冒頭で彼は、生産ラインの労働者が同じひとつの動きを一日中繰り返しているピン工場の生産性に驚嘆している。[51] だが、そのような仕事を延々と続ければ、やがてそれが人格になること、それも多くの場合悪い人格になることに彼は気づいていた。

いくつかの単純な作業をするだけで一生を過ごす人間は……知性を発揮する機会がない……その結果、当然ながら彼はそのような能力を発揮する習慣を失い、たいていは、人間としてこれ以上考えられないほど愚かで無知な存在になる……ゆえに彼の仕事での見事な能力は、知的、社会的、軍事的美徳を犠牲にして得られているように思える。[52]

事情は、今日の「知的労働者」にとってもそう変わらない。一流のコンサルティング会社や金融会社は若い従業員に長時間労働を求める。[53] 若い従業員たちは、最初のうちは一週間に八〇時間の勤務態勢でも、効率的に働くことができる。しかし数年も経つと、心身は悲鳴をあげはじめる、企業文化の専門家、アレクサンドラ・ミシェルは「技術的スキルや計算能力が落ちるということはありません」と言う。「けれど創造性や判断力、そして道徳的な感度が落ちていくのです」[54]

ミシェルの研究は、バーンアウトが道徳的問題であることを浮き彫りにし、悪い労働環境で誤った理想を追求してしまうと、道徳的に生きるうえで不可欠な共感力などの人間的能力が損なわれることを明らかにした。そういった能力の幅が狭まると、欲望の幅も狭まるとピーパーは考えていた。従って彼は、機能を果たすだけの人間は、「自分の仕事に完全に満足する傾向があるため、自分は充実した人生を送っていると錯覚し、それを喜んで受け入れる」と書いている。[55] 仕事がすべてになれば、仕事は私たちの時間を奪うだけでなく、精神も支配する。私たちは仕事を通してしか、自身を理解できず、人間性も表現できなくなるのだ。つまり、バーンアウトする前から、私たちは自分のアイデンティティや良い人生を送る能力の多くを失ってしまうのである。

＊＊＊

プロテスタントの倫理観――そしてアメリカの労働の理想――をもっとも熱狂的に信奉した人物に、教育者のブッカー・T・ワシントンがいる。彼の人生と教えは、私たちを含め、その倫理を受け入れた人すべてが直面する可能性とリスクを示している。一八五六年に奴隷として生まれたワシントンは、産業教育と勤勉の重要性をひたすら追求し、アラバマ州に黒人学生向けの実業学校、タスキーギ・インスティテュートを創立。二〇世紀に入るころには、同校は世界的にその名を知られる存在となった。今日のシリコンバレーのCEOたちと同様、ワシントンもあらゆる場所で労働の尊さを世俗的な言葉で説き、人種差別の被害者たちがその状況を改善する手段は、熟練の技と勤勉さに裏打ちされた労働しかないと主張した。彼はまた、自身の説を自ら実践もしたが、それは「トータル・ワーク」の精神を自己否定に至るまで煽った、悲劇的な例でもある。

彼の哲学の中心にあったのは、一九〇一年の彼の著書『奴隷より立ち上がりて』でも繰り返し説かれている「法則」、すなわち「肌の色に関係なく、人間にはその人の功労を認め、それに報いようとする性質がある」という考え方だった。[56] 勤勉に働いてコミュニティの物質的ニーズに応えれば、かならず報いが得られ、そうやって善行を積んでいけば、やがてはあの鉄道列車工場のジョー・クレイマーのように余人に代えがたい存在になると彼は考えていた。[57] もとより、もののわかった経営者なら、価値のある従業員をクビにしたりはしないし、そもそも熟練の労働がもたらす成果に肌の色は関係ない。だから、南北戦争後の南部で黒人が市民としての地位を確立するには、仕事を学ぶことこそが最善の策だとワシントンは考えたのだ。そこで彼はタスキーギ・インスティテュートのキャンパスにレンガ工場と荷馬車の製造所を作り、できあがった製品を近隣の人々に販売した。ワシントンによれば、タスキーギ大学の黒人職人と白人顧客のあいだでは公正な取引が行われ、これにより人種間の緊張は和らいだという。こうして大学は利益を上げ、近隣の白人は良質のレンガと荷車を手に入れ、学生たちは労働がもたらす最高の報酬である自立を、「世間が求めることをして」獲得した。[58]

しかしワシントンが掲げる自立という理想には矛盾がある。他者が求めることをして報酬を得るのであれば、そもそもそれは自立とは言えない。なぜなら、その仕事は気まぐれな市場の嗜好に依存しているため、もし市場の嗜好が変われば暮らしはたちまち崩壊してしまう。つまり、自身の尊厳や自身の価値に対する自信が、他者の手に委ねられていることになるのだ。また、良い仕事をするだけではじゅうぶんではなく、つねにつきまとう「それを気に入ってもらえるだろうか？」という不安にも対処しなければならない。そしてポスト工業化時代の労働者はその大半が対人労働に従事しているため、製品は私たち自身であり、心配は「私を気に入ってもらえるだろうか」になる。

ワシントンはつねに不安を抱えていたが、特にタスキーギ・インスティテュート設立当初は心配のしどおしだった。表向きは資金の心配だったが、彼にとって大学の財政を維持することにはもっと大きな意味があった。「もし大学が失敗したら、我々の人種全体に傷がつくとわかっていた」と彼は書いている。「成功の見込みが薄いのはわかっていた」と言う彼は不眠に苦しみ、そのストレスについて「私たちにのしかかる重荷は、一平方インチあたり一〇〇〇ポンドはあるかに思われた」と書いている。[59] ワシントンはつねに国中をとびまわり、ボストンのエリートや裕福な実業家から資金を集めていたが、その理由は学校の目的達成のためであると同時に、自身の不安を抑えるためでもあった。彼のこの行動はまさに、宗教的な不安が働くことの原動力になるというヴェーバーの説の実例だろう。けれどワシントンが心配していたのは自身の魂の救済よりも、彼がアフリカ系アメリカ人の象徴と考えていたタスキーギ・インスティテュートの成功だった。

一九〇四年にはマックス・ヴェーバーと妻のマリアンネがタスキーギを訪れたが、そのときもワシントンは資金集めの出張中で、夫妻に会うことはできなかった。[60] ワシントンはそうやって全国をとびまわっていても、大学の運営に手を抜くことはなく、学内の活動に関する細々としたことから、学食の食事の調理法といったことまでを逐一、電報で報告させていた。[61] そんな彼の努力は報われ、北部の慈善家から小切手が届くたびに「私の肩の重荷が一部、取り除かれた気になった」と彼は書いている。[62] 取り除かれた重荷が「一部」なのは、寄付金をいくら集めても、利益や業績をどれだけあげても、もうじゅうぶんとはいかないからで、それは神の栄光をいくら讃えても讃えきれないのと同じだった。同様に、アメリカの労働倫理は働くことで自分自身を証明しろと迫るが、一回でその証明が終わることはなく、翌日になればまた同じことをふたたび繰り返さなければならないのだ。

仕事を通じて自分の存在価値を示せと絶え間なく求められることで、「トータル・ワーク」の社会が生まれ、それがポスト工業化時代の理想的とは言えない労働状況とあいまって、バーンアウト文化をつくりだす。それでも前進を続けるには、自分はなくてはならない存在だと自らに言い聞かせなければならない。そしてこれもまた、例の労働倫理の檻を構成する鉄の棒のひとつなのだ。ワシントンの場合は後援者たちが彼の働きすぎを心配して、ヨーロッパで長期休暇をとらせようと考えた。最初のうちワシントンは、自分は行くわけにはいかない、「大学の出費は日々増えつづけ、私にかかる負担はより大きくなっている……私がいなかったら、大学は財政的に立ちゆかない」と抵抗した。[63]

こういった姿勢は、現代のアメリカ人労働者、ワシントンのように組織全体を運営しているわけでもない普通の労働者にもよく見られる。Ｃｏｖｉｄ－19のパンデミック以前、アメリカ人労働者は毎年、有給休暇の日数の半分しか休暇を取っておらず、たとえ休暇中でも約三分の二の人たちは働いていた。

また、パンデミックが始まった最初の数ヵ月は、さらに有給休暇の取得が少なかった。[64] アンケートで理由を尋ねると、その多くは、一〇〇年以上前のワシントンが口にしたのと同じ理由をあげていた。回答者の三分の一は自分が休暇中に働くのは「仕事が遅れるのが怖い」からと答え、別の約三分の一は自分の代わりに仕事をしてくれる人がいないと言い、五分の一以上が「自分は会社に全身全霊を捧げているから」と答えていた。[65] 個人資産管理のブロガー、サラ・バーガーは、ミレニアル世代の労働者は有給休暇をほとんど使わずにいるが、それは「権利意識が強い、または怠惰だといった自分たちの世代に対する固定観念を払拭するために、何かを証明しなければと感じている」からではないかと推測している。[66] では、その目に見えないものを、彼らは誰に対して証明したいのだろうか　上司に対してか、それとも自分自身に対してだろうか？　これは問う価値のある疑問だろう。また、必要不可欠な存在になりたいという感覚が、彼らのエゴから来ているのか、それとも雇用の不安定さから来ているのかはわからないが、この鉄の檻に囚われている人たちがほんとう恐れているのは、自分がいなくても学校や店舗、会社がちゃんと機能するという事実だ。自分がいなくても会社がまわるかどうかは、そこからいったん離れればわかる。しかし休暇を取らなければ、彼らはそれを知らなくてすむというわけだ。

最終的に、ワシントンは後援者たちの説得に負け、休暇をとることになった。「どんな言い逃れもきかなかった」と彼は書いている。[67] ベルギーのアントワープに向かう船上で彼は、一日一五時間眠った。長年にわたり毎日、タスキーギと電報で連絡をとりつづけていた彼にとって、この一〇日間の航海は、大学との連絡が遮断された初めての経験だった。大学の食堂のメニューを知らずに過ごすのは、さぞや落ち着かなかったことだろう。電子的コミュニケーションから遮断はされたものの——これは現代の私たちにはありえない試練だ――、ワシントンはすぐに仕事をする方法を見つけだした。まずは、ほかの乗船客（つまり、寄付が見込める人たちだ）に請われて、船上でスピーチを行った。また、ヨーロッパに着くと、要人たちと面会してさらにスピーチをし、人種間の平和を達成する手段としての産業教育について熱弁した。オランダでは「視察したことをタスキーギで活用できないか」と考えながら酪農場を巡った。[68] 慣れ親しんだ場所から遠く離れ、異なる環境に放り込まれても、ワシントンはなんとか適応した。自身の価値や目的に迷いが生じても、労働の重要性を信じる強い心でその迷いを振り払ったのだ。

もし従業員エンゲージメントの教義が「仕事の聖人」になることを理想に掲げているのであれば、トータル・ワーク体制は自らの犠牲を顧みずに生産性の最大化を目指す「仕事の殉教者」を理想にしていると言える。仕事の殉教者は、ピーパーが言っていた末端労働者によく似ている。そう、自ら喜んで苦労を買って出る、あの末端労働者だ。[69] ワシントンの理想もまた同じだった。彼が考える最高の労働者とは、仕事をするうちに「我を忘れる」労働者、「完全に自分をなくして」しまうことさえある労働者だ。[70] まるで依存症患者のように聞こえるが、ワシントンはそのような労働者のことをイエス・キリストの自己犠牲を表す聖書の言葉と結びつけて考えていた。たとえば彼はヴァージニア州のハンプトン学院の院長、白人のホリス・フリッセル博士のことを、大義のために「絶えず」、「自分を低く」していたと書いている。[71] この「自分を低く」という言葉は、欽定訳聖書の「ピリピ人への手紙」二：七に出てくる言葉で、この箇所の現代語訳によると、パウロはイエス様が「その偉大な力と栄光を捨てて奴隷の姿となり……さらに自分を低くし、まさに犯罪者同様に、十字架上で死なれた」と言っている。[72] そう、これこそがワシントンが思い描く、アフリカ系アメリカ人労働者のあるべき姿なのだ。

ワシントンが理想とする、仕事に殉教する労働者は、あの自己目的的な溶接工、ジョー・クレイマーが体現する現代の仕事の聖人とほとんど変わらない。ジョーのようになるためには、労働者は自身の仕事に完全にコミットする必要がある。仕事に没頭し、寝食も忘れるのだ。もちろんそんなことは非人道的であり、やがて労働者は身体を壊し、それ以上「熱心には取り組め」なくなる。すると、全力を尽くして必要なことをすべてした彼らは尊敬されるが、それと同時に非難の対象にもなる。雇い主が誰かを解雇する場合、バーンアウトした労働者以上に解雇を正当化しやすい労働者はいないからだ。また、殉教の仕上げとして、燃え尽きた労働者自らが仕事を辞めることも考えられる。

　私はワシントンに批判的だが、彼を責めることはできない。多くのアメリカ人同様、私も彼と同じように考えているからだ。彼が言っていた、勤勉に働けばかならずふさわしい報いがあるという功労の法則が真実なら、どんなにいいだろうかと私も思う。その理想自体は崇高だ。彼はその理想を学生たちに教えたが、悲しいことに学生たちを取り巻く社会はその法則を守るつもりはなかった。ワシントンが語る理想と、人種差別の激しい南部で学生たちが直面する現実とのギャップはとてつもなく大きくかったが、彼はそのギャップに飛び込めと教えた。そして彼自身もそこに飛び込んだのだ。ワシントンも、勤勉に働けば報われるという法則がまやかしであることは、ある程度わかっていたのだろう。その証拠に、北部の白人向けに書いたベストセラー本には書いていないが、日曜の夜の講義では、苦労はあるだろうし、努力が報われないこともあると語っている。[73] ワシントンの世界で黒人たちが体験した暴力的な迫害は、今日のアメリカ人労働者が遭遇する不正よりずっとひどかった。だがそれでも、尊厳は労働によってかならず手に入るという約束はいまだに変わらない。そんな虚ろな約束のために、私たちは理想と現実のギャップに足を踏み入れ、そのギャップに落ちまいと無理をしつづけているのだ。

＊＊＊

本書は、大学教授という憧れの職に就き、終身在職権まで得た私がなぜ仕事への意欲を失い、何もできなくなってしまったのかを理解したいという私の個人的な思いから始まった。そしてこの思いをきっかけに、私はバーンアウトを巡るさまざまな文化的理解について調べ、一九七〇年代に登場したバーンアウトの歴史をひもといた。また、膨大な数の心理学的研究にも目を通し、アメリカをはじめとする豊かな国々の労働環境の悪化についても調査した。そして最後に、そのような現状から、仕事における倫理的、精神的理想がどんどん遠ざかっていく状況についても検討した。

私はそういった理想、すなわち仕事には意義があり、目的があるという高貴な嘘を信じていた。だから自分と大学教授という仕事を同一視し、大学が使命を達成するうえで自分は不可欠な存在であることを必死に証明しようとした。給料は同僚たちと同じでも、自分は彼らよりも良い教育、良い研究、より優れた指導力を大学に提供していると証明しようとしたのだ。しかし、自分は生産性が高く熱心な教員だという誇りは、不公平な状況のなかで徐々に怒りに変わっていった。自分は彼よりずっと大学に貢献しているのに、同じ給料しかもらっていない！　という怒りだ。その後も、大学や学生は私の価値をわかっていない、と証明するために働きつづけ、最終的にはほとんど仕事ができなくなってしまった。私が理想としていた優秀な教授のイメージは、私の意欲の源だった。だがいっぽうでそれがバーンアウトの原因にもなってしまった。なぜならその理想が仕事の現実とあまりにも乖離していたからだ。「仕事の聖人」になろうと頑張って、結局私は「仕事の殉教者」になってしまったのだ。つまり私は現代のバーンアウト文化に生きる典型的な労働者だったというわけだ。私たちの文化は、仕事こそが私たちを繁栄させると説くが、実際には、その仕事が私たちの繁栄を阻んでいるのだ。

この逆説的な問題が明らかになったいま、今度はこの問題をどう打破するかを考えなければならない。そしてポストパンデミックのいまこそが、半世紀にわたって続いてきたこの仕事文化を変える絶好のチャンスだ。この仕事文化を変えるにはまず、仕事に対する新たな理想が必要だ。どのような職場で働いているかに関係なく、すべての人の尊厳に基づいた理想を私たちは打ち立てなければいけない。

第二部　カウンターカルチャー

六章　すべてを手に入れることはできる　新たな「良い人生」像

大学教授になる前、私は駐車場の係員だった。大学の向かいの駐車場で働いていた知り合いが、博士課程を終えたばかりで大学での仕事が見つからなかった私を、上司に紹介してくれたのだ。こうして私はピザ屋の裏の古びたブースで、駐車料金の徴収をすることになった。毎日、私は自分もああなりたいと憧れる教授たちのボルボやＢＭＷの運転席に座り、自分の仕事と彼らの仕事では、天と地ほど違うと感じていた。

とはいえ私はこの仕事を気に入っていた。作業は簡単で、楽しくさえあった。上司は、私たちのことを大切にしてくれたし、仕事が私たちの生活のすべてではないこともわかってくれていた。一緒に働いていたのはみな聡明な大学生や大学院生たちで、全身にタトゥーを入れ、ピストバイクに乗り、ブースでよくわからないハードコアのパンクロックをかけている者もいれば、実際にバンドをやっている者もいた。私はみんなより年上で、タトゥーもなく、あざやかなブルーのホンダシビックに乗り、キルケゴールを読んでいた。職場ではみなが私を「ローマ教皇《ポープ》」と呼んでいたが、それは彼らにとって、宗教学の博士号を持つ私はもっとも身近な宗教的権威だったからだ。この〈ザ・コーナー・パーキング・ロット〉で働いていた年、私は自分と同様にまだキャリアの先が見えずにいたある女性と知り合い、恋に落ちた。夜勤の私に、コーヒーや菓子パンを差し入れてくれたその女性が現在の妻だ。

私がこの社会的地位の低い仕事で感じていた幸せと、終身在職権のある教授職で味わった惨めさを比較すると、バーンアウト文化を終わらせるための方法が見えてくる。若いころの私は、大学教授にさえなれば労働者としてだけでなく、人としても満たされると思っていた。教授という仕事が自分のアイデンティティになり、天職になると思っていたからだ。そのような期待がかなう仕事などまずないが、大学教授になればそれがかなうと当時の私は信じていた。だが当然ながらそうはいかず、私は何年ものあいだ必死に頑張ったあげく、失望と虚しさが限界に達して仕事を辞めることになった。

これとは対照的に、駐車場の係員だったときの私は、仕事にそんな高邁な理想など抱いていなかった。ただ、家賃を払うことができる楽な仕事ぐらいにしか思っておらず、仕事に「没頭」することなど考えてもいなかった。また、駐車場の係員だったら、「フロー」を経験することなどまずありえない。ブース内で駐車料金を受け取る仕事には、進歩につながる挑戦などないし、時間がたつうちに仕事の腕が上がるということもない。反応があるとしたら、駐車場代を踏み倒そうとしてかみついてくるドライバーぐらいのものだ。駐車場で働いていたとき、飲食も忘れるような「ゾーン」に入ったことなど一度もなかった。というより、ブースにいた時間の大半、そして同僚とのおしゃべりの大半は、その日のランチを決めることに費やされていた（たいていはピザだった）。作業に没頭すれば、仕事の生産性や労働者の充実感は高まるとされるが、駐車場係の仕事には没頭するような要素などまったくなかった。でも、最高の仕事だったことは間違いない。

つまり逆説的ではあるが、仕事に没頭することがなかったからこそ、駐車場で働いていたころの私はあんなに幸せだったのだ。あの仕事は、仕事に倫理的あるいは精神的意義を持たせようとする考え方を、徹底的に拒絶していた。仕事をすれば、尊厳や人格の成長、あるいは目的意識が得られるという約束もなく、良い人生の可能性がちらつかされることもなかった。駐車場の仕事で充実感を得ることができなかった私は、仕事以外の場所でそれを探さざるをえなかった。そして、文章を書くことや友情、恋愛に充実感を見いだしたのだ。

駐車場の仕事が良かったのは、私の人としての成長を邪魔しなかったという点だけではない。私がこの仕事に対して抱いていた理想は低かったが、労働環境はかなり良かったのだ。報酬は妥当だったし、一緒に働く仲間ともすぐにうちとけた。上司は私たちを信じて仕事を任せてくれたし、仲間同士も互いに信頼しあっていた。たとえば駐車場の近くに来たら、ブースに寄って、シフト中の仲間がコーヒーブレイクや休憩を必要としていないか、あるいは話し相手をほしがっていないかをチェックする、という不文律を全員がしっかり守っていた。ときには駐車券の有効期限や、車を一晩駐車したときの料金を巡ってお客ともめることもあったが、なじみ客との気楽な会話はそれ以上に多く、毎日、車の窓を開けて交わす三〇秒のやりとりが、何カ月間も続くこともあった。私が働いていた駐車場の係員を記録したドキュメンタリー映画『ザ・パーキング・ロット・ムービー』では、客とのもめ事や仕事によるバーンアウトの可能性が強調されていたが、私の経験はあの映画を撮った監督、メガン・エックマンが描き出したものよりは、全体的にずっと良いものだった。[1]

私は一介の労働者でしかないから、自分個人の経験だけで、仕事そのものについて過大な結論を引き出すことには慎重になりたい。しかし大学教授と駐車場の係員という二つの仕事をした私の経験は、これまでの調査で明らかになったバーンアウト・モデルと一致する。つまり、私たちが仕事に持ち込んだ文化的理想が、私たちのバーンアウトに大きく影響しているのだ。

今日、多くの労働者がバーンアウトのリスクにさらされているのは、一九七〇年代以降、仕事の現実は悪化の一途をたどったにもかかわらず、仕事に対する理想はどんどん高くなったことが原因だ。いまや理想と現実のギャップは、耐えられないほど大きい。ゆえにバーンアウトという病いの流行を止めるには、労働環境を改善すると同時に、私たちが抱く仕事の理想を下げ、理想と現実のギャップを埋めることが不可欠だ。七章と八章では、もっと人間的な環境で仕事をしている人たちのことを紹介していく。しかしバーンアウト文化は仕事の具体的な条件だけでなく、私たちの考え方に起因しているところも大きいため、報酬や勤務体制、支援体制を改善するだけでなく、仕事に対する倫理的、精神的期待も変えていく必要がある。つまり、より良い労働環境を構築するには、その指針となる新たな理想が必要なのだ。

ポスト工業化時代に私たちが持ち込んだプロテスタントの倫理観により、多くの国が巨万の富を築いたが、いま、バーンアウト問題にもっとも悩んでいるのがそういった国々だ。なぜならその倫理観が、仕事の理想を「殉職するまで働く」という破滅的なものにしてしまったからだ。したがってバーンアウトを乗り越えるにはまずその理想を捨て、充実した人生を送るための新たな仕事観をつくりあげて広く共有しなければいけない。それは、プロテスタントの労働倫理に宿る、古いまやかしの約束に取って代わる新たな仕事観だ。その新たな仕事観は、人間の尊厳を賃金労働の代償ではなく、すべての人が無条件に享受できる普遍的なものにするはずだ。生産性よりも自分自身や他者への思いやりのほうが優先されるようになり、私たちは仕事ではなく余暇に最高の目的を見いだすようになる。そのような仕事観をコミュニティのなかで実現したら、あとは共通の規律を通じて仕事をしかるべき位置にとどめ置き、この仕事観を維持していくだけだ。新旧の考え方を結集させたこの新たな仕事観こそが、バーンアウトを過去のものにする新たな文化の礎になるのだ。

私たちはそんな仕事観を速やかに作っていかなければならない。なぜなら今後の数一〇年で、人間の仕事は自動化や人工知能によって大きく脅かされるようになるからだ。いったん人間が限られた役割でしか雇用されなくなれば、バーンアウトの心配はなくなるが、同時に、私たちが仕事の上に築いてきた意義の体系は意味をなさなくなってしまうのだ。

＊＊＊

「良い人生」の新たなモデルを構築するには、働くことで自分の価値を確認しろと私たちを煽るあの高貴な嘘よりもっと深いところに土台をつくる必要がある。そこでまず見直すべきは、労働は尊厳の源であるという大前提だ。この尊厳という言葉はなかなか一筋縄ではいかない言葉だ。「労働の尊厳」が守るに値するものであることは誰もが認めるところだが、バーンアウトという言葉同様に、「労働の尊厳」という言葉にも確たる定義はない。社会学的に言えば、尊厳とは社会のなかで発言する権利、またはその社会のメンバーの一員に数えられる権利を意味している。[2] だが同時に、尊厳はそれ以上のもの、すなわちメンバーとして認められるだけでなく、誇り高く振る舞う能力、他者から尊敬を集める能力を意味することもある。アメリカの政治家が労働や公共福祉政策を正当化するときには、右派も左派もかならず「労働の尊厳」を引き合いに出す。なぜかというと、労働の尊厳という概念は、自分は勤勉だと考える国民の心によく響くからだ。けれど「労働の尊厳」という言葉を聞いてアメリカ人が気を良くしている裏で、当局はそれとはまったく逆の政策を提案している場合もある。労働の尊厳をアピールすることで、バーンアウトにつながる非人間的な労働環境を正当化していることも多いのだ。

労働規制の緩和や、働かない人のための社会福祉保護の縮小を語る際、アメリカの保守派の政治家やライターは労働の尊厳という言葉をよく使う。労働には尊厳があるのだから、最低賃金法など雇用の人工的障壁はなくしたい、というのが彼らの言い分だ。[3]二〇一九年にトランプ政権が公的な食糧支援を受ける成人に就労を義務づける規則を強化したとき、この食糧支援プログラムを担当した農務省の長官のソニー・パーデューは、就労要件を厳格化すれば、「国民のかなりの部分が労働の尊厳を取り戻す」と語った。[4]じつはもっとリベラル寄りの政治家たちも同様のことを言っている。一九九六年、福祉制度の改革案に署名したビル・クリントンは、無条件の公的支援は受給者を「仕事の世界から」「追放して」しまうと語った。さらに彼は、労働は「私たちの生活にかたちと意義、そして尊厳を与えてくれる」とも言っている。[5]たしかに、仕事を持ち、自分自身や家族を養うことができれば労働者は誇りを持てる。けれどパーデューやクリントンのやり方は、賃金を押し下げ、労働者が労働環境の改善を求める力を弱めることにつながる。まるで報酬は、尊厳だけでじゅうぶんだろう、と言っているようなものだからだ。

このように労働の尊厳を市場原理で見る考え方は、労働者を個人として孤立させる。また、尊厳をあらかじめ保証していないため、尊厳は自分の力で勝ち取るものだというプレッシャーを労働者に与える。さらに、仕事を見つけられない人や年齢、病気、障害のせいで働けない人たちに対する嘲りを生むうえ、白人や男性、アメリカ生まれといったアイデンティティを社会的評価のよりどころにできない人々にはさらなるプレッシャーがかかる。そして五章のブッカー・T・ワシントンのケースからもわかるように、自分の尊厳がつねに疑われていれば、人は不安になるし、どんなことをしても仕事にしがみつこうとする。それは経済的理由からだけでなく、社会的地位を失うリスクもあるからだ。仕事を自分の価値を証明する手段ととらえる社会では、労働者は自らをバーンアウトなどの身体的、精神的リスクにさらしながら、勤勉に働く。だがそんな彼らの働きで得をするのは上司や資本家だ。少なくとも労働者の職務遂行能力が衰え、生産性が低下するまでは、その利益は彼らに転がり込む。また、たとえ労働者の生産性が下がっても、代わりの労働者はいくらでもいるため、自分の尊厳を証明したい従業員たちを使い捨てても、そのコストは比較的小さくてすむ。

アメリカで労働者保護の立場をとる政治家――ほとんどが民主党議員――は、労働の尊厳に対して異なるアプローチをとっている。彼らは尊厳を、人が仕事を通じて獲得するものではなく、仕事が、労働者のニーズを満たしたときに獲得するものとして捉えている。つまり労働の尊厳は永続的なものではなく、そのために闘うべき政治目標なのだ。この考え方でいくと、労働は適切な賃金と労働者保護によって、尊厳あるものとされなければならないということになる。たとえばオハイオ州の上院議員、シェロッド・ブラウンが提案したすべての政策、すなわち最低賃金の引き上げから、有給の病気休暇や教育基金までのすべての政策は、労働の尊厳という考え方に基づいている。ブラウン議員のウェブサイト〈二〇一九年労働の尊厳ツアー〉には、「労働の尊厳とは、それが誰であっても、どんな職種に就いていても、勤勉に働けば誰もが報われることを意味する」と書かれている。「労働に尊厳があれば、誰もが健康と住む場所を手に入れることができる……労働に尊厳があれば、この国は分厚い中間層を持つことができる」と。[6]

労働者にではなく、仕事に尊厳を持たせる。それはバーンアウトを引き起こすあの理想と現実のギャップを埋める第一歩だ。もしそれが実現すれば、ポスト工業化時代の標準的ビジネス慣行によって現実と理想の乖離が広がるなか、自らの価値を証明し、理想と現実を一致させようと頑張ってきた労働者へのプレッシャーは軽減するだろう。政府からの適切な後押しさえあれば、雇用主は従業員の仕事に尊厳を持たせることができる。つまり雇用主こそが、理想と現実のギャップを労働条件の側面から埋める責任を負っているのだ。そしてもういっぽうの側、つまり理想の側から、そのギャップを埋めていく責任を負っているのが文化だ。

＊＊＊

労働の尊厳に関するブラウン上院議員の考え方は、アメリカの労働思想における基本的な約束、すなわち物質的、精神的報酬は働く者にのみ与えられるという約束に基づいている。そしてその約束を実現することが自分の目的だと彼は語っている。しかし彼が言う、労働にはその労働者に見合った尊厳がなければいけないという考え方には、カトリックの教皇たちが一三〇年間にわたって説いてきた教えも反映されている。私が教皇たちの考える労働と尊厳を参考にしたいと考えるのは、彼らが工業化時代の資本主義的倫理を、絶対的な規範としてとらえていないからだ。その結果、彼らの考え方は私たちの考え方の斜め上を行くものになっている。実際、労働に関する教皇の文章は、私たちが考えるよりずっと急進的で、労働者寄りだ。また、もし新しい仕事観が私たちの文化に根付くのであれば、それは宗教家の心にも訴えるものでなければならない。そしてアメリカは国民の大部分がキリスト教徒だ。しかし、私たちの仕事の理想を正当化するには、宗教を根拠とするだけでは不十分だ。もっと広くアピールしていくには、複数の観点から正当化していく必要がある。この章では、それをやっていきたい。

一八九一年、教皇レオ一三世は、資本と労働の関係について記した『レールム・ノヴァールム（新しきことがらについて）』と呼ばれる文書を発表した。これは、教皇が現代社会の不公正を直接取りあげた最初の回勅で、まさに画期的だった。その論調を見ると、教会が明らかにマルクス主義におびえていることがわかる。教皇は私的財産について詳細な論証を行い、社会主義者たちは「誤った教え」を広め、「困窮者が抱く裕福な人への嫉妬心」を煽っているとがめている。[7] いっぽうでレオ一三世はたびたび労働者側に立ち、資本階級側を非難もしている。雇用主の一番の義務は「キリスト教的人格によって高められた人としての尊厳を、すべての人において尊重すること」だと彼は書いている。[8] そして、その尊厳の結果として、労働者には生活資金を得る「生得の権利」があるというのだ。[9] つまり、どのような仕事をしていても、適切に仕事をしている人なら誰もが、家族を支えるのにじゅうぶんな賃金を得る権利があるということだ。さらにレオ一三世は、労働時間と休息は「仕事の性質や労働時間、職場の状況、その労働者の健康状態や体力によって異なる」とも語っている。[10] 教皇はその例として炭鉱労働者を挙げ、彼らの労働時間が短いのは、身体的に負担が重く、危険な仕事だからだと書いている。教皇が強調しているのは、労働でもっとも優先されるべきは労働の尊厳ではなく、その人の尊厳であり、たとえ体力のない従業員の労働時間を短縮することになるとしても、上司はその従業員の尊厳と釣り合う労働条件を提供する責任があるとしている。また、その労働者がまる一日働けないとしても、生活資金としてじゅうぶんな金額を支払わなければならないとも言っている。

二一世紀のアメリカ人には、レオ一三世の理念に基づいた職場などまず想像できない。もしそんな職場があるとすれば、それは雇用主が従業員の幸せを利益と同じくらい真剣に考えている組織だろう。働く人はそれぞれニーズも能力も違うから、そのような組織では、それぞれの従業員に対して異なる扱いをすることになる。たとえば慢性の腰痛を抱えている看護師はシフトのあいだ立ちっぱなしでいるのは難しいため、仕事を軽くするか勤務時間を短くし、それでも給料はフルタイムの生活賃金を支払うといった具合だ。しかし現代のアメリカ人の大半は、個人の特別のニーズを満たすこと、あるいはその人の真の価値を尊重することを公正とは考えない。たとえば世間の人たちはストライキをする教師を疎ましいとさえ思っている。[11]「教師は一〇カ月しか働かないのに、一年分の給料をもらってるじゃないか！いいご身分だな！」と言い、教師が交渉を通じてよりよい労働条件を獲得しても、「じゃあ、私も組合に加入してみようか」とは考えない。こういった考え方は、アメリカ人の仕事観にしみついた個人主義――カルヴァン主義の神学理論が煽った個人主義――に根ざしている。アメリカ人にとっては、自分の価値を証明する仕事を見つけ、それを維持することは本人の責任なのだ。「誰もあなたに何かしてあげる義理はない」というのが、この劣化した公正の概念を信じる人たちの決まり文句だ。

レオ一三世とその後の教皇たちは、労働における公正の基準をより高いものにしようと努力してきた。『レールム・ノヴァールム』から九〇年後、共産主義に懸念を抱きながらも労働者の権利擁護に真剣に取り組んでいたもうひとりの教皇、ヨハネ・パウロ二世は、『ラボレム・エクセルチェンス（仕事について）』という文書を発表し、仕事は人間が行うからこそ尊いのだと説いた。ヨハネ・パウロ二世は

「人間の労働の価値を決める根拠は、その仕事の種類ではなく、それを行うのが人間だという事実である」と書いている。[12]つまり仕事が私たちに尊厳を与えるのではなく、私たちが仕事に尊厳を与えると言っているのだ。なぜならパウロ二世にとって人は、神に似せて作られた創造物だからだ。また、多文化社会では、ヨハネ・パウロ二世のように個人の生得の価値をあえて神学的に根拠づける必要はなく、世俗的な人権論でもじゅうぶん説明できる。そのような議論を著書『経済的尊厳（Economic Dignity）』のなかで展開しているのが、経済学者のジーン・スパーリングだ。彼は哲学者のイマヌエル・カントにならい、人は経済的尊厳に値する、なぜなら人は経済的目的のためのたんなる手段ではなく、つねに「その人自体が目的」だからだと述べている。[13]

尊厳の形而上学的根拠がどうであれ、プロテスタントの倫理観を煽る不安を解消する方法はただひとつ、とにかく一人ひとりの尊厳を無条件で認めること、それもその人が賃金労働者か否かに関わらず無条件に認めることだ。そうやって人の尊厳を認めれば、仕事に対する思い入れも大幅に軽減するはずだ。自分の社会的価値が保証されていれば、仕事で自分の価値を証明しなければというプレッシャーもさほど感じなくなるからだ。また、対人の仕事で日常的に遭遇する無礼な行為、たとえば小うるさい上司や、カンニングをする学生、駐車場代の支払いを渋るドライバーたちの無礼な行為も、自分個人に対する侮辱とは感じなくなるし、そんなことで自尊心が傷つくことも、シニカルになることもなくなる。

駐車場の係員たちは仕事をするうち、「自分の仕事と自分の尊厳は別物」と考えるようになった。例の駐車場のドキュメンタリーでは係員たちが、「大学を出れば、将来のないこんな仕事から抜け出せる」と大学の卒業生や新卒者の親が勝手なアドバイスしてくるとぼやいていた。ある係員は、駐車場のブースにいると、卒業生から「人生、頑張ってね」と見下すように言われると憤慨していた。そんなときは心のなかで「あんたがおれの人生のなにを知ってるっていうんだ。駐車場で働いてるおれを知ってるからって、俺の人生を知ってることにはならないんだぞ」とつぶやくという。[14] こういった駐車場の客は知らなかっただろうが、じつは係員のなかには大卒もたくさんいた。また、家族を養っている者もいれば、ミュージシャンもアーティストもいた。だがそういったことも、彼らの尊厳に影響を与えるわけではない。彼らを定義するのは仕事ではなかった。彼らが熱中するもの、価値を感じるものは、駐車場のブースではなくほかの場所にあったのだ。

尊厳は人固有のものであるという概念は、その尊厳に見合う労働条件を要求するのに役立つだろう。その人の尊厳に見合う労働条件とは、労働者の能力に合った仕事量、家族を養える賃金と安定した雇用、労働者の意思決定力への信頼、労働者全員が等しく価値ある存在だということを根拠とした平等な扱いだ。そしてそのような条件から生まれた倫理的により良い仕事が、バーンアウトを消滅させるのだ。

＊＊＊

非人間的な労働に直面した人間の尊厳を、もっとも説得力のある世俗的なかたちで示したのが、ヘンリー・デイヴィッド・ソローだと私は思う。工業化時代に本物の人生を生きることは不可能と考えたソローは、そこから脱出を試みた。たしかにウォールデンの森に引っ込んだからといって、彼が完全に社会から離脱したわけではなく、住んでいたのはコンコード中部でゲストハウスを営む母の家から徒歩二〇分の場所にある小屋だった。ソローは著書『ウォールデン　森の生活』の冒頭、「どの隣人からも一マイル離れたところ」に暮らしていたと書いているが、じつはこの森には労働者はもちろん旅行者やはぐれ者、風変わりな生活で人目を集めようとする地元のセレブなど、多くの人も住んでいた。[15] またソロー本人も認めているように、鳥やグラウンドホッグのことも彼は隣人と呼んでいた。しかし一八五四年の著書に彼が記した「実験」は、のちにブッカー・T・ワシントンや私たちのプロテスタント的倫理観に融合する工業化時代の労働の常識に、強い疑問を投げかけるものだった。

現代の読者のなかには、ソローは自立した生活を吹聴しているが、実際には女性たちの労働に依存していたじゃないかと非難する人もいる。もっともやり玉に挙がるのが、彼が洗濯を母と姉妹たちに頼っていた点だ。[16] とはいってもソローは家族を大切にし、訪ねてくる客人を歓待する好人物で、彼の伝記作家、ローラ・ダッソウ・ウォールズは「ソローの母シンシアの料理は豪勢なことで知られており、もしその料理を息子に拒まれたら彼女はひどく傷ついただろう！」と書いている。[17] またソローは、この母と同様に奴隷制に強く反対する活動家でもあった。彼の母の自宅は逃亡奴隷を逃がすルートの中継地点となっており、ソローも多くの逃亡奴隷をカナダへ逃がす支援をしていた。[18] 彼は、奴隷の反乱を武装化させようとした一八五九年のジョン・ブラウンの試みに賛同した最初の著名人でもあり、この試みは不評で失敗に終わったが、ソローがコンコードで行ったスピーチは全国の新聞に転載された。[19] ソローの森の生活における矛盾を偽善だといって笑うのは簡単だが、だからといって彼の倫理観まで切って捨てるのは愚の骨頂だろう。

私がソローのファンになった経緯は、一般のソロー・ファンたちとはだいぶ違う。たとえば彼の著書『ウォールデン　森の生活』を最初に読んだのも、両親や教師の束縛から自由になりたいと考える一〇代のころではない。私がこの本を最初に読んだのは三〇代の半ば、教職に挫折感を募らせてはいたが、まだそれがバーンアウトの前兆とはわからずにいたころだ。この本を読んで驚いたのは、仕事に関する内容が非常に多いことだった。彼は同じニューイングランドに住む人々を見ているうち、彼らが仕事のせいで不条理な態度をとるようになり、身も心も硬直してしまっていることに気づく。そして、労働者たちが仕事を得るために身を縮め、仕事を続けるためにさらに身を縮めていることを憐れに思った。それも皮肉なことに、彼らが身を縮めているのは、将来、のびのびと生きるため、つまりより豊かに生きるためなのだ。労働者の毎日は「長くつらい労苦に費やされ、その手は人生の最高の果実を摘むことができない。過剰に酷使したせいで、指が震えてうまく動かないからだ」と彼は書いている。[20]

神経衰弱やバーンアウトといった問題が出現したのは、ソローの時代の数十年後だが、彼はこのときすでにアメリカのすさまじい労働倫理は自滅的であり、道徳的にも有害だと気づいていた。仕事の要求に合わせて労働者が自分自身の膨張と収縮を繰り返せば、やがてはその労働者自身にヒビが入る。「労働者には真に余暇と呼べる余暇がない」と彼は書いている。「労働者はつねに機械でいなければならないのだ[21]」と。前世紀、アダム・スミスは、同じ動作を繰り返すストレスはやがて工員の感覚や感性に影響を与えることになると危惧したが、ソローもまた工場労働の一番の問題は、労働者に習慣を押しつけることだと考えていた。仕事は人に繰り返しの作業を課し、やがてその仕事はその人を規定するようになり、成長の可能性を閉じてしまう。そして人間は生きる屍になるのだ。農業労働者は「土に鋤きこまれて堆肥になる[22]」。御者は馬に餌をやり、糞の掃除のためだけに生きることになる。[23]そして鉄道線路の下に枕木を敷くアイルランド人労働者たちは、やがて自らが作っているものと一体化し、「彼らの上にレールが敷かれ、さらには砂がかけられ、その上を列車がなめらかに走っていく」というのだ。[24]この疎外された労働の理論だと、人は自分の仕事と一体化しなければという大きなプレッシャーにさらされ、やがて人間性を失っていくということになる。たしかに私たちはいまも、そのプレッシャーを感じている。また一般に、いい仕事とみなされている仕事でさえ、人を機械に変えてしまう。ノートパソコンのキーを叩きながら、一五分で患者を診察、診断しようと頑張る医師たちに聞いてみれば、それがよくわかるはずだ。

ソローは、労働者にはもっとましな生活が必要だと考えていた。人々がその命を労働で安売りしているというのに、牧師や詩人が「人間のなかの神性」を語るなどお笑いぐさだと思っていたのだ。[25]人が自らの神性を発揮して生きるためには、労働が押しつける負の習慣を断ち切らなければならない。そのためには確固とした自制心を持つことが重要であり、ソローはこの新たな修行生活の生きた手本になろうと考えた。森に引っ込むこと、それは彼の実験だった。うんざりするような労働をすべてやめ、新たな習慣を構築したとき、いかに豊かな生活が生まれるかを示す実験だったのだ。

ソローは生活を徹底的に効率化した。不用な持ち物はすべて処分し（三つあった石灰岩は、しょっちゅう埃を払わないといけないので全部処分した、と彼は胸を張っている）、住む小屋は自分で建て、さらには「一〇ドルか一二ドルを稼ぐことができる正直で愉快な方法」も見つけた。[26]その手段というのが、現金収入になる豆の栽培で、彼は一年間にわずか六週間働くだけで、九ドル近くの収入を確保した。さらに、鍬で豆畑を耕す作業は彼に美的な喜びをもたらし、彼は精神的な歓喜の境地へと誘われた。「鍬がカチンと石にあたると、その音楽は森と空にこだまして一瞬にしてはかり知れない収穫をもたらす私の労働の伴奏となった。私が耕しているのは豆畑ではなく、豆畑を耕すのは私ではなかった」[27]。このときの彼は「フロー」にも似た境地に入っているが、仕事に没頭することの重要性を説く現代の「エンゲージメント」教祖たちの主張と違うのは、ソローはもっと長く働きたいとも、我を忘れてその作業をしたいとも思っていない点だ。労働は喜びだが、それは稼ぐ必要がある分だけ働くという労働だ。どのような仕事でもやりすぎれば悪影響は避けられず、それは良い仕事であっても変わらない。もし豆畑のこの「楽しみ」にひたりつづけたら、それは「放蕩になるかもしれない」とソローは冗談を言っている[28]。

＊＊＊

バーンアウトの予防や治療についてのアドバイスは、誰もがビジネス系ウェブサイトや健康関連のウェブサイトで読んだことがあるはずだ。もっと睡眠をとりましょう、ノーを言えるようになりましょう、仕事は緊急性や重要性で優先順位をつけましょう、瞑想しましょう、といったあたりが定番だ。しかしバーンアウトの本来の原因とは無関係の、このような個人的かつ象徴的な行動は基本的にすべて迷信だ。こういったことよりは、職場環境や文化的理想のほうがバーンアウトを引き起こす原因としては重要だ。しかしだからといって、バーンアウトに対して個人が何もできないわけではない。個人でも、仕事における理想と現実を一致させるためにできることはある。その方法を見つける手助けをしてくれるのが、個人主義者で自立の重要性を説いたあのソローだ。

ソローの語りはときに、二一世紀のライフハッカー〔日々の仕事や生活の効率を上げるための工夫・取り組みを語る人〕の語りのように聞こえる。そう、「週に二時間働けば、一七歳でリタイアできる金を稼げる」と吹聴するタイプのライフハッカーの話のように聞こえるのだ。ソローの著書が一部の読者に不評なのも、そのせいかもしれない。自分は働きバチの悩みを手放したが、あなたはまだ、静かな絶望の生活を生きている、と言われているような気がするからだ。必死に働いている人たちに向かって、コーヒーをやめて菜食主義に切り替えたら、心がきれいになり、お金も健康にも恵まれるはずだ、などと言えば、不当に上から目線に聞こえるのも無理はない。[29]そんなソローの思い上がりを埋め合わせるものがあるとしたらそれは、人間は仕事によって生まれる目先の心配事に振り回されるより、もっと多くのことができるはずだという彼の強い信念だ。それはアメリカ人の独立の理想への過激なまでの信念であり、人は自分の人生を自分で決めることができる、なぜなら人間は一人ひとりが無限の可能性を秘めているからだ、と彼は心から信じていた。ソローはこの可能性を労働者のなかでももっとも貧しい人々、たとえば腹を抱えて笑っていたカナダ人のきこりのような労働者のなかに見いだした。そして彼らの自信に満ちた態度に「もしかしたら人間の最下層に天才がいるのかもしれない……かつて底なしと言われていたウォールデン池のように、彼らも暗く、濁ってはいるが、じつは底なしなのかもしれない」と語っている。[30]

『ウォールデン　森の生活』に出てくる私の好きなたとえ話で、人々が仕事から離れて潜在的な能力を解き放つと、素晴らしいことが起こるという楽観論を語ったものがある。それはジョン・ファーマーのエピソードで、ファーマーは「一日のきつい仕事を終えると……腰をおろし、自分の内なる知的な男を保養（re-create）する」とソローは書いている。[31]このファーマーの姿は、他者の目的のためにまる一日働いたあと、完全な自己を再構築しようとする現代の疲れきった労働者の姿を彷彿とさせる。ここで面白いのは、彼の「re-create」という言葉の曖昧さだ。これは「リ-クリエイト」すなわち再構築という意味なのか、あるいは「レクリエート」で気晴らしをするという意味なのだろうか？　たぶん、ファーマーにはその両方が必要なのだろう。腰をおろした彼はまだ仕事のことを考えているが、しばらくすると笛の音が聞こえ、もの思いは破られる。はじめは気にも留めずにいたが、その音色は繰り返し彼の注意を惹きつける。日常生活における超越の気配、人は美を無視することができないというこの考え方が、特に私は気に入っている。音楽は「彼が働いていた世界とはまったく違う世界から彼の耳に届き、彼の内側に眠るある能力に働きかけた」のだ。そしてまもなく、その音楽はジョン・ファーマーを現実の世界から別の場所へと誘っていく。

> すると声が彼に話しかけた——もっと素晴らしい生活ができるのに、なぜここにとどまって、こんなつまらない暮らしをしているんだ？　ほかの野でも、これと同じ星が輝いているのに。——だがどうやってこの状況から逃れ、そちらに移り住むことができるだろうか？　そう考えて彼が思いついたのは、質素な生活手段を新たにいくつか実践すること、心を身体の奥まで下りていかせ、自らの肉体を取り戻すこと、そして自分自身をいっそうの敬意を持って扱うことだった。[32]

ジョン・ファーマーの脳裏によぎったこの三つの行動は、じつは三つ別々のものではない。消費と労働を削減して質素な生活に取り組むのは、自分は仕事よりもっと大きなものに取り組む存在であることにすでに気づいているからでもある。その音楽と声はすでに聞こえており、自分自身をふたたび完全に取り戻すための倫理的、精神的取り組みに着手する準備もできている。本来の自分はバーンアウトより上の存在であり、バーンアウト解消のために行動をおこすことができる。まずは、すでに持っている自身の尊厳に配慮することから始めるのだ。

ソローは日常の労働を制限し、「つねに自分の内なる精神、それも非常に屈折した内なる精神に従って行動できるようにした」[33]。この内なる精神とは精神的現実であり、その人の地霊《ゲニウス・ロキ》だ。これは各人だけのものだが、それと同時に自然や人間の高い理想ともつながっている。その人の内なる精神は自己超越をめざし、「眠りに落ちたときよりも高い存在へ」向かうことを促す。問題はそれが、労働者を過小評価する工場の時計や笛、あるいは着信音といった「機械的な催促」とは相容れないことだ[34]。

自身の内なる精神のために仕事を制限したことでソローの時間は増え、彼と時間との関係は大きく変わった。普通の仕事ならこの世の数日間を使うだけだが、自分の内なる精神にしたがって行動すれば、時間を超越することができる。たとえばソローは、午前中ずっと玄関先で「空想にふけっていた」おかげで、豆畑で農作業をしていたら無駄になっていた時間を楽しむことができたと自慢し、そうやって過ごした時間は「私の生活から失われた時間ではなく、むしろ通常の時間よりずっと長く貴重なものだった」と言うのだ[35]。それは彼が獲得した時間ではなく、贈り物として与えられたものだ。

自分の内なる精神に適した仕事であれば、仕事をしながらも、時間から完全に逃れることができる。『ウォールデン　森の生活』の最後に出てくるたとえ話は「インドのクールーの町で、完璧な木の彫刻を作ろうとしている芸術家」の話だ。「彼は時間にまったく妥協せず、さしもの時間も彼には道をゆずった」とソローは書いている。「その一途な思いと決意、そして彼の敬虔さが、本人も気づかぬうちに彼に永遠の若さをもたらした」。彼が働いているあいだに友人たちは歳をとり、この世を去る。多くの都市や王朝は滅び去り、忘れ去られる。星々でさえ移ろっていく。けれどその芸術家はまったく新しいもの、「完全で偏りのない均衡のとれた世界」を作り上げる。そしてようやく仕事が終わると、彼は「それまでの時間の経過はただの幻想にすぎず、それはブラフマン（梵天）の脳から飛び散ったひとつの火花が人間の脳の火種に落ちて燃え上がる一瞬の時間にすぎなかった」と気づくのだ。[36]

普通、仕事をしている時間をこのように経験することはなく、クールーの芸術家が一瞬で永遠の世界に入り込んだというエピソードは、ミハイ・チクセントミハイが理論化したフローの状態を思い起こさせる。それは、すべての時間が利益を上げることに注がれる「トータル・ワーク」の世界とは正反対の時間の流れだ。このトータル・ワークの体制下で人々に与えられるのは、丸一日ではなく「収益化が可能な二四時間、それも時間帯や睡眠周期に制限されないことさえある二四時間」だ、とアーティストで作家のジェニー・オデルは言う。[37] 私がバーンアウトした大学教授だったころ、私の脳は時間の経過をつねに意識し、自分はいつも時間に遅れている気がしていた。もう夜の九時なのに、明日の午前中の講義の準備ができていないと思いながら、ただ教科書を眺めてもう一杯ビールをあおり、ああ、もう一〇時だ、でもまだ明日の授業の用意が全然できていない、と焦る繰り返しだった。もしかしたら時間の不安から逃れることは、トータル・ワークの世界から逃れることと同じことなのかもしれない。

自分の労働時間はもちろん、労働時間中の思考や欲望までもが上司のものだと考える人たちにとっては、自らの内なる精神を追求するというソローの考えも、全労働者に生活賃金（一定の生活水準が保てる賃金）を保証すべきと主張した教皇レオ一三世の提案と同様、あきれるほど理想主義的に聞こえるだろう。経営幹部が、社員は瞑想のために午前の仕事を休んでもかまわないというメモを配布するなどまず考えられないからだ。しかしソローの理念を実践すれば、バーンアウトの直接的原因の多くを断ち切ることができるはずだ。多すぎる仕事と、少なすぎる裁量権はバーンアウトを引き起こすが、ソローの生活は、仕事を制限することで自己決定力を養っているのだ。ソローの個人主義的傾向は、彼がコミュニティを軽んじていることを意味している。彼はむしろ、自分の尊厳に気づいた人々が自らの内なる精神を追求して高度な仕事ができる状況、自分自身と至高の価値観を調和させることができる状況を作りたがっているのだ。

＊＊＊

バーンアウト文化を終わらせるには、労働条件を改善するのと同時に、私たちが仕事に対して抱いている社会的、倫理的、精神的な期待を下げることも必要だ。しかし賃金を上げる、スケジュールに対する労働者の裁量権を増やす、協力的管理体制を導入するといった労働条件の改善によって、私たちの生活がよりいっそう仕事に支配されてしまう場合もある。もし仕事が、高報酬で快適、そのうえ楽しかったりしたら、それこそ一日中働きたくなるのではないか？　労働条件の改善が、かえって仕事量を増やし、仕事に対する理想を高めてしまうこともある。

もし理想と労働環境が一対の竹馬のようなもので、二本の竿がつねに正反対の方向に傾こうとするなら、仕事がハードであるかぎり、いくら労働環境を改善してもバーンアウトの緩和にはつながらないかもしれない。労働環境を改善して現実と理想を近づけても、竹馬の足板の位置が高ければ、わずかにぐらついただけで大惨事になる可能性があるからだ。企業の医療システムで働く、報酬は高いがストレスも高い医師たちの仕事がその例だ。もちろん、労働条件の改善に反対しているわけではない。ただ、労働者の快適さや報酬を上げても、その結果、労働者に対する仕事の要求度が高くなれば、バーンアウトを防ぐことにはならない、ということだ。

仕事がハードになることを避けるためにも、私たちはよりよい労働条件を求めつつ、労働を少なく抑えることを求めていかなければならない。まさにそれを主張したのが政治哲学者カティ・ウィークスの二〇一一年の著書『仕事における問題（The problem with Work）』で、彼女はこの本のなかで、私たちの道徳や想像力に対する仕事の支配を解こうとしている。ウィークスはマルクス主義のフェミニスト的視点でこの本を書いているが、マルクス主義思想とフェミニスト思想の両方で支配的になっている、労働こそがより広い政治的解放を実現する鍵だという考え方には批判的だ。なぜなら、社会的名声をもたらすおもな要因が仕事であるという状況下で男女平等を求めたフェミニストの主張は、たんに女性の仕事量を増やしただけだったからだ。[38]

現在、報酬を得るために働く女性の数は、バーンアウトが登場する前の二〇世紀半ばよりもずっと多い。一九五〇年から二〇〇〇年のあいだに、アメリカの労働人口に女性が占める割合が劇的に増えたからだ。[39]いっぽうでこれと同じ時期、多くの豊かな国々で、女性が育児に費やす一日の時間は増加している。さらにこういった国々では、大卒の女性のほうが、大学を出ていない女性よりも子どもとすごす時間が長い。同時に、男性が子育てに費やす時間も大幅に増えたが、それでも女性が育児に費やす時間より少ないことは変わらない。[40]ポスト工業化時代の女性や少女たちは「欲しいものは何でも手に入れることができる」と繰り返し聞かされて育った。子どももキャリアも、コミュニティも友情もすべて手に入ると教えられてきたのだ。けれどすべてを手に入れること、特に母親でいること自体が仕事とみなされる状況ですべてを手に入れることは、その人の人生全体が「トータル・ワーク」という残酷な論理にさらされることを意味する。[41] ウィークスが考える仕事の問題は、ソローが指摘する問題とよく似ている。つまり、働けば働くほど、仕事がその人の人格形成に与える影響が大きくなるのだ。仕事は「収入や資産を生むだけでなく、規律ある個人や統治しやすい臣民、価値のある市民、そして責任ある家族を生む」とウィークスは書いている。[42] 同様のことはマックス・ヴェーバーも言っていて、彼は資本主義を「巨大な秩序界《コスモス》」と呼び、資本主義は「圧倒的な強制力」で私たちを勤勉な金の亡者に変えると言っている。[43]

ウィークスはフェミニズムに対し、女性を仕事以外の方法で解放してほしい、「労働社会は完成されたものではなく、克服するものだというビジョン」を持ってほしいと考えている。[44] その結果、どのような社会が生まれるのかはわからないし、それは彼女も認めているが、そこもまた重要なポイントのひとつだ。私たちは仕事から離れる時間を増やし、「現在の仕事と家庭生活の理想や状況に代わるものを生みださなければならない」。[45] つまり、家父長制度や異性愛主義の抑圧から抜け出すには、労働を削減する必要があるのだ。なぜなら労働がそういった抑圧を永続させているからだ。主流のフェミニストたちは最近、労働時間を短縮すれば、男女ともに子育てに費やす時間を増やすことができると主張している。しかしウィークは、それはひとつの仕事のために、別の仕事を減らせと言っているにすぎないと言う。私たちはもっと大きな視点で考えるべきであり、週の労働時間を短縮すれば人々は解放され、「自分が選んだ親密さや社会性を想像し、試し、そこに参加することができる」というのが彼女の主張だ。[46] 子育てがじゅうぶんできない理由として仕事をいいわけにするのをやめたら、私たちの人生はどのようなものになるだろうか？ 自分の時間を、生産性や（ほかの人の）利益に基づいて配分するのをやめたらどうなるのか？ それをした場合、私たちにはどのようなあり方が可能になるだろうか？ もし、自己決定が政治的な目標であるなら、労働は制限されなければならない。そうすることで人々は、自身の考える「良い人生」にふさわしい自分をコミュニティのなかで形成できるはずだ。

教皇の教えも、超越論哲学も、マルクス主義的フェミニズムも視点はそれぞれまったく異なるが、バーンアウト文化の知的背景および道徳的背景となっている工場労働の倫理に反対しているという点では一致している。レオ一三世もソローもウィークスも、仕事はたんなる脇役にすぎないというモデルを繁栄モデルとして示しているのだ。人の尊厳、労働時間の短縮、生活賃金、そして自己決定権と、ポスト労働倫理社会の原則に対する彼らの多様なアプローチは、二世紀以上にわたって工業社会を支配してきた労働倫理に取って代わる何かについて、幅広い社会的合意が生まれる可能性を示している。それぞれ視点は違っても、三人とも賃金労働は豊かな人生の妨げになるという点では一致している。とはいえ、仕事を制限すべきという点では一致していても、その理由がまったく正反対ということもある。レオ一三世が労働時間の短縮と生活賃金の導入を求めたのは、人が繁栄するうえでもっとも重要と彼が考える家父長制家族を強化するためだった。賃金が上がれば、「子どもたちの日々の食事や必需品を父親が提供するという、もっとも神聖な自然の法則」を実現することができるからだ。[47] ウィークスも同様の政策、つまり一週間に三〇時間の労働時間と最低保証賃金を求めているが、その目的は家父長制のその先の可能性を開くことにあった。[48]

いっぽうウィークスが『仕事における問題』の最後のページに書いた一文「人生とは一人ひとりが自力で手に入れるものであり、その条件を外から指示されるだけではほんとうの人生を手に入れることはできない」は、ソローの考えとよく似ている。しかしその次の一文で彼女は、個人主義的傾向が強いソローと決別している。「そうはいっても、人生を手に入れるためには集団で取り組む必要がある。人生といった大きなものを、自分ひとりで手に入れることはできない」[49]それができるのは、メンバーが互いの尊厳に配慮し、みんなで考えた新たな生活条件を具現化するコミュニティにほかならない。

＊＊＊

私は例の『ザ・パーキング・ロット・ムービー』を繰り返し観た。私はあの〈ザ・コーナー・パーキング・ロット〉で働いていたし、あの映画にちらりと出演もしているが、もしそうでなくとも、登場した駐車場の係員たちが語る仕事についての箴言には、おおいに惹きつけられただろう。特に、私よりずっと前にあの駐車場で働いていたスコット・メイグスの言葉は、いつ聞いても考えさせられた。映画のなかでメイグスはあの駐車場を、従業員たちにとっての転換の場だったと振り返っていた。従業員のほとんどは、自分には大きすぎる夢を抱いており、駐車場はその夢の実現を思い描くには絶好の場所だった。しかし夢はかならず実現するわけではない。メイグスは、パンク調の間延びした声で言っていた。「たとえ何をやろうと、おれたちが駐車場で思い描いていた可能性には、遠くおよばないように思える。駐車場でのおれたちはダイナモで、竜巻だった。世界の支配者だったんだ。完全なる自主性があったん

そ れは心を揺さぶるモノローグだ。そ の言葉は、大学院で何年間も自我を破壊されつづけた私が、あの駐車場で働いた一年のあいだに構築した自尊心を思い出させる。けれどメイグスが言った最後のひと言の意味はよくわからなかった。なにやら深遠な意味があるようにも思えるが、どう考えてもわからない。なぜそのとき、私たちはすべてを手に入れることができたのか? そもそも、ほんとうに世界には何もなかったのか? 私には、彼の言葉が不可解でしかたなかった。

けれどバーンアウトに陥り、駐車場で働いていたころに憧れていた夢の職業を辞めたあと、私にもようやくわかってきた。自分が何者かわからないうちは、なんでもできる気がするものだ。頭の中でなら、すべてのものを手にすることができる。そう、可能性は無限だ。偉大なアーティストにも、ミュージシャンにも、学者にも、そのほかどんなものにだってなれる……可能性はある。けれど実際にやってみて初めて、力不足がわかることもある。ビヨンセや元プロアメリカンフットボール選手のトム・ブレイディならそういうことはないだろうが、たいていの人は、万能な気がしていたのに実際にやってみたら力不足を思い知ったという経験があるだろう。それは私たちをバーンアウトに誘う、あのギャップとよく似ている。実際、バーンアウトは、あと少し頑張ればすべてが手に入ると意固地になることで起こるのだ。私たちは通常、可能性といえば若さを連想する。それは雇用主が労働者に求めるものであり、雇用主たちはそんな従業員に無理をさせすぎたり、サポートをしなかったりして、最終的には失望する。それでも、そのような高い期待をすることは正当なことであり、それは必要でさえある。中年またはそれ以降になっても、将来自分はすごいことができる、花が咲くのはこれからだと思えれば、それはすばらしいことだ。そもそもそういう望みがなかったら、自分の能力を育てようという気もなくなるだろう。だから、自分の可能性を夢見ることは大切なのだ。ソローが言うように、私たちは別の世界からの音楽を聞きつづけ、より高い人生の展望を持ちつづけなければならない。

バーンアウトと可能性について考えるうち、スコット・メイグスのあの謎めいた「何もないこの世界で、おれたちはすべてを手にしてた」という言葉には、もっと根源的な認識があるのでは、と気がついた。たぶん可能性とは、「実生活」で実現するものではないのだろう。可能性とはたんに、自分にはいま「完全な自主性」があるという感覚、けれどその自主性を外の世界はもちろん、営利企業でも役立てる必要を感じない感覚なのかもしれない。アロンゾ・スブヴェルボという名で知られるライターがブログでこの映画について書いているように、たぶんメイグスはこのとき「いまここで経験している、無限であることの喜び」について語っていたのだろう。ブログのなかでスブヴェルボはさらにこう続ける。

> 重要なのは、将来、ダイナモや竜巻や支配者になることではなく、いまこのときにダイナモであり竜巻であり、支配者であることなのだ。可能性の価値が発揮されるのは未来のいつかではなく、いま、このときだ……それは教師や雇い主たちが厳かに語る可能性とはまったく違う。それは遠くに逃げることであり、ウォルト・ホイットマンであり、ロックンロールだ。それがあの〈ザ・コーナー・パーキング・ロット〉なのだ。[51]

カティ・ウィークスが求めたのは、「すべてを手に入れる」という概念の根本的な見直しなのだろうか？　ウォールデン池のほとりでくらしていたソローは、彼の処女作を無視し、彼に屈辱的な仕事しか与えなかった世界で、望んだもの以外の何を手にしていたのだろうか？「私の一番の長所は、欲がほとんどないことだ」と彼は書いている。[52] 質素な生活と自由な想像力で自らを解放すれば、自分の内なる精神に従い、本来の自分を取り戻せるかもしれないと彼は考えていた。すべてを手に入れるとはそういうことなのだ。しかしそれはけっして、その人ひとりの話ではない。アロンゾ・スブヴェルボはスコット・メイグスが「おれたち」という言葉を使ったことに注目した。[53] おれたちは、すべてを手に入れることができる。つまり私たち全員が、可能性を共有しているのだ。可能性は、みんなのものだ。

バーンアウトの予防や治療のためには、仕事に対して私たちが抱く理想を下げることが肝要だ。しかしだからといってすべての理想を下げる必要はない。むしろ私たち自身についての理想、すなわち普遍的な尊厳や無限の可能性、すべてを手に入れるという精神、そして現在の世界が差し出してくる無意味なものを拒むという理想は、高く掲げる必要がある。このような理想を抱いて生活やコミュニティを構築するには勇気がいる。しかしそれを実行している人たちは存在する。次の章では、彼らがそれをどう実現しているかを見ていきたい。

七章　ベネディクト会は仕事という悪霊をどのように手なづけたのか

一九九〇年代半ば、ニューメキシコ州北部の人里離れた渓谷にある〈砂漠のキリスト修道院〉では、ベネディクト会の修道士たちが土間の部屋に設置された一二台ほどのゲイトウェイ・コンピューターで、朝からインターネット・サイトづくりにいそしんでいた。壁には十字架が掛けられ、そのすぐ下のホワイトボードには、修道士たちがウェブページの概略図を描いていた。彼らが熱心に取り組んでいたのは、ベネディクト会が一〇〇〇年以上続けてきた写本という仕事の、デジタル・バージョンだった。そう、彼らは現代の写字生〔写本を作る人〕だったのだ。

修道士たちは自分たちのウェブデザイン・サービスに、写字室を意味する「スクリプトリウム」という言葉を入れた〈scriptorium@christdesert〉という、ドットコム時代ならではの不気味な名をつけた。そして小教区や教区など広大なカトリック市場をターゲットと定め、いずれはバチカンとも取引をしたいと考えていた。彼らがつくっていたのは、中世の彩飾写本に似たウェブページだ（モデムには初期の携帯電話を使っていたので、アップロードにはとてつもなく時間がかかったと思われる）。製品は電子データなので、修道院が人里離れたへんぴな場所にあることも障害にはならないが、電話料金は一カ月一万ドル以上にのぼったという。[1]このプロジェクトは、収益アップとＨＴＭＬ写字生たちの精神生活向上の両方を目的にしていた。一九七六年から二〇一八年に引退するまで、ここで大修道院長をつとめていたフィリップ・ローレンスは当時、「いまの仕事のほうが、よりクリエイティブなので、修道士たちにとっても有益です」と記者に語っていた。「何かクリエイティブなことをしていると、魂のまったく違う側面が引き出されますから」と。[2]

このスクリプトリウムでのプロジェクトは大評判となり、全国ニュースでも取り上げられ、たちまち注文が殺到した。なんと教皇庁からも注文が舞い込んだのだ。俗世でシステム・アナリストだったメアリー・アクイナス・ウッドワース修道士は一九九六年に、このプロジェクトによって修道院の収入はいずれ四倍になると予測してた。[3] 修道院のウェブサイトにはアクセスが集中し、州全体のインターネット・サービスがクラッシュしたこともあったほどだった。[4] メアリー・アクイナス・ウッドワース修道士はカトリックのインターネット・プロバイダーを作ったらどうか、とアメリカの司教団に提案し、「お手本となる競合」として当時、世界中で使われていたAOLの名を挙げている。[5]（司教団はこの提案を却下した）。こうしてスクリプトリウムの評判が高まるうち、ウッドワース修道士は事務所をサンタフェに開設する計画を温めはじめた。もしニューメキシコでじゅうぶんなスペースを確保できなかったら、ニューヨークやロサンゼルスなどの大都市に事務所を開設することも視野に入れ、最大で二〇〇人の雇用も計画していた。[6]

けれど一九九八年、スクリプトリウムは閉鎖された。修道士たちには、注文を受けるための一八時間シフトを組むことができなかったからだ。修道士たちの一日はその大半が、祈りと学び、そして一堂に会しての食事といった、絶対に変更できない活動によって占められている。したがってそのあいだ彼らは顧客からの電子メールに対応できないのだ。フィリップ大修道院長からもらった電子メールによれば、プロジェクトを終わらせたのは、修道院ではスクリプトリウムの維持に必要な労働を正当化できなかったからだという。スクリプトリウムの仕事ができるように修道士たちを訓練するには長い時間がかかるが、そんな彼らのスキルを十分に活用することが修道院では不可能だったというのだ。たとえば修道士がウェブページのデザインに取りかかったとしても、一定の時間が経過すると、その修道士は仕事を中断して神学研究に赴かなければならないからだ。修道院の歴史について著したマリ・グラニャは著書『砂漠の修道士たち（Brothers of the Desert）』のなかで、「ウェブデザインへの注文が激増したせいで、当初は黙想にふける修道院の生活に最適と思われていたこの仕事が、徐々に、静謐な黙想生活を支配するようになっていった」と書いている。[7]

言うまでもないが、scriptorium@christdesert ほど前途有望な事業を自ら廃業する会社など、おそらく世界中どこを探してもないだろう。もしスタッフが注文を処理しきれないのなら、人を増やせばいいだけだ。また資本主義の精神でいけば、従業員に残業をするよう促すという手もある。だが修道士にはそんなことはできない。彼らが修道院に入ったそもそもの理由を忘れでもしないかぎり、そのようなことはできないのだ。だから彼らは、このプロジェクトを中止したのだ。

＊＊＊

バーンアウト文化からできるだけ遠い仕事のモデルを探していた私がたどり着いたのが、この〈砂漠のキリスト修道院〉の修道士たちだった。しかし、労働に関する工業化時代の思い込みをもっと掘り下げようと思っていた私はここで、工業化時代どころか中世の岩盤に突きあたることとなった。一五〇〇年間にわたり、ベネディクト会の生活にとって仕事は非常に重要な位置を占めてきたことも、六世紀の聖人、聖ベネディクトが定めた規則に従って暮らす、このローマカトリックの修道士や修道女たちのモットーが、祈れ、そして働け《オーラ・エト・ラボーラ》であることも私は知っていた。また、祈りが修道院生活の最優先事項であることも承知していた。彼らのウェブサイトによれば、この修道院の修道士たちは一週間のうち六日間、午前九時から正午過ぎまでを仕事にあてているという。一日に数時間しか働かないコミュニティ、それもデジタル版スクリプトリウムのような可能性に満ちたプロジェクトでさえ投げ打つコミュニティでの生活はどんなものなのかを、私は知りたくなった。

そこで私は砂漠へ向かった。ある秋の日、サンタフェでレンタカーを借りると、ハイウェイから修道院まで、チャマ川に並行して走る穴だらけの砂利道を二〇〇キロほど車でひた走ったのだ。修道院はピニョン松が点在する黄土色のメサ〔周囲が急斜面で頂上が平らな地形〕のふもとにあった。広い渓谷の向こう側、雲ひとつない空の下ではあざやかな黄色のハコヤナギの葉が風に揺れている。そこは、これまで見たこともないような美しい場所だった。

それでも私はここでどんな体験をするのかわからず、少々不安を感じていた。じつはこの旅に備えて、砂漠の師父たち――三世紀の都市の喧騒を逃れてエジプトの砂漠で暮らした最古のキリスト教修道士たち――が残したいくつかの格言に目を通していたが、師父たちはアケーディアの「真昼の悪霊」など、修道士の集中力をかき乱して祈りを妨げ、生産性を落とす悪霊の話をよくしていた。四世紀の隠修士、聖アントニウスは、砂漠に来るのなら現世での持ち物すべてを捨ててきなさい、さもないと悪霊は、身体に生肉をまとった男に襲いかかる野犬のごとく、あなたの魂を引き裂くだろうと言っている。[8]星明かりに照らされ、静寂に支配されたこの場所で、いったいどんな悪霊が私に訪れるのだろうか、と身構えずにはいられなかった。修道院での二日目、私は眼鏡をかけ、黒いニットのスカルキャップをかぶった同年輩の修道士に、砂漠の師父たちが言っていた悪霊のことが気になるのだが、と尋ねてみた。内心、「師父たちは大げさに言っているだけですよ」という返事を期待していたが、それは甘かった。「悪霊はたくさんいますよ」と、彼はさらりと答えたのだ。「だから私たちはここにいるんです」と。

それから数日間、修道士たちと仕事や祈りをともにするうちに気がついた。休むことなく過度に働くアメリカ人の労働倫理もまた、そのような悪霊のひとつであり、私を含むほとんどの人がその悪霊に取り憑かれているのだ、と。私たちの社会は、その悪霊の力に完全に支配されているのだ。労働環境は悪化しているのに、私たちは仕事に対する理想をどんどん膨らませ、人の価値をその人の仕事で測り、働くことができない人をおとしめている。さらに労働者は、休暇を取ることを控え、自分は余人に代えがたい存在だと示すことに躍起になっている。ヨセフ・ピーパーはトータル・ワークを「歴史における悪魔的な力」と呼んでいた。[9] その悪魔が、バーンアウト文化を推進しているのだ。

ここにいる修道士たちもそんな悪霊と闘っていた。フィリップ大修道院長は自身のニュースレターで、「精神生活は精神の闘争だ」と書いている。修道士といえども、ときとして俗世的な誘惑が生じることはあり、「他者と争ったり、インターネットを長時間使用したり、祈りの時間よりコミュニティでの仕事を重視したり」することも珍しくないというのだ。黙想にふけるための「努力をすべて投げ出したほうがずっと楽だと思うときも時々ある」と彼は書いている。[10] フィリップ大修道院長のこの言葉は、イエスが砂漠で悪魔に誘惑されたという聖書のエピソードを彷彿とさせる。そのとき悪魔はイエスにパン、財産、権威を差し出して誘惑した。[11] 労働倫理もまた、賃金や生産性の向上、他者からの尊敬が得られるぞ、といって私たちを誘惑するが、この誘惑にはつねに代償がある。たとえば修道士が仕事で得た利益は、彼らの精神的理想や神との関係性と競合してしまう。また、世俗的な人たちの場合、仕事で利益を得ても、そこには上司への服従や身体的、感情的崩壊、そしてやるべきことが永遠に続くという感覚が伴う可能性がある。つまり、労働倫理をまっとうしてその果実を得るには、バーンアウトの危険を冒さざるをえないのだ。さらにもうひとつの誘惑となるのが、自分にはそんなことは起こらないという誤った思い込みだ。

だがフィリップ大修道院長と彼の修道院の修道士たちは仕事を制限し、より高いものを追求することで、この労働倫理の悪霊を手なづけた。したがって修道士たちが「俗世間」と呼ぶ世界に住む私たちも、この戦略を学ぶ必要がある。もちろん、良い人生を送るために、私たち全員が修道院に入るべきだとは思わない。けれど仕事を制限し、仕事よりも倫理や精神の健全性を重視したほうが、悪霊に襲われるのを食い止め、労働と人間の尊厳を一致させ、バーンアウトの文化を終わらせるのには役立つはずだ。

＊＊＊

修道院での三日目。寒い月曜日の朝三時三〇分、院内に響く鐘の音で目が覚めた。ブーツを履き、コートを着ると、懐中電灯を手に、日干しレンガ造りの低層ゲストハウスを出た。渓谷を四〇〇メートルほどのぼり、礼拝堂に向かう。礼拝堂に入ると、ゲスト用の隅の座席に腰をおろした。午前四時直前、さっきより切羽詰まった鐘の音が鳴り響いた。修道士が三〇人ほど、細身の黒い司祭平服やゆったりした修道衣姿で現れた。それぞれあくびをしたり、鼻をすすったりしながら、祭壇をはさんで向かい合う二列の聖歌隊席へと列をつくって進んでいく。

私たちはらせん綴じの聖務日課書を開くと、修道院の一日を区切る七回の集団祈祷、聖務日課（賛美と礼拝の公の行為で、昼夜の特定の時刻に行われる）の最初の時課を始めた。修道士とゲストが詩編をグレゴリア聖歌で約七五分間暗唱するのだ。そのあと一五分間の休憩をはさんでふたたび一時間それを繰り返す。ゲストも中世の楽譜を読みときながら、ぶつぶつと声を合わせる。修道士でさえ、自分の声をはっきりとは出さず、祈りは柔らかな音のハーモニーとなって、礼拝堂に響いていく。

ある時点で修道士のひとりが聖書朗読台に立ち、パウロがテサロニケの信徒にあてた第二の手紙の一節を朗読する。月曜の朝の祈りではかならず朗読される「働かないものは食べる資格がない」のくだりだ。[12] これは一週間を始めるにあたっての、厳しい戒めだ。朗読を終えると、その修道士は自分の席に戻り、私たちは詩篇の唱和を続けた。そのあとはミサとなり、午前七時ごろにミサが終わると、修道士たちは二人ずつ礼拝堂を退出する。そのときは、礼拝堂の中央にある正餐台に深々とお辞儀をし、聖体を納めた壁龕《へきがん》の前でひざまずいて互いにお辞儀をしてから、フードをかぶって礼拝堂をあとにする。

八時四五分、鐘がふたたび鳴り、修道士たちは作業着のデニムにフード付きの短いチュニックといういでたちで礼拝堂に戻ってくる。一番若い二〇代前半の修道士が着ているのはトレーニングパンツにスニーカーだ。このときの時課では、仕事をするこれからの三時間、十字架にかかったキリストの犠牲を忘れませんように、と祈る。修道士たちの仕事は多岐にわたり、料理や掃除、庭仕事はもちろん、羊の世話もあれば、ギフトショップの店番もあり、さらには海外から来た修道士たちの入国関連書類の処理から修道院の収入源となるビールや石けん、木製ロザリオ、革製のベルト、グリーティングカードの製造まで幅広い。

一日の仕事は一二時四〇分の鐘で終了し、これで修道士たちは「働かざるもの食うべからず」というパウロとの約束を守ったことになる。仕事のあと片付けをしたら、また短い祈祷をし、修道士のひとりがアメリカのカトリックの歴史に関する本を読み聞かせるなか、沈黙のうちに昼食をとる。午後は休息と沈黙の祈りで費やし、軽食をとったら、夜には短く全体ミーティングを行う。ラテン語で行われるその日最後の時課は夜の八時、聖水を修道士たちにふりかける儀式をもって終了する。そして大いなる沈黙が始まり、修道士は部屋に戻って沈黙のなかで過ごす。そのあと彼らは次の朝まで、仕事には戻らない。

私はシメノン神父に、昼の一二時四〇分の鐘が鳴ったとき、まだ仕事が終わっていないと感じたらどうするのかと尋ねた。長年、被告側弁護士をしていた彼は、その経験でつちかわれた自信にあふれる口調でこう答えた。

「仕事を、忘れるだけです」

＊＊＊

仕事を、忘れる。それは俗世間では実践することがほとんどない精神的鍛錬だ。だがそれこそが、修道院における極めて人間的な働き方を可能にしている要因のひとつだ。この渓谷の修道院で暮らすベネディクト会の修道士たちは、自らの時間と行動を厳しく管理している。そうすることで、自分たちの欲望を制御しているのだ。それは同時に、労働を制限の範囲内に抑えることにもつながる。仕事を忘れることで、彼らはもっと重要なことに取り組むことができるのだ。

仕事よりも祈りを優先するその姿勢は、トータル・ワークを打破する方法は余暇にあるとするヨセフ・ピーパーの主張にも通じる。そしてピーパーにとって、余暇の最高の過ごし方が礼拝だ。「礼拝で神を賛美することは、それ自体が目的でなければできない」と彼は書いている。「世界全体を肯定するもっとも荘厳な方法である礼拝こそが、娯楽の源」だというのだ。[13] 礼拝は、礼拝すること以外になんの役にも立たない。それは、「生産的な」活動のみに価値を見いだす私たちとは対極にある行為だ。ユダヤ教の神学者、アブラハム・ジョシュア・ヘッシェルも一九五一年の著書『シャバット　安息日の現代的意味』で同様のことを書いている。「技術文明」や労働による自然の征服に対して、一週間に一日の休息日では釣り合いがとれないと彼は考え、「安息日は平日のためにあるのではない、平日が安息日のためにあるのだ」と言っている。「安息日は生きることの幕間ではなく、ヤマ場なのだ」と。[14] 余暇が何よりも重要という考え方は、世俗の社会にもある。政治哲学者のジュリー・L・ローズは、自由時間は人間の権利であり、自己決定を保証するリベラルな社会が市民に約束する重要な資源だと論じる。多くの市民活動やレクリエーション、あるいは家族単位での活動は、ほかの人も自分と同じだけ自由時間を持っていなければできない。したがって、一週間に一度、働くことを禁じる規則があるのはこの多元社会では当然だと彼女は言う。[15] しかし私たちがその正当性をいかに論じようとも、もっと上の誰かが仕事を厳しく制限しないかぎり、なにも変わらない。そしてその誰かは、仕事のしすぎが冒涜的とされるくらい、神聖な存在でなければならないのだ。

自分たちだけでこのような制限を守るのは難しい。だからこそ、働かなければという気持ちを忘れさせてくれ、仕事の周囲に境界線を引くのを手伝ってくれるコミュニティが必要なのだ。聖ベネディクトは「神の仕事以上に大切なものはない」とし、聖務日課の重要性を説いている。[16] ゆえに時課に遅れた修道士は「公衆の面前で懺悔」しなければならない。[17] 私が〈砂漠のキリスト修道院〉に滞在していたときも、修道士が礼拝に遅刻してきたことが二、三度あった。遅れてきた修道士は、礼拝堂の中央にある祭壇に向かうとコンクリートの床に膝をついて頭を垂れる。そのあとは、立ち上がって自分の聖歌隊席に着くよう、上位の修道士にノックで合図されるまでその姿勢を続けていた。この懺悔は数秒で終わるが、明らかにそれは神の仕事よりもほかのもの、たとえばちょっとしたおしゃべりや仕事の仕上げ、あるいはトイレに行くといった行為を優先したことに対する明確な非難だった。

仕事であれ祈りであれ、修道士たちはそれぞれの行動にたっぷり時間をかける。Un travail de bénédictin は文字通り「ベネディクトの仕事」を意味するフランス語の表現で、忍耐強く長い時間をかけなければ成し遂げられない仕事のことを指す。それは急ぐことができない仕事、たとえば聖書一冊すべてに彩飾をする、一〇〇〇年にわたる歴史を書く、夜の毎時の星の位置を一年分記録するといった根気のいる仕事だ。そういった仕事は、四半期ごとの収益報告書に報告されるような、見ばえがいい仕事ではない。また、報酬をもらえる時間を最大化できるような仕事でもなく、残業代がもらえる仕事でもない。けれどその働き方は、私たちを長時間の激しい労働に駆り立てる不安とも、「より良い」仕事を求めて数年おきに生活を一変させざるをえない不安とも無縁だ。日曜のミサを終えたあとで手作りのクッキーとインスタントコーヒーを飲んでいたときに言葉を交わした、眼鏡の奥に明るい光を宿した猫背の年配の修道士は、自分はこの修道院の図書室にあるすべての本を分類しているのだと言っていた。なんと一四年前に任命された仕事だという。彼はそれ以来、毎日、毎日、本を一冊、一冊分類しつづけているそうだが、その仕事はまだまだ終わらないという。

ベネディクト会の修道士はときおり、自分たちは仕事と祈りを一体化させ、祈れ、そして働け《オーラー・エト・ラボーラー》をひとつの活動にすることを目指している、と言う。たしかにある意味、一日の早い時間から厳しいスケジュールをこなす彼らの祈りそのものが一種の仕事のようにも見える。けれど修道院の祈りと世俗での仕事は共通点よりも相違点のほうが多い。修道院の仕事には給料も、昇進もなく、生産ノルマもない。また、仕事がまだ終わっていないという心配が修道士の頭をよぎることもない。だが同時に、彼らは今日の時課を延期するかわりに、明日は二倍祈るといったことはできないし、他者に認めてもらうために、祈りで自分の価値を証明することもできない。それでも、ロボットに仕事を奪われるという心配はない。中世、修道士たちは早い時期から水車場を採用していた。水車場を利用することで農業労働を楽にし、祈りのための時間を作っていたのだ。[18]〈砂漠のキリスト修道院〉の修道士たちも、太陽光発電や衛星通信を利用している。ベネディクト会の修道士たちは効率を重視するのだ。けれど祈りに関してだけは違う。この一五〇〇年のあいだ、彼らは祈りの合理化をいっさいしてこなかった。

実際、この修道院の修道士たちは神の仕事の効率化にあえて抵抗し、普通のカトリックの小教区の祈りよりもずっとゆっくり祈りを唱えている。最初に参加したいくつかの時課では、祈りのペースのあまりの遅さに耐えられず、私は例の悪霊に悩まされることとなった。修道士たちは詩篇を交唱で歌う。聖堂の対角にある聖歌隊が詩篇を交互に歌うのだ。しかし私には、交代で歌われる詩と詩のあいだが長すぎるように感じられ、貴重な時間が無駄に過ぎていく気がしてならなかった。もちろん修道士たちもその気になればもっと早く祈れるが、彼らはそれをしたくないのだ。彼らにとって、祈り以上に重要なことなどないからだ。

＊＊＊

月曜日の朝の祈祷のあと、私は宿泊客の対応を担当するゲストマスターと呼ばれる修道士のオフィスに行き、なにか自分にできる仕事はないかと尋ねた。だが、宿泊客がやることはないという。そこで私たちは、いつもの労働倫理の悪霊に導かれ、できそうな仕事を探しはじめた。修道院の受付エリアの窓が汚れているのに気づいた人は、ガラスクリーナーのウインデックスを探しにいった。ほかの人も窓枠の埃をはらったり、中庭に落ちたゴミを拾ったりした。五〇代の長身の男性は、草が伸びていた砂利道をきれいにしたいと言いだした。なにか役に立ちたかった私も彼と一緒に一時間ほど道の草取りをし、仕上げに道の端に岩を並べて、満足感とともに仕事のできばえを眺めた。

ゲストハウスに戻ると、中年女性二人がキッチンを片付けていたので、私は水を飲み、あとは彼女らに任せた。このとき、青いゴム手袋をつけた若い修道士が二人、トイレや空のゲストルームに出入りしていた。次の滞在客を受け入れるために掃除をしているらしい。ひとりは目立たないイヤホンをつけており、二人は仕事が終わると、おもての椅子に腰掛け、ベトナム語でなにやらおしゃべりを始めた。ごく普通の肉体労働者がやるように、のんびりとくつろいでいる。その後、彼らは鐘が鳴るのも待たずに、修道院に戻っていった。

シメノン神父から聞いた話だと、世界中から集まる新人修道士の指導をしていると、それぞれの文化特有の労働倫理を数多く目にするという。彼によれば、仕事に対してもっとも執着心が強いのはアメリカ人らしい。とはいえ出身国に関係なく、修道院のスケジュールと祈りが最優先されるここの生活に若い修道士が適応するには時間がかかるという。また、若い修道士は修道院での労働に戸惑いを覚えることも多いと牧師は言っていた。仕事時間が終わればそこで仕事を中断し、続きは翌日やればいいという気持ちになかなかなれないというのだ。仕事で自分を証明したいと思ってしまうのは、自分が縁を切った世界のために祈るという生活の意味をまだ学んでいないからだ。「自分の人生を捧げているのに、なんの成果も見えませんからね」とシメノン神父は言う。「それなら当然、働きたいと思いますよ」

＊＊＊

修道士たちは計測可能な成果を求めてはいないかもしれないが、それでも自分たちの生活を支えて行く必要はあるため、俗世間とも関わらざるをえない。なぜなら金があるのは、その俗世間だからだ。〈砂漠のキリスト修道院〉の主たる収入源はゲストハウスだ。(パンデミックが始まると、ゲストハウスは閉鎖された)。また、彼らは寄付にも頼っている。この数十年、修道院は多くの事業を試してきた。収益性をあげながら、自分たちの使命の品位も保てる適正なバランスを求めて試行錯誤を繰り返してきたのだ。以前、サンタフェにリサイクルショップとギフトショップをオープンしたこともあったが、どちらも数年しかもたなかった。また養蜂も試したが、利益が出るほどの蜂蜜を集めることはできなかった。レコードレーベルのソニー・マスターワークスと聖歌のCD契約を交わしたこともあれば、民放テレビ局に協力して修道院でラーニング・チャンネルのリアリティ番組を収録したこともあった。五人の男性

（もちろん、そのうちのひとりは何をしでかすかわからない危険人物だ）が四〇日間、修道院で修道士と同じような生活をするという番組だ。

なかでも例のスクリプトリウムはもっとも野心的なプロジェクトで、その可能性は革命的に見えた。プロジェクトを率いたのは、たぐいまれな技術力と広い視野を持つメアリー・アクイナス・ウッズワース修道士だ。一九八九年、彼は情報技術にたずさわる修道士には「新たな種類の精神性」が必要だと言っていた。「これは非常に厳しく、大変な集中力が求められる仕事です。ひとつの問題を解決するのに、八時間から一〇時間かかることもあるのですから」と言い、「そのため修道院の生活スケジュールにフィットさせるのはなかなか大変です」とも語っていた。彼は農業にルーツを持つベネディクト会の労働モデルと、情報時代の労働モデルを比較し「ある意味、現代の仕事観はこれまでよりずっと完璧な仕事観です」と言っている。[19]

聖ベネディクトも、修道院のコミュニティに市場価値のある技術を持つ修道士がいること自体は認めていた。というより、修道院が生き残るうえでそういう修道士は不可欠だった。しかし聖ベネディクトは修道士たちを厳しく戒めてもいた。もし「自らの技術に慢心し、自分は修道院に何かを授けていると感じている」職人がいたら、その職人が謙虚な気持ちで再びその仕事に向き合えるようになるまで、仕事をすることを禁じなければならないと規定していたのだ。[20] 世俗的な感覚で言えば、聖ベネディクトのこの命令は納得がいかない。一般に世間では、才能は希有なものとして大切にされる。プログラマーでも、外科医でも、ゴールキーパーでも、企業は専門技能を持つ人を奪い合う。それがお金を儲ける一番の手段と考えるからだ。だが修道院は違った。専門技能は修道院というコミュニティの健全性を保つうえで邪魔になる可能性も、その専門家の精神的成長を阻む可能性もある。熟練の職人が自分の技術を磨こうと努力をすれば、彼の才能は育ち、より生産性が上がる。しかしその努力は、人間の根源的な罪である慢心のリスクを伴うこともあるのだ。もしその修道士が節度を守らず、周囲の修道士たちもそれを注意しなかったら、彼は自分の技能に酔いしれ、その仕事の本来の目的を忘れてしまうかもしれない。

フィリップ大修道院長は私への電子メールに「現在でもなお、自分の本来の姿は修道士だとわきまえる職人やアーティストを育てることは容易ではなく、それは課題のひとつとなっています」と書いていた。以前は、才能豊かな機織り職人と家具職人も在籍していたが、俗世で自分の技術を追求したいとして、どちらも修道院を去ったという。「私たちの課題は修道士をつくることです」とフィリップ大修道院長は続けた。「しかしときに、修道士としての活動以外の活動のほうが重要になる者もいます。偉大な職人を作り上げてしまったせいで、修道士を失うということもあるのです」

メアリー・アクイナス・ウッズワースもまた、スクリプトリウムが閉鎖された一九九八年に修道院を去った。スクリプトリウムのスピンオフとして彼が設立した会社、ネクスト・スクライブのウェブサイトによると、ウッズワースが世俗の世界に戻ったのは「コンピューターを使った霊性開発分野における彼の新たな天職を、それはもはや修道士の仕事の範疇ではないと大司教が判断した」からだという。[21]

＊＊＊

ヘンリー・デイヴィッド・ソローは、禁欲主義が私たちを永遠に続く絶望的かつ荒涼とした苦行から解放してくれると考えていた。ほんとうに必要なものを見極め、あとのものは捨て、必要不可欠なものだけを食料庫に蓄えるためだけに働けば、人はより高度なものを目指すことができると考えていたのだ。彼は隣人たちにも、このような生活をする力はある、しかしそれは各々が自力でやらなければいけないと考えていた。ほかの人と一緒では社会的儀礼が負担になるし、そもそも目的は自分自身の内なる精神に従うことであり、誰かに導いてもらうことはできないからだ。

いっぽう政治哲学者のカティ・ウィークスは、労働倫理を克服するためにソローとは正反対のアプローチをとっている。彼女が考えるポスト労働社会は、性質としては共同体的社会だ。しかし禁欲主義でそれを達成できるかについては、彼女は懐疑的だ。労働を減らすために欲しいものを減らすという考え方は、少なくとも聖パウロ以来明確になっている労働倫理の規則、すなわち「欲望は労働に比例しなければならない」の鏡像にしか見えないからだ。[22] この労働倫理を克服するには、より少ない労働と引き換えに、より多くを求めることが大切だとウィークスは考えている。

たしかにこのウィークスのユートピア的構想は魅力的だが、私たちはまだ、労働こそが物質的ニーズや欲望を満たすほぼ唯一の手段というシステムのなかで生きていかなければならない。では現在からポスト労働社会に至るまでのあいだ、私たちはどのように働き、何を求めればいいのだろうか？　その答えを示しているのがベネディクト会の修道士たちだ。彼らは、仕事を生活の中心からはずせば、コミュニティと禁欲主義のあいだに対立は起こらないということを実証している。実際、トータル・ワークやバーンアウトを克服した生活を築くうえで必要な禁欲主義を実践できるのは、人としての尊厳に配慮すると誓ったコミュニティだけだ。それは、いったん参加したらあとは死ぬまで、必要なものを提供してくれるコミュニティ、だが同時に仕事に制限を課すコミュニティだ。

バーンアウト研究の初期、ある二人の研究者は、カトリックの修道会やモンテッソーリ学校のような「イデオロギー共同体」でバーンアウトが少ないのは、共有するイデオロギーが通常の仕事に構造と意義をもたらし、メンバー間の関係性を平等にし、労働者のストレスとなる対立や曖昧さを軽減するからだと指摘した。[23] しかし私が見たところ、ベネディクト会の修道士たちが天性の使命として考える「天職」にもそれほどの力はないようで、天職だからといってバーンアウトすることなく仕事の理想と現実のギャップを埋められるわけではない。むしろ彼らの世界で理想と現実を一致させているのは、共有する天職がもたらす特定の生活スタイルだ。そもそもバーンアウトの原因は、働き過ぎ、評価や裁量権の欠如、不公正、共同体の崩壊、価値観の対立といった組織的な「ミスマッチ」だが、ベネディクト会のコミュニティはもとからそのような「ミスマッチ」を抑える生活スタイルによって築かれている。たとえば修道院の要諦はともに暮らすことなので、コミュニティの保護がほかのなによりも優先される。また、徹底的に規則を守ることで、価値観の調和も保っている。たしかにカトリックの修道者は自身の裁量権の大部分を放棄しているが（何しろ彼らは服従の誓いを立てているのだ）、かならずしも彼らが会社員より裁量権がないというわけではない。そして彼らは、仕事に制限を設けている。たとえば〈砂漠のキリスト修道院〉の修道士たちは、聖ベネディクトの指示に従い、担当する作業を持ち回り制にしている。[24] また、年齢を重ねれば、担当する仕事を軽くするという配慮もある。さらに祈りの時間を設定することで、仕事時間も抑制している。彼らは聖なる存在であろうと努力しているが、仕事の聖人である必要はないのだ。

〈砂漠のキリスト修道院〉からの帰途、私は爽快な気分で車を走らせた。仕事と睡眠と食事、そして時間を浪費するルーティンで占められたこれまでの自分のライフスタイルが、唯一のライフスタイルではないと気づいたのはうれしい驚きだった。修道院を訪問したあと、私の生活ががらりと変わったか、というと必ずしもそうではないが、そういった変化が可能だと気がついたことは大きかった。修道士たちはみな、以前は私と同じこちらの世界で生きていた。しかし彼らは思い切った選択をしたのだ。はるか遠くの世界へ退き、聖ベネディクトの戒律にできるだけ近い生活をし、人生を瞑想に捧げたのだ。俗世に生きる私たちが、修道士のような生活を実践することはまず無理だろう。その一番の理由は、修道士には養わなければいけない子がおらず、子育ての義務がないことだ（とはいえ修道士たちも修道院の高齢、または病弱なメンバーの世話はしている）。それでもなお彼らの生活は、現代社会が掲げる理想の代替えになりうる別の理想、仕事に邪魔をさせることなどできない高い理想が、たとえ大規模に実現することは不可能でも、ちゃんと存在することを示している。そこで私は、もっと俗世間に関わっているベネディクト会の人々、修道士の価値観を体現しながらも、世俗の人々がとっつきやすいライフスタイルを送っている修道士を探すことにした。そしてそんな人たちを、ミネソタ州中部の大草原で発見した。

＊＊＊

ミネソタ州セント・ジョセフにあるセント・ベネディクト修道院の修道女、セシリア・プロコッシュが一九五〇年代後半にこの修道会に入ったころは、誰もが、「修道女の生活は祈れ、そして働け《オーラー・エト・ラボーラー》、働け《ラボーラー》、働け《ラボーラー》だ」と言っていたという。当時、彼女は修道院全体とその隣にある女子大、セント・ベネディクト大学の両方の給食を管理していた。「毎日、仕事漬けで、ほとんどお祈りにも行けませんでした」と、彼女は修道院の埃ひとつないキッチン・テーブルで向かい合った私に言った。「ほとんど事務所で生活していましたね」と。当時、シスター・セシリアは大学の寄宿舎に寝泊まりしていたが、朝の祈祷には出ず、午前七時半から八時には仕事を始め、夜までずっと働きづめだった。彼女はこのスケジュールを一四年間つづけ、その間には大学で教鞭を執ったり、MBAの取得の勉強もしていた。「ほんとうにきつかったですよ。でも、若かったしエネルギーもありましたからね」と彼女は言う。

私とシスター・セシリアの出会いは、私が修道院のメンバーにインタビューをしたいと電子メールを出したことがきっかけだった。それに対応してくれたのが修道院でホスピタリティ・コーディネーターを一五年間つとめる彼女だった。最近の彼女は、仕事が楽になったおかげで、修道生活の瞑想的側面、すなわち聖務日課とレクティオ・ディヴィナ（聖書に焦点をあてた祈り）、そして瞑想に集中できるようになっていた。いまでは集団での祈祷を欠かしたことはほとんどないという。

ミネソタ州中部はベネディクト会の地と言っても過言ではない。二〇世紀半ばには、八キロメートルのトウモロコシ畑をはさんで建つ二大修道院、聖ベネディクト女子修道院とカレッジヴィルのセント・ジョンズ大修道院に、四〇〇人の修道士と一〇〇〇人を超える修道女が暮らしていた。修道女は、ミネソタ州の五〇を超える学校で教壇に立ち、修道士は主任司祭として大学や高校、出版社、ラジオ局、木工ショップなどさまざまな事業を運営していた。なんと偶然にも私がカレッジヴィル滞在中に寝ていたベッドはこの木工ショップの製品だった。

一九世紀にミネソタ州中部にやってきたベネディクト会の修道士と修道女は、この地域に移住してきたドイツ系移民に教育と伝道を行った。これは非常に手間のかかる仕事で、さすがの修道士や修道女も聖ベネディクトの戒律を守りきることはできず、多くの妥協を強いられたという。かつてと比べると現在の修道者の人数はごくわずかで、小教区で教壇に立つメンバーも、奉仕するメンバーも少ないが、それでもコミュニティでの仕事はあり、修道女たちは、ドイツ系移民の子孫と最近移住してきたソマリアの移民とのあいだの文化的、宗教的理解を深めようと頑張っている。[25] 世界と積極的に関わろうとする彼らの精神はいまだに健在なのだ。

そして修道女や修道士たちはいまも、例の妥協を続けている。たとえば集団での祈りのために集まるのは、一日七回ではなく三回。また、すべての食事が黙食というわけでもない。聖ベネディクトは「ハッピー・バースデー」を歌うことについて規定を設けていないが、私が昼食に修道院の食堂に行った日、修道女たちは八〇才になった仲間のためにハッピー・バースデーの歌を歌っていた。セント・ジョンズ大修道院の修道士によれば、たとえお祈りに遅れても衆人環視のなかでの懺悔はなく、遅刻しないようにとときおり大修道院長から注意されるだけだという。ここの修道女や修道士たちはずっと、ベネディクト会の戒律が定める修道生活の理想と仕事の現実とのあいだで葛藤してきた。しかし彼らがその葛藤をひとりで悩む必要はない。なぜなら、それぞれのメンバーが自分の理想と現実のバランスを見つけられる文化を体現しているのが修道院だからだ。

ここの修道士や修道女がしている大きな妥協のひとつが、集団での祈りだ。聖ベネディクトはこの点では厳しく、聖務日課はどんなものよりも優先すると言明していた。[26] 仕事の時間が終わったら、修道士は「仕事を忘れなければいけない」とシメノン神父が言っていたのも、この決まりがあるからだ。けれどミネソタで私が話したベネディクト会の修道士、修道女は全員が、日々の仕事や自身のキャリアがあるから、すべての時課に参加するのは無理だと言っていた。「状況に合わせて融通をきかせることが必要なのです」と言っていたのは、白髪のストレートヘアで熱っぽく語るシスター・ルシンダ・メレックだ。彼女は修道会に入ってからの六〇年間、高校や瞑想センター、キャンパス・ミニストリー（大学内で宣教や奉仕を組織・調整する施設）などで働いてきた。また、聖職志願者の指導役や召命ディレクター、修道院コーディネーターも務め、セントポールとミネアポリス大司教区でグリーフケアや離婚のカウンセリングを行い、カトリック小教区の副神父として小教区の運営にも携わった。仕事に追われ、正午の祈りのために修道院に戻ることがどうしてもできない時期も多かったという。こうして五〇年間、現役の聖職者として「出世コース」を歩んできた彼女はいまようやく、長年の夢だったパン焼き職人になった。いまの彼女は夜や週末には働いていないため、シスター・セシリアと同様、教会の祈りにはほぼすべて参加している。

＊＊＊

セント・ジョンズ大修道院の教会堂は、修道院が共同体の労働の場であることを、視覚的に明確に表している。モダニズム建築家マルセル・ブロイヤーの代表作のひとつであるこの建物は巨大なブルータリズム建築で、壁は床から天井までの全面が、ミツバチの巣穴（六角形）のかたちをしたステンドグラスで覆われている。教会はミツバチの巣箱、すなわち修道士たちが仕事に行く前に集まり、正午と夜に戻ってくる場所なのだ。

カレッジヴィルの修道士たちの職場は、修道院を囲むように建てられたたセント・ジョンズ大学だ。二〇世紀半ば、教授陣のほとんどはベネディクト会の修道士だったが、いまや修道士の教授は一〇人ほどしかいない。私が、そのなかでももっとも若手の修道士のひとり、神学教授のニコラス・ベッカー神父と面会したのは、修道士たちが一世紀にわたって居住してきた広大なビクトリア様式の建物、クアドラングルにある彼のオフィスでだった。夏の日の午後、大柄な神父はパリッとしたボタンダウンのオックスフォードシャツにネイビーブルーのパンツという出で立ちだった。整頓されたデスクにはiPhone、聖書の解説書、ポモドーロタイマー（二五分間集中して仕事をしたいときに使うトマト型のタイマー）だけが置かれていた。

忙しい仕事に就きながら、修道院の活動すべてに参加することはたしかに難しい、と彼は言っていた。問題は、黙想にふける修道士生活に憧れていたのに、気がついたら猛烈に忙しい役割を担っていたことだったという。それは現実と理想の葛藤であり、その葛藤を解消しなければ、いずれはバーンアウトに陥ることになる。彼は倫理神学のクラスを教えるだけでなく、大学二年生の学生たちとともに寄宿舎で暮らしているため、当然仕事は多く、この大量の仕事をこなすために彼は『七つの習慣　成功には原則があった！』などの本が紹介する生産性向上テクニックを実践していた。「規律を守り、スケジュールどおりに動くことを心がけています」と彼は言い、そのあまりの修道士らしい言葉に、私は感動した。それでも、デスクの上のポモドーロタイマーはここしばらく使っていないとのことだった。

彼は、教職についた最初の学期の仕事量を「まさに大型トラックにはねられた」かのようだった、と語っていた。あまりに大変だったので、期末テストの採点が終わると、彼は瞑想のためにアイオワ州にあるトラピスト修道院を訪れた。ニコラス神父曰く、より瞑想的なトラピスト修道会での生活はすばらしく、彼らの仕事のしかたのほうが「より健康的」だったという。むこうの修道院に滞在中、彼は単独での祈りと霊的文献の読書がいかに重要かを再認識したと語っていた。その結果いままでは、可能なかぎり参加する共同の祈りと毎日のミサ、そして共同の食事に加え、一時間か二時間の単独の祈りと読書――彼はそれを「私自身の祈り」と呼ぶ――が学期中の自身の生活にとって「譲れないもの」になっているという。「私は仕事に潰されるつもりはありませんし、修道生活の理想をあきらめるつもりもありません」と彼は言っていた。

私はミネソタで出会った修道女や修道士全員に、仕事や祈り、共同生活で感じるストレスを語るときにバーンアウトという言葉を使うか聞いてみた。すると彼らにしては珍しいほど長く考え込んでから、仕事はきついが自分たちの共同体でバーンアウトは問題になっていないという答えが返ってきた。バーンアウトの経験者もひとりいたが、それは修道院に入る前のことだという。またキリスト教の神学では犠牲的な愛が強調されるが、ここの修道士も修道女も、世俗社会のサービス業ではごく一般的な「仕事の殉教者」的思考はしていなかった。

バーンアウトの経験があると言っていた修道士は、自分も修道院に入った直後は仕事の殉教者的考え方をしていたと言っていた。それが英語教授のルーク・マンクーソ神父だ。禿げた頭と眼鏡がフランスの哲学者ミシェル・フーコーを彷彿とさせる彼は、セント・ジョンズ大修道院に来る前は、故郷のあるルイジアナ州の修道院にいたという。一九八三年に司祭として叙階されたあと、彼は病院付きの聖職者になり、小さな修道院にとっての貴重な収入源である給料を稼いでいた。それから三年間、彼は一週間に六日間、呼び出しがあったらすぐに応じられるよう待機する生活を送った。修道士は毎日、規定の時間に祈りを捧げるため、修道院の鐘はそれが聞こえる場所にいる人たちの時計の役割を果たす。しかし病院付きの聖職者だったルーク神父は、祈っているときも「つねに、呼び出されるかもしれないという暗黙の脅威」にさいなまれた。病院からの呼び出しは時を選ばないため、彼は常時、その時に備えて待機していなければならなかったのだ。

私は彼のオフィスで話を聞いたが、壁には一面に映画のポスターや自由詩の父ウォルト・ホイットマンのポートレートが貼られ、コンピューターからはイングランドのオルタナティヴ・ロック・バンド、スロウダイヴの曲が流れていた。病院付きの聖職者だった時代の自分を、彼は疲弊、熱意の喪失、無力感という言葉で語ったが、それはまさに典型的なバーンアウトの症状だった。病院での仕事は「消耗」すると彼は言っていた。彼にはその仕事が合わなかったのだ。当時、彼はトラピスト会の修道士兼作家のトマス・マートンのようになりたいと思っていた。マートンは学問と政治活動を、個人的なウイットと社会の片隅にいる人たちとの連帯で結びつけた人物だ。しかしルーク神父のこの願望と実際にこなしていた日々の仕事とのギャップは大きく、それが自分を「壊した」と彼は言っていた。それでもなお修道院への責任感から、彼は必死に病院での仕事を続けたという。彼はこの仕事のことを、修道士としての生活で「私が闘わなければならなかった悪霊」のひとつと呼んでいたが、その悪霊のせいで、彼は自分がおかしくなっていることに気づくことができず、気づいたときにはもう遅かった。

その後、ルーク神父はセント・ジョンズ大修道院に移ると、大学院に進んで博士号を取得し、大学の教授となった。彼は依然として忙しく働いており、「アケーディアとは正反対の状態」だと言うが、いまはもう突然仕事に呼び出されることはない。大学での仕事が忙しいときは、夜の共同の祈りに間に合わないときもあるが、それでも単独の祈りは頻繁に実践していると言い、夜にひとり、自室で行う二、三時間の祈りが自分にエネルギーを与えてくれるのだと話していた。

＊＊＊

ベネディクト会が絶対に妥協しない分野、それはメンバーの尊厳だ。メンバーそれぞれがどんな仕事をしていようとも、彼らには修道院に所属する権利が保証されている。現在、男子修道院、女子修道院ともにメンバーは高齢化しているため、給料を得られるメンバーには外で稼いできてもらわなければならず、そのことは誰もが痛感している。セント・ジョンズ大修道院の修道士たちは、自分たちのなかには給料が多い者もいれば少ない者もいるのを知っているが、それでもベネディクト会の職人に関する規則が定めるように、より多くのものを作る者は「謙虚さをもってその技術を実践しなければならない」[27]」。

たとえばルーク神父は、自分が修道院のなかでももっとも稼いでいるうちのひとりだと知っている。だが彼は「修道士の品格や価値を、その人が生み出す労働の量や質で判断することはできません……すべての修道士に無限の価値があると考えなければいけないのです」と言う。インタビューのあいだじゅう、ベネディクト会の修道士、修道女からは同じような言葉を何度も聞かされた。また、たとえ失業しても、その修道士がコミュニティ内で尊厳を失うことはない、とルーク神父は付け加えた。「私たちはその修道士とともにくらし、彼が自己改革するのをサポートしなければいけないのです」

ちなみに組織への所属に関して言えば、修道院と世俗の職場では状況が天と地ほど違う。世俗の職場では、「中核的」従業員には尊厳があるが、派遣社員や契約社員は代替えが可能な、取るに足らない存在でしかない。また現在主流となっている経済では、雇用は不安定で労働者も使い捨てられるが、修道院では誓願も職の安定も永続的なので安心できるとルーク神父は言う。その違いは、将来に対する約束だ。ポスト工業化時代とは、新自由主義の時代、雇用の安定性が最低レベルとなった時代であり、雇用主と従業員のあいだにあるのは「一方通行の信頼制度」だと社会学者のアリソン・ピューは言う。つまり労働者は、雇用主が自分の努力に応えてくれないとわかっていてもなお、自分の仕事に献身的に取り組みつづけているのだ[28]。それはまさに、バーンアウトを引き起こすように設計されたシステムで、労働者は自分の仕事ぶりに高い期待を抱くが、労働条件が理想を満たすものである保証もなければ、そもそもその仕事を続けられるかの保証もない。

いっぽうベネディクト会のシステムは、神の前で行う誓願に基づいている。会員は「定住」の誓願を立て、特定のコミュニティに永続的に定住することを誓うので、ルーク神父のように異動することはめったにない。また、ベネディクト会の戒律では、修道院のメンバーが必要とするものすべては大修道院長が提供することになっているため、「私的所有という不道徳は完全に根絶される」[29]。この固い約束があるからこそ、ニコラス神父は一日に二時間の単独の祈りといった、修道士としての高い理想を持ちつづけることができるのだ。彼は、大学教授であることが自分のすべてではないとわかっている。たとえ大学で終身在職権を得られなくてもちゃんと住む場所はあるし、大学での仕事を失ってもまた別の仕事が与えられる。「けれど」と彼は言い、「私はお金も妻も、家族もありません」と付け加えた。そう、彼はベネディクト会のコミュニティと結婚したのだ。

会員全員を永遠にサポートするというベネディクト会のモデルに近いものが世俗世界にあるかと言えば、私がこれを書いているいま現在、それはほとんど夢物語でしかない。最低所得保障、いわゆるベーシックインカムは、働いていてもいなくても、すべての人の面倒をみるという社会規模の約束だ。もしそういった基本的な収入があれば、いま就いている仕事への依存度は下がるから、条件の悪い仕事を辞めることも、賃金は低いけれど自分がやりたいと思う仕事に就くことも容易になる。そのような雇用の安定と各人の尊厳の尊重を組み合わせれば――それ自体がベーシックインカム導入の大きな理由だ――、お金や地位への不安は払拭され、私たちはバーンアウトするまで働かずにすむようになるかもしれない。

＊＊＊

セント・ジョンズ大修道院のミツバチの巣（教会堂）は、多くの修道士たちがこの地域で教壇に立ち、建築をし、村落の聖職者として忙しく働いていた五〇年前と比べるとずいぶん静かになった。修道士たちの平均年齢が七〇才を超えたいまでは、ここもセント・ベネディクト修道院のように、より瞑想的な集団になっている。それでもある修道士によれば、たとえ年老いても、修道士が引退することはないという。シスター・セシリアがホスピタリティ・コーディネーターになり、シスター・ルシンダがパン焼き職人になったように、高齢になれば別の仕事が与えられるだけだ。私はここまで、ベネディクト会は仕事を制限することで、仕事をより人間的なものにしていると書いてきたが、私が会った何人かの修道士は八〇代になってもなおいきいきと働いていた。これはある意味、仕事に制限がないようにも見える。だがむしろその制限のなさが、修道士や修道女が生涯を通じて尊厳を保っていられる理由でもある。疲弊し、消耗するような仕事ではないから、彼らは死ぬまでコミュニティに貢献しつづけられるのだ。年配のベネディクト会員の仕事は、それぞれの能力に合った仕事を、上司と相談して決めるという規則になっている。[30] また、彼らの働き方には、仕事のスケジュールは「労働者の健康や体力に応じたものとする」という教皇レオ一三世の例の呼びかけも反映されている。[31] ミネソタの修道院では、体力がひどく衰えた修道者でさえ、ちゃんと仕事をしていた。人々が修道院に寄せる悩みのために祈るという仕事だ。私が会ったときに八八歳だったある修道女は、ウェブサイトを通じて修道院に寄せられた祈祷の依頼、多くはミネソタ州南部の総合病院、メイヨー・クリニックの患者のために祈ってほしいという依頼の調整を担当していた。彼女は祈祷を依頼するメールに返事を出し、具体的にどのような祈りが必要かを確認してから、その依頼を体力が衰えた修道女が住む介護付き女子修道院に伝え、そこの修道女たちに祈ってもらっていた。彼女たちは引退してもなお、コミュニティに必要とされているのだ。

私はセント・ジョンズ大修道院のギフトショップで店番をしていた九〇才の修道士とも話をした。店を訪れた私に彼は、一九世紀のイングランドの神学者、聖ジョン・ヘンリー・ニューマンの言葉が記された一枚の紙を手渡した。そこにはこう記されていた。「影が長くなって夜のとばりがおり、世間の喧噪が静まって命の熱が冷め、私たちの仕事がついに終わるそのときまで、一日じゅう私たちをお支えくださいますように！　そして主の憐れみによって、安全な宿と聖なる休息、そして安らぎをお与えくださいますように！」[32]。それはまさに、引退後の瞑想にはうってつけの言葉だった。はつらつとした明るさを発散するその老修道士は、大学時代に出会ったのだと語る夫婦など、店を訪れたさまざまな客と快活に言葉を交わしていた。もうひとり、八四歳で哲学の教師を引退したばかりのレネ・マグロー修道士は、大修道院長から次の仕事を与えられるのを待っているところだった。与えられた仕事ならどんな仕事でもやる準備ができているという彼は、「トイレ掃除でも、床掃除でも、何でもやりますよ」と言っていた。

アメリカ人は引退が苦手だ。ひとつには、自分のアイデンティティやコミュニティ、目的意識の多くを仕事中心に築いてきたからということがある。だが、仕事のせいで多くの人がバーンアウトしていることを考えるとこれは皮肉だ。アメリカ人は心の底から引退する日を楽しみにしているが、キャリアがいったん終わってしまうと、そのあと何をしたらいいのかわからなくなる。二〇〇〇年以降、労働人口全体に占める成人の割合は下がっているが、いっぽうで就労する六五才以上のアメリカ人の割合は着実に増えている。[33] そういった年配の労働者の約四〇パーセントはいったん引退したあと、ふたたび仕事をするようになった人たちだ。[34] ソローは、「人生の終わりの一番価値の低い時期を自由に暮らすために、人生の一番いい時期を金稼ぎで費やす」人は愚かだと嗤っていた。[35] しかし多くのアメリカ人は、老後を自由に暮らすことさえできないのだ。

ベネディクト会の修道士、修道女たちのなかには、引退後の生活に不安を覚えるものもいる。たとえば生物学教授のシスター・ジーン・マリー・ラストは一九七三年にセント・ベネディクト大学を卒業して以来ずっとベネディクト会のメンバーだ。彼女は仕事を愛し、夏にはゴルフをする活動的な女性で、私が彼女と会ったときはTシャツにカプリパンツという姿だった。シルバーヘアのショートカットに眼鏡をかけたその顔には、しわもほとんどない。そんな彼女は、引退したら自分は何をしていいかわからないと言っていた。「私がほんとうにやりたいと思える仕事が、ここにはないんです」と言うのだ。年配の修道女の多くは引退後に霊的指導を仕事にするが、自身を「聖人タイプではない」と言うシスター・ジーンは、そういった仕事に食指が動かないらしい。水耕栽培を勉強して、修道院用の野菜を作るような仕事ならできるかも、と彼女は言っていた。

統計的に言えばシスター・ジーンも、シスター・セシリアやシスター・ルシンダ、そしてギフトショップのあの老修道士のように幸せな引退生活を送る可能性が高い。ある研究によると、ドイツのベネディクト会の修道女の生活満足度は、既婚、未婚を問わず一般のドイツ人女性の生活満足度よりも有意に高かったという。実際、典型的なドイツ人の生活満足度は中年期にぐっと落ち込むが、ベネディクト会員の女性はそうはならず、むしろ幸福度は年齢を重ねるにつれて上がっている。[36]

＊＊＊

互いの尊厳を信じ、互いの人間としてのニーズと仕事のバランスをつねに念頭に置いていることが、この修道士や修道女たちの幸せにつながっているのではないだろうか。宗教的信念の有無に関係なく、生産性を上げたいという欲求を悪魔的なものにしないためには、他者や自分自身の尊厳を認めることが重要だ。四半期ごとの利益目標には、労働者が健康を害してまで達成するほどの価値などない。また、顧客満足度よりも、注文を受け、クレームに対応する人たちの尊厳のほうがずっと大切だ。自分の仕事に対するプライドも、仕事をしていて感じる不安やバーンアウトも、その人の人としての尊厳を上回る価値はないのだ。

一日七回ある教会の祈りを終えるたびに、〈砂漠のキリスト修道院〉の修道士たちは聖歌隊席を離れるが、私は今でも彼らのその姿が忘れられない。修道士たちはそれぞれ、まず祭壇にお辞儀をし、向かいにいる修道士にもお辞儀をする。この行為を彼らは日に七回繰り返すのだ。自分の価値を証明するために絶えず働くことを求める文化と比べれば、修道士たちがしていることのほうがずっと革新的なのかもしれない。

八章　さまざまなバーンアウト対策

ミネソタ州カレッジヴィルに滞在していたある日の午後、私はリチャード・ブレスナハンの陶芸スタジオに立ち寄った。ドアが開いていたのでなかに入り、赤や灰色をした無釉のピッチャーやカップが並んだ棚をひとつ、ひとつ眺めていった。数分間、そうやって製品を見ていたが、土の塊を浅い鉢に一心不乱にたたきつけていたブレスナハンは、私が入ってきたことにも気づかない。通りの反対側では彼の弟子たちが、数カ月後に迫った窯の火入れ準備に追われていた。弟子たちは棚を高圧で洗浄したり、薪を割ったりと、忙しく立ち働いていた。彼らが湖畔にある巨大な窯に火を入れるのは二年に一度だけで、一万五〇〇〇個近い作品をきっちり窯の中に並べ、二二コード〔薪の計量単位。一コードは三・六二立方メートル〕の薪で焼くのだという。[1]

けれど毎日午後三時になると彼らは作業を中断し、陶工たちはスタジオに立ち寄った人たちとともに一メートル四方の囲炉裏テーブルを囲む。テーブルの真ん中のバーナーの上には鉄瓶がかけられ、弟子のひとりが、わき上がる泡の具合でお湯の温度を判断しながらポットで何杯もの緑茶をいれていた。私たちはお茶を飲み、おしゃべりをし、彼の弟子が庭で育てた、これまで食べたことがないほど甘いチェリートマトの入ったボウルを手渡しで回していった。そこに思いがけず、ノースダコタの陶芸家夫婦がやってきたので、私たちは彼らも座れるように椅子をずらして場所を作った。

そのテーブルはまさに、「人間の豊かな暮らしに必要なのはコミュニティと、仕事を制限し、人々が互いの尊厳に配慮する機会をつくる定期的な余暇である」という原則が具現化されたものだった。そこにあるのは、現代に生きる私たちの多くが仕事に対して抱く理想よりずっと人間味のある理想だった。

いまの私たちに必要なのは、バーンアウト文化との根本的な決別だ。ではどう決別するべきか。それを考えるうちに、私の関心は文化の周縁にいる人々、現在の基準では普通ではない、あるいは「成功していない」ように見える人々へ向いていった。そのような現在の基準こそ、変えなければいけない文化の一部だからだ。また、トータル・ワークの文化も終わらせないと、バーンアウトを根絶することはできない。これまでの五〇年間と同じ働き方をしているかぎり、状況が突然改善することなど期待できないからだ。第一章で紹介したバーンアウトの一般的な言説のほとんどが、浅く、消極的なものだったのもそのせいだ。私たちは「バーンアウトに陥りたくない」と言ってはいるが、これまで自分たちが仕事の回りにせっせと築いてきたバーンアウトの原因、すなわち仕事の意義の体系——もちろん営利体系も含まれる——を手放したくもないのだ。

たしかに仕事以外のものを中心に据えた良い人生を実践するのは簡単ではないだろう。それでも、その難題に挑戦している人たちはいる。よりよい職場づくりに取り組む人もいれば、仕事以外の趣味を楽しむ人もいるし、障害があって賃金労働ができなくても、アートプロジェクトに生きがいを見いだしている人もいる。こういった事例を通じて私たちは、人が自身の尊厳や道徳的価値、目的を仕事以外で見つけるには、どのようなコミュニティ構造、どのような個人的訓練が役立つかを見ていく必要がある。彼らの理想は現実の仕事とどのように関わり合っているのか。言い換えれば、バーンアウト対策となるカウンターカルチャーにはどのような特徴があるのだろうか？

＊＊＊

ミネソタから帰って数カ月後のある雨降りの春の朝、私はシティスクエアの月例ミーティングを訪れた。シティスクエアは、直接的な貧困撲滅活動を行う非営利団体で、困っている人たちに住宅や食料、医療を提供している。私をミーティングに招待してくれたのはシティスクエアの当時の最高人材活用責任者、ジェリー・ブラッドリーで、ミーティングはパーティみたいですよと彼女は言っていた。会場は、サウスダラスのハイウェイ脇にある目立たないバプテスト教会で、なかに入ると廊下にはコーヒー、ジュース、朝食のタコスが用意されていた。教会内にはゴスペルミュージックが流れ、壁は青、カーペットも、積み重ねられる椅子の座面も青だ。シティスクエアの正規スタッフは約一六〇人で、その大部分は女性だった。人種構成は多様だが、半数ほどがアフリカ系アメリカ人だ。

髪を暗いワインカラーに染め、ジャケットの下にオレンジ色のシティスクエアTシャツを着たブラッドリーは、教会内を歩きながら、入ってくるスタッフたち全員をハグしていた。ミーティングが始まると、彼女はまず住宅供給部門に新たに採用された三人の女性をメンバーたちに紹介した。「新しい貧困ファイターたちに拍手を！」とブラッドリーが呼びかけ、全員が拍手をする。貧困ファイターとは、この組織で貧困と闘うスタッフたちの名称だ。

次に、スタッフの仕事を讃えるオープンフォーラム「あなたの仕事に感謝を」が続いた。これが彼女の言っていた、このミーティングのパーティ要素らしい。ブラッドリーは、同僚の仕事を称賛したい貧困ファイターたちに次々にマイクを渡していった。「食料プログラムのスタッフの仕事に感謝します」、「プログラムの監査に合格した隣人サポート・サービスチームの仕事に感謝します」、「食料プログラムのスタッフの仕事に感謝します」と声があがる。そして二〇人ほどのスタッフが立ち上がると、誰かが「みなさん、このスタッフたちに感謝しましょう！」と大きな声で叫び、全員がふたたび拍手をした。

そのあとも次々に称賛と感謝の言葉が続いた。「ミーティングの場所を予約してくれたアンドレアに感謝します」、「理事会の途中で訪ねてきた家族の住宅と学校探しを手伝ったすべてのスタッフに感謝します」、「アウトリーチ・チームの特別部隊に感謝します」、「プログラムの監査のために、部屋の改装をしてくれた人たちに感謝します」。

マイクが戻ってくると、ブラッドリーはスタッフ全員が、監査のあいだしっかりと「シティスクエアの姿勢」を見せたことに感謝の言葉を述べた。シティスクエアは監査で好意的な評価を受けたが、なんとそれだけでなく、行政側の担当者は監査を終えるとすぐに、シティスクエアの求人に応募してきたという。

私がシティスクエアに関心を持つようになったのは、ある会議でブラッドリーに会ったのがきっかけだった。彼女は、スタッフたちの仕事ぶりを語り、その原動力となっているのが思いやりの心だと話していた。それを聞いて、もしかしたらこのシティスクエアこそが、「どうすれば一般の職場に人間の尊厳を中心に据えた文化をつくり、バーンアウトを撲滅できるのか？」という重要な問いの答えかもしれないと思ったのだ。

貧困ファイターたちはつねにバーンアウトのリスクにさらされている。ブラッドリーは小さなショッピングモールのサンドイッチ屋でコーヒーとBLTのランチをとりながら「この仕事はすごく難しい仕事なので、困っている人たちの世話をするときは、自分たちのこともお互いにケアしないといけません」と言っていた。スタッフの仕事を評価し称賛するというシティスクエアの強い決意は、スタッフミーティング恒例の「あなたの仕事に感謝を」によく表れている。じつはこれは、多くの職場でよく見られる欠陥――フラストレーションやバーンアウトにつながりかねない欠陥――への対応策の一環だった。もっと具体的に言えば、シティスクエアの従業員支援プログラムではカウンセリング・セッションを年に三回から六回に増やし、その対象もパートタイムとフルタイム両方のスタッフを対象にしていた。このような対策があるのは、対人サービス職にはストレスやバーンアウトがつきものという認識があることの表れだ。シティスクエアの代表者、ジョン・シバートは私のインタビューに「シティスクエアでは、バーンアウトを恥ずかしいことと思う感覚はありません」と語り、「たくさんの人をこれほど深く、濃密にケアするのですから、ストレスやバーンアウトが起こるのは人間としてあたりまえの反応です」と言っていた。シティスクエアは最近、有給休暇も増やした。有給休暇と年末の二週間の休暇を合わせると、スタッフは年に最大で五三日間の休暇を取れることになり、これはアメリカの連邦法が求める日数より四二日多い。シティスクエアの元スタッフによれば、スーパーバイザーたちは、有給休暇はすべて消化するよう奨励していたという。

ブラッドリーによれば、休暇以上にバーンアウト防止に有効なのが、スタッフに寄りそった人員配置だという。そういった人事管理は「スタッフに厳しい真実」を告げなければいけないことも多いが、すべての基本は愛であり、スタッフの成長や、職場が彼らにとって最適な空間になることを願っての措置だという。たとえばあるスタッフの仕事ぶりが「理想的ではない」場合、ブラッドリーはそのスタッフの上司に、当該スタッフの長所、すなわちその人物を雇用した理由を思い出させ、そのスタッフの立場だったらいま上司に何をしてもらいたいと思っているかを尋ねるという。こういったやりとりの結果、そのスタッフには休暇が与えられることもあれば、部署異動が告げられることもある。ブラッドリーはその例としてケースマネジャーを束ねていたある管理職スタッフの話をしてくれた。人事管理に疲れていたそのスタッフの仕事を助成金の管理に変えると、彼は能力を最大限に発揮したという。また、あるスタッフに休暇とコーチングを与え、役割も刷新したら、その仕事ぶりがめざましく改善した例もあった。勤続年数の長いスタッフの場合、組織内で代替えの仕事が見つからないこともある。そういう場合はすぐに解雇はせず、そのスタッフが自分の目標を見つけて組織の外で仕事を探せるように、数カ月間は現在の仕事に残れるよう配慮するという。

私と会う数カ月前、じつはブラッドリー自身もバーンアウトに陥り、今後もシティスクエアで活動するには職務を変える必要があると感じたという。シティスクエアで一〇年働いてきた彼女はそのころ、人事部門とコミュニティの雇用促進プログラムの両方を運営していた。どちらの仕事もブラッドリーが信じる使命を推進するものであり、彼女はこの仕事が大変気に入っていた。なぜならそれは「夢中になれる」ものだったからだ。だが同時に、それが問題でもあった。彼女は休むことも、助けを求めることもなく、四六時中働いていたのだ。「もうちょっとできる、もう少し頑張ろうと自分に言いつづけていました、でもこれ以上は無理、と気づいたのです」と彼女は言う。なんと血圧がどんどん上がりはじめていたのだ。シティスクエアの幹部たちと相談した彼女は、自分が疲れていることを認め、一カ月の休暇を取った。そして仕事に戻ってからは、人事部門の仕事だけに集中することにした。シティスクエアにいたころのブラッドリーは人事管理という仕事を、規則を決めて、それに従わせる仕事としてではなく、人と出会う仕事として捉えていた。「人間関係があれば、リスクは軽減できます」と彼女は言っていた。ただし人間関係を優先すると、人事の仕事の境界線はどうしても曖昧になる。「でも、スタッフと一緒に泣いたり、スタッフのために祈ったりしてはいけないなんておかしいですよね？」とも彼女は言っていた。じつはシティスクエアは宗教的ルーツを持つ組織だ。教会と提携していたため、歴史的にはセントラル・ダラス・ミニストリーズと呼ばれていた時期が長く、長年にわたって経営責任者を務め、現在は名誉経営責任者となっているラリー・ジェームズは牧師だ。私が見学したミーティングも最後は祈りで締めくくられた。信仰色を全面的に出しているのは、仕事に来るスタッフたちに、自身のいかなる側面もコンパートメント化〔人のさまざまな側面を区別し、互いに影響を及ぼさないようにすること〕してほしくないからだとブラッドリーは言っていた。「私たちはその人をまるごと受け入れたいのです」と。元ケース・マネジャーのマーリー・マレンファントは、スタッフが持ち込んでくるすべてを受け入れようとする姿勢に、シティスクエアの宗教的ルーツを感じたと言っていた。彼はそれを、人を「ありのまま」受け入れる環境と語る。

元スタッフたちは、上司が仕事以外の自分のくらしにも関心を寄せてくれたことに感謝していた。三章で紹介した、あのシニシズムに陥ったソーシャルワーカー、リズ・カーフマンもシティスクエアで働いていたが、彼女の上司は新しく家を買った彼女と夫に引越祝いを詰めたバスケットをプレゼントしてくれたという。シティスクエアのリーダーたちは私が人生のあらゆる面で成功することを願ってくれていました、と彼女は言っていた。マレンファントによれば、毎週月曜の午後に開かれていたミーティングには、相談者に関する議論だけでなく、スタッフ各人の身の回りのことについて語り合う時間も組込まれており、彼の上司は本気で耳を傾けてくれたという。「あれはすごくいい試みでした」と彼は言う。「多くの意味で癒やされた」と。こういった取り組みは効果があったようで、私がブラッドリーと会った当時、シティスクエアの離職率は同様の組織の平均を下回る約一二パーセントだった。

＊＊＊

シティスクエアのスタッフ・ミーティングで「あなたの仕事に感謝します」のパートが終わると、代表者のジョン・シバートがスピーチに立った。そしてベージュのスポーツコートを着た大柄な彼は、シティスクエアの元経営責任者、現名誉経営責任者のラリー・ジェームズのエピソードを次々と語りはじめた。ジェームズがテキサスの田舎で育ったこと、ジェームズと彼が支援する人たちとの関係性、自分の第二の父としてのジェームズの役割などが立て板に水の勢いで語られる。さらに、自分の出張予定と息子のリトルリーグの試合がぶつかったときは、息子のチームをコーチできるようにとジェームズが出張を延期してくれた、と言って声を詰まらせた。彼は、シティスクエアのスタッフはみな、お互いのことを気にかける必要があること、そしてジェームズこそがそのお手本だと熱弁した。「まわりの人に注ぐ彼の愛は私のなかにも生きています」とシバートは言い、「それはあなたのなかにもあるのです」と続けた。

しかし、スタッフの業績評価では「積極性」を評価する、と彼があえて強調したときは、そこにかすかな強制のニュアンスを感じた。スタッフの誰かがそのことについて何か不満でも漏らしたのだろうか？　シバートはシティスクエアの文化には積極性が不可欠だと強調し、「一緒に働く仲間に後ろ向きの姿勢を見せたら私たちはおしまいであり、［ジェームズの］使命は彼とともに死んでしまうのです」と続けた（シバートはのちに私に、自分が積極性について話したのは、それこそがシティスクエアの中心的価値であり、積極性は「あえて意識しておかないと」仕事のストレスで失われてしまうからだと説明した）。彼は最後に、「あなたたちがどれほど感謝され、どれほど愛されているか」を知ってほしいと言い、「ありのままのあなたがいかにすばらしい存在かをぜひ知ってもらいたい」と締めくくった。

「ミーティングでは、彼は毎回泣くんですよ」と、あとでひとりのスタッフが言っていたが、ブラッドリーもまた、シバートが返してきたマイクを受け取りながら涙を拭っていた。

シバートのスピーチは、カリスマ的リーダーの理想の上に構築された組織に生じた深い葛藤を解消するためのものだ、と私は感じた。ジェームズはまさに、マックス・ヴェーバーが言うカリスマ的リーダーの典型で、その権威は官僚的な規則や手続きからではなく、説得力あふれるひとりの人物と人々の関係性から生まれていた。[2] ジェームズ・ラリーは著書『組織の掟（House Rules）』のなかでも、リーダーは「自身の組織に出入りする人すべてを愛し、尊重することができない人を許容してはならない。友情は私たちの基本のキであり、友情がない組織は、かならず失敗する」と熱弁している。[3] また彼はリーダーたちに、活気のあるコミュニティを作るには「混沌」も受け入れることを奨めている。[4] カリスマ的なリーダーの権威を人々が認めているかぎり、組織は繁栄しつづけるというのだ。

シティスクエアで長年働いていた元スタッフによれば、感情的負担が非常に大きいこの仕事がそれでも持続可能なのは、ジェームズやスタッフ同士に親しい関係性があるからだという。セントラル・ダラス・ミニストリーズと提携していた教会の元主任牧師で、一九九七年から二〇〇五年までシティスクエアの副所長も務めたビリー・レーンはシティスクエアでの仕事は、「仕事のようには感じなかった、まるで人生のように感じていた」と語っている。ジェームズとレーンは毎週、スタッフやボランティアが「お互いを育て合い」、さらには仕事に対する思いも吐き出せる「集まり」を開いていた。それは「発散」する時間であり、ときにはジェームズを含むメンバーが引き起こした問題について罵り合う時間でもあった。

レーンがシティスクエアで経験した相互の信頼関係について語ったとき、私はクリスティーナ・マスラークとマイケル・ライターが作成した、労働者がバーンアウトの緊張を感じる六分野のリストのことを考えた。レーンの仕事量はかなり多そうだったが、その負担感は先述の「集まり」のような儀式で生まれる強い共同体意識や価値観の共有によって軽減されていた。しかしそのようなコミュニティを大規模な組織で維持するのは難しい。大規模組織はどうしても、官僚組織的になりがちだからだ。そこに生まれる官僚的権威を物語る最良の例が、スタッフミーティングでジョン・シバートが言っていたスタッフの評価方法、あの積極性を重視するという評価方法だ。私の目にはシバートが、その方法をジェームズのカリスマ性と結びつけようとしているように見えた。では、なぜスタッフたちはこの評価方法を信頼すべきなのかという問いに対する彼の答えは、この方法を使えば、シティスクエアの文化を築いた敬愛すべきリーダーであるジェームズの使命感に、いまも貧困ファイターたちが共鳴しているかどうかを知ることができる、というものだった。

ビリー・レーンの妻のジャネット・モリソン・レーンがシティスクエアで一七年間も働いたのは、就職面接のときジェームズにフードパントリー〔生活困窮者に食料を提供する食料配給所〕に連れて行かれ、なんの指示もなしに仕事をまかせられたからだった。このときジェームズは彼女に、バーンアウトの心配なしに働くうえで極めて重要なものを与えられた。それは、自律性だ。彼女もまたシバートと同様、ジェームズを父親的存在と感じていたと言っていた。モリソン・レーンは、ジェームズが一九九四年にセントラル・ダラス・ミニストリーズを引き継いだ直後に雇い入れた最初のスタッフのひとりで、彼女は教育プログラムのトップに就いた。とはいってもその後、しばらくはフルタイムの正規スタッフはジェームズと彼女だけだった。モリソン・レーンによれば、その後、非営利団体に資金援助する機関はより多くの説明責任指標を要求するようになったという。それに応じてシティスクエアは成長していったが、その成長とともに組織内の文化は変わったと彼女は考えている。「ラリーが雇った誰かが、また別の誰かを雇い、そのまた誰かが別の誰かを雇っていきました」。つまり組織が大きくなるにつれ、スタッフ間の親密度が薄らいだのだ。そうこうするうち、コミュニティを維持するのも、スタッフ全員に組織の中心的価値観を徹底させるのも難しくなっていったという。

カリスマ的リーダーは労働者に利益をもたらすのか、それとも負担を強いるのかについては、学者たちのあいだでも議論がある。[5] カリスマ的リーダーは人々を鼓舞するが、つねに鼓舞されつづけるのは疲れるし、それが労働条件の悪さをごまかすのに使われるようであればなおさらだ。しかしエビデンスから見れば、一般にはカリスマ的リーダーはバーンアウトを防ぐとされている。[6] ある研究によると、労働者は概してカリスマ的あるいは「変革をもたらすタイプの」上司の下で働くほうがバーンアウトになりにくい。しかしそれは、労働者の「新たな経験への受容度」や想像力、感受性、好奇心が中程度から高度である場合にかぎられるという。[7] つまり私がシティスクエアで見たようなカリスマ的リーダーシップはバーンアウトを防ぐのに役立ちはするが、誰にでも効果があるというわけではないということだ。

モリソン・レーンは、シティスクエアの官僚主義とあのスタッフミーティングに疲れたと言っていた。彼女はシティスクエアを知り尽くしていたため、みんながどんどん仕事を振ってきたが、「昇進はなかった」。「それでも成果としての数字は求められるのです」と彼女は言っていた。さらに同僚のひとりが殺害され、彼女が対応していた子どもふたりも殺された。とどめとなったのは、彼女が指揮してきた教育プログラムがなくなり、専門外のホームレス問題の担当になったことだった。その結果、彼女の仕事への情熱は冷め、その後は九時から五時までの仕事と割り切るようになったという。新しい仕事とそれに付随する事務仕事への不満は募ったが、そのあいだもジェームズは彼女の自主性を尊重しつづけた。「その仕事が私に向いていないのを、彼はわかっていたはずです。でも、『きみはもういらない』とは言いませんでした。私が自分で気づくのを待っていただけです」と彼女は言っていた。モリソン・レーンは二〇一二年にシティスクエアを辞め、難民が多いダラス地域のヴィッカリー・メドウで教育プログラムを実施する非営利団体に就職した。いまはそこの四人のスタッフのうちのひとりだ。

どのような権威モデルでも、リスクはかならず伴うし、官僚主義は理想主義者を失望させる。貧困を撲滅したい、教育や癒しを与えたいと思って働きはじめたのに、気がついたら書類仕事に追われることになれば失望するのも無理はない。官僚主義には脱人格化、すなわちバーンアウトの典型的症状であるシニシズムが組み込まれている。いっぽう、カリスマ的リーダーシップは本質的に不安定だ。尊敬するリーダーがいなくなったあと、そのリーダーを中心にして築かれた権威システムをどうやって維持するのか？[8] カリスマ的存在を中心にして築かれた組織は人の感情に依存するところが大きいが、感情はつねにうつろうものだ。だからスタッフ一六〇人の組織を「愛」で運営するのは、曲芸の皿回しと同じくらい難しい。メンバーの感情に絶えず働きかけていないと組織を維持することができないからだ。さらに、人間関係をベースにしたシティスクエア文化の維持は、組織と同じ価値観を共有する人を雇えるか否かにかかっている。「この文化が万人向きではないことはわかっています」とジェリー・ブラッドリーは言う。「シティスクエアはちょっと変わっているけれど、これは正しい種類の〝変わっている〟だから、と私たちはよく言っているのです」。

たとえシティスクエアが官僚主義的にならざるをえないとしても、労働者の人間性を組織運営の中心に据えたその手法には感銘を受けた。私がバーンアウト・スペクトラムに陥りかけていたとき、ブラッドリーのような人が私の仕事を見守り、健康にも目配りしてくれていたらどんなによかっただろう。また、シティスクエアのスタッフミーティングのように、仕事を称賛、評価してもらえる機会があれば、それも助けになっただろう。だが同時に、レーン夫妻がシティスクエアで感じていた感情は、私にはちょっと重すぎるかもしれない。シティスクエアのような組織は、淡々とした関係性を好む人たちが苦手な場所でこそ、うまくいくのだ。そもそも、人間味のある官僚主義によって労働者が感じる仕事の負担が軽減するのであれば、使命を重視するシティスクエアのような職場は愛やリーダーの人格に頼らなくても維持できるのではないだろうか。

ロールプレイング・ゲーム〈ダーコン〉を実演して楽しむ人たちのクラブを追った二〇〇六年のドキュメンタリー映画『ダーコン』では、何人かのプレイヤーが、小売店や製造現場での自分の仕事には意義を見いだせないと語っている。だから平日の彼らは何時間もかけて次のゲームの実演の計画を練り、凝った中世の衣装を作り、エルフ語で話す練習をし、週末になると、対等なメンバーからなる集団の一員として尊厳と自律性のあるヒーローになるのだ。プレイヤーのひとりベッキー・サーモンドは「仕事では主導権を握るのは上司、でもダーコンなら主導権は私にありますから」と言っている。[9]

バーンアウト文化をなくすには、シティスクエアのように人間の尊厳を優先する必要がある。それと同時に、余暇を優先することも重要だ。そう、週末のために働くのだ。しかし、ヨゼフ・ピーパーが言っていた余暇は、たんにリフレッシュして仕事に戻るための「休憩」ではないということは覚えておく必要がある。ピーパーは、「余暇は、労働者をきちんと機能させ、壊れないようにするためにあるのではない」、「余暇は、労働者が人間でいつづけるために必要不可欠なものだ」と言っている。[10] 趣味もうまく活用すれば、仕事を生活のなかで適切に位置付けるのに役立つし、自分自身を健全に保つのにも役立つ。

＊＊＊

たとえばサイクリストのポール・マッケイも、趣味を最優先にした労働者のひとりだ。二〇〇マイルのグラベルレース〔砂利道を走るバイクレース〕出場を控えていたころの彼は、金曜の夜は一週間おきにソファで寝ていた。深夜にトレーニングに出るとき、妻や三人の子どもたちを起こしたくなかったからだ。トレーニングでは、オクラホマ州のスティルウォーターにある自宅からおよそ一一〇キロの距離を自転車で走ってオクラホマシティで友人と落ち合い、そこからさらに一二時間から一四時間かけて、往復二五〇キロ以上の道のりを走っていた。そのあとは家族と待ち合わせて夕食を取り、一緒に車で帰宅していたという。

　夜間の自転車走行はかなり大変そうだが、マッケイに言わせればそれは至高の体験で、瞑想的でさえあったという。「真夜中の月光の下、舗装道路に落ちる自分の影を眺めながら、爽快な気分で二車線のハイウェイを走れるなんて最高だと思いませんか？」と、私の電話インタビューに彼は答えている。たしかにそんな感覚を味わえる術を見つけたら、それを中心に自分の人生を構築したいと思うだろう。

　自分のアイデンティティは仕事にはない、とマッケイは言う。彼は長年、タイヤ・メーカーで夜勤をしていた。夜勤であれば、午後の仕事の前に二時間は自転車に乗れるからだ。その時間、自宅には誰もいないから、家族が寂しがることもない。「身も心も仕事に注いでいる人と同じで、私は自転車に身も心も注いでいました」と彼は言っていた。午後に自転車に乗れば幸福ホルモン《エンドルフィン》が分泌されるので、そのあとの困難で危険な仕事も乗り切れたという。彼は、工場の事故で同僚が命を落としたのも目撃しており、「サイクリングは私の逃げ場でした」と言っていた。サイクリングは彼が職場の肩書き以上の存在となる手段だった。「サイクリングは私に自尊心と希望をくれたのです」

　マッケイとおなじで、私が会ったほかの趣味人たちも、自分自身と仕事を同一視することには抵抗を感じていた。たとえば大手航空会社の整備士ケン・ジャーニーにとって、車は仕事以上の存在だった。私がバーンアウトについて聞きたいと言うと、彼は即座にティーンエイジャーだった一九七〇年代の公道レースのことを思い出し、「あのころはよく、バーンアウト〔タイヤから煙をあげて走ること〕をやってましたよ!」と言ったほどだ。彼の最初の車はシボレー・ノヴァだった。その後は、海兵隊に所属していたときの危険手当で一九六四年製のシボレー・コルベットを購入し、何年もかけて修理したという。さらには、なかなか手に入らない一九六九年製のシボレー・ノヴァも手に入れ、エンジンを改造した。この手の車について彼は非常に詳しく、コルベットのエンジンの点火順序も典型的なボルチモア訛りですらすらと教えてくれた。

彼は一日一二時間、連続で七日間仕事をしたら次の七日間は休みというシフトで働いていたが、仕事はそれほどきつくないと言っていた。航空機のことは知り尽くしているし、一緒に働くチームも信頼できるメンバーたちだから、と。飛行機は家まで追いかけては来ないから、仕事のことは休日には完全に忘れることができる。私と話していたときは、冬場の保管のために車を整備していたところだった。彼は多趣味で、コインのコレクションもしており、さらに毎月一回は射撃練習場で「数百発を撃ち」、海兵隊で身につけた腕前も維持していた。また、コミュニティ活動にも熱心だった。私が彼と出会ったのはペンシルヴェニア州カーライルで開かれたコルベットの展示会場で、常連の彼は、あちこちのブースをまわりながら顔見知りの業者たちとおしゃべりをしていた。ジャーニーは、自分と同年代の人たちが、趣味もなく、仕事に追われているのが不思議でしょうがないようで、「引退したときにやることが何もなかったら、どうするんですかね?」と言っていた。

学者としてのキャリアが崩壊し始めたころ、私はアマチュアリーグのアイスホッケーチームに参加し、日曜の夜はホッケーをするようになった。また、スケッチのクラスにも一年間通った。こういった活動は楽しかったし、新たなコミュニティに参加することもできたので、一週間のうち二晩だけは、仕事上の惨めな気分から逃げ出すことができた。それでも、趣味で私のバーンアウトを防ぐことはできなかった。というよりも、私が趣味を始めたころには、すでに手遅れだったのかもしれない。

趣味があるからといって、かならずしも豊かな人生が約束されるわけではない。趣味は私たちが仕事オンリーになるのを防ぐ手段だが、趣味自体が不健康な執着になってしまうこともあるからだ。私と会う二年ほど前、ポール・マッケイは、自分が自転車に乗っているあいだ家族は寂しい思いをしている、自分は育っていく子どもたちに完全には向き合っていないと気づいたという。「仕事をして、自転車にも乗って、そのうえ子どももいたら、もう何もかもがごちゃごちゃです」とマッケイは言っていた。「すべて順調にいっているところちらが思っていても、子どもたちのほうは、パパは自転車があるから邪魔しちゃいけない、と遠慮しているわけですよ」。夜勤をしていたせいで、自分は夕食や寝かしつけといったごく普通の家族の時間を過ごしていないと、「気づかずにいた」と彼は言っていた。現在の彼は、「子どもが家にいるのなんて、短い期間です。まさに宝物のような時間なんですよね。やがてなくなってしまう贈り物のようなものだから、いまはそれを大切に抱きしめていたい……自転車にはいつだって乗れますから」と言い、自転車は子どもたちが大きくなってから、また乗ればいいと語る。マッケイは現在、フローリングを製造する会社で日中に働いているが、危険な仕事ではないのでストレスを感じることもないという。自転車は、乗れるときに乗っているが、一回で八〇キロ以上の距離を走ることはないと言っていた。

＊＊＊

「私は一週間を時間単位で考えています」とエリカ・メナは言う。自分はノンバイナリー〔自らを男性、女性のどちらでもないと認識している人〕だというメナは、フィンランドの小さな村に住む三〇代後半のプエルトリコ人アーティストで詩人だ。「一日二時間を七日間、つまり一週間で一四時間が、なんでも好きなことができる時間です」とメナは言う。「好きなことは、料理やウォーキング、アート活動などですね」

メナは慢性疲労症候群を患っており、一日に活動できる時間は限られている。それに加えて、境界性人格障害とアファンタジア（脳内でイメージを描けない障害）の診断も受けている。メナは毎朝、読書を一時間してから猫に餌をやり、朝食を食べ、その後、自分自身に「どんな気分？　散歩に行くエネルギーはある？　スタジオに行くエネルギーがあると思う？」と尋ねる。働けそうな日なら、自宅スタジオ、すなわちベッドから数メートルのところにあるデスクか、町の反対側にある凸版印刷スタジオに行く。そして曲が一時間流れるプレイリストをかけ、仕事にかかる。仕事は日によってさまざまで、紙を作ったり、厚紙を切ったり、活字を組んだり、インクを混ぜたり、本のパーツの糊付けや縫い合わせをしたりする。最近のプロジェクトは、二人のプエルトリコ人アーティストとの共著で、ハリケーン・マリアについて書いた『アメリカ男の死の塗り絵』だ。私とのビデオ電話の途中、メナはその本を床に広げて見せてくれた。ページを開いて床に立てると、星の形になる本だ。

「私は仕事に没頭してしまうんです」とメナは言い、「私にとって仕事は一種の瞑想のようなもので、時間も自分の身体の声を聞くのも忘れて仕事のリズムに飲み込まれてしまう」と付け加えた。プレイリストで音楽をかけるのもそのためで、一時間で音楽が止まれば、メナも仕事の手を止める。そして、まだ続けられる気分かを自分に尋ねるという。エネルギーがなかったら、ほかの雑用をするか休憩をする。それは自分への思いやりだ。私と話した日のメナは仕事ができる気分ではなく、「とりあえず生きていることしかできないっていう日もありますが、それはそれでいいんです」と言っていた。「それでもじゅうぶん価値はありますから」と。

メナのこの作業習慣を聞いて、私はニューメキシコで見た、〈砂漠のキリスト修道院〉の修道士たちを思い出した。あの修道士たちと同様、メナのスケジュールも厳密に制限されている。メナの場合、その制限の理由は定時に行われる共同の祈りではなく体調だ。だからプレイリストの終わりは修道院の鐘の音と同じ役割を果たす。たとえ仕事が順調に進んでいても、とりあえずそこで仕事はやめなさい、もっと大切なことがあるのだからと自分自身に告げるのだ。これもまた、労働に制限を課す儀式のひとつだろう。

シティスクエアは、従業員の人間性を全面的に尊重しようとする組織の姿を具体的に見せてくれた。ポール・マッケイやケン・ジャーニーのような趣味人は、仕事よりほかの活動を優先することの可能性を見せてくれた。また、労働年齢ではあっても機能的障害から報酬のある労働ができないメナのようなアーティストの働き方は、尊厳や自由や意義があるインクルーシブな労働モデルへの道を示している。アートはまさにその典型と言える活動だ。なぜならアートは有給の仕事同様に何かを生み出すが、人々が非商業的な理由で取り組む活動でもあるからだ。また、アートの創造は、ほかのアーティストのコミュニティやそれを支えるさまざまな分野とも関わるので、障害があるメナのようなアーティストは、私たちが雇用から得る精神的幸福の多くを、雇用とは別の手段で手に入れることができる。

いまのメナはこのように一時間単位で仕事をしているが、昔からそうだったわけではなく、もともとは新進気鋭の学者として一〇年以上にわたって活躍し、多くの成果を上げていた。学生を指導しながら、終身在職権を得るために奮闘し、文芸誌と小さな出版社も経営していたのだ。メナにとってアカデミックな世界で働くことの魅力は、その自由さだった。仕事量は多かったが、九時五時の事務仕事ではないし、その大半はいずれはやるはずの仕事だった。

二〇一六年一〇月、ブラウン大学で教鞭を執っていたメナは体調を崩した。当初は風邪をひいたと思っていたが、結局、翌年の四月まで寝たきりの状態で過ごすことになった。秋には体調もある程度戻り、症状とも折り合いをつけられるようになったので、ふたたび教壇にフルタイムで立ちはじめた。しかし当時のパートナーや助手の手を借りても、仕事をこなすことはできなかった。結局、精神科の救急処置室に駆け込んで、外来治療プログラムを受けることになった[11]。そして一年後、メナはフィンランドに引っ越したのだ。

「以前の私は、勤勉に働かなければ自由は得られないと思っていました」とメナは言う。しかし病気になり、障害学を学ぶうちに、その考えは誤りだと気がついた。現在、通常の職についていないメナは、これまでの蓄えと、フリーランスでの執筆や編集の仕事、そしてアート作品の販売で暮らしている。そこで私はメナに、フィンランドで暮らしているいまのほうが、以前よりも自由を感じるか尋ねてみた。フィンランドは、幸福で社会民主主義がうまく機能している国と言われることが多いからだ。「資本主義の枠からはずれたいまのほうが自由ではありますね。障害者なので、多くの社会から切り離されていますから」とメナは答えた。ライターのジョハナ・ヘッヴァも、障害と資本主義を結びつけ、病いは「資本主義的な概念」と語っている。ヘッヴァによれば「〈健康〉な人とは仕事に行ける人、〈病気〉の人とはそれができない人」を指すのだという。その結果、資本主義社会は病いを通常の人間の一部ではなく、異常ととらえる。[12] ゆえに慢性病を患うということは、正常からの永遠の逸脱を意味し、社会から敬意を受ける資格がないことになるのだ。

しかしメナは、資本主義やアメリカのトータル・ワーク文化から脱したことで、自分の倫理的理想に極めて近い生活ができるようになったと言い、「おかげで、私は以前よりずっといい人間になりました」と語る。メナは障害のことを、自分は身体と感情とともに存在しているのだと教えてくれた〈贈り物《ギフト》〉と呼ぶ。障害を得たことで、自分は「いやがおうでも身体や感情とともに存在する」のだということを教えられたと言う。この大きな変化により、メナは朝起きてエネルギーがあると感じたときでも、スタジオに行かずに森を散策することに罪悪感を覚えなくなった。

散歩は本来、非生産的な時間の使い方だ。それは瞑想的な活動であり、貨幣価値のあるものを生み出すわけでもない、たんなる気晴らしだ。メナは木立をゆっくり歩きながら、動物の骨、木の葉、樺の木の皮など、散歩の途中で拾ったものをバッグに入れていく。こういった細々としたものが、次のアート作品の一部になるのだ。メナは自分にエネルギーがどのくらいあるかを頻繁にチェックし、ときにはもう少し遠くまで行くこともある。けれどメナにとっては時間も距離も重要ではなく、ただ、無理のない範囲で歩ければそれでじゅうぶんなのだ。

＊＊＊

私の友人、パトリシア・ノーディーンの仕事と障害にまつわる物語も、エリカ・メナのそれとよく似ている。メナと同様にパトリシアも学究的生活にあこがれたのは、スケジュールに融通が利き、自分が一番好きなこと、すなわち読んだり、書いたり、考えたりすることに時間を使えると思ったからだった。イエール大学で政治哲学の博士号をとり、シカゴ大学で教鞭をとっていた彼女は、出世コースを邁進していた。しかし三〇代なかば、彼女は仕事から離れざるをえなくなった。

パトリシアの障害はおもにエーラス・ダンロス症候群によるものだった。これは、体内でコラーゲンを生成する能力が弱まる、稀少な遺伝的疾患だ。彼女の説明によれば、コラーゲンは関節、皮膚、角膜などあらゆるものに含まれているため、コラーゲンの強い結合力がなければ、身体のパーツはバラバラになってしまう。そのせいで、パトリシアの関節はしょっちゅう脱臼する。また彼女の頭蓋骨には金属プレートが入っており、首の上端から肩甲骨までの椎骨は、あいだに神経がはさまらないよう、手術で結合されている。彼女は三年間、日常的に左半身の麻痺に苦しんだ。また多くの物質にアレルギーがあり、そのなかには麻薬性鎮痛薬のオピオイドも含まれているため、彼女はほぼ四六時中、痛みに苛まれ、メナと同様、多くの時間をベッドで過ごしている。

しかし、労働倫理を超えた自由を見つけるというメナの挑戦とは違い、パトリシアの挑戦は成人してからの人生の大半において、自身のアイデンティティのよりどころとしてきた学問制度に別れを告げ、新たなアイデンティティを見つけることだった。彼女はいま、大学時代を過ごしたインディアナ州ミシガン・シティで、実母とふたりで暮らしている。彼女の大学時代の一番の思い出は、パーティではなく、スコットランド人の哲学者デイヴィッド・ヒュームを初めて読んだ建物だという。

パトリシアは、障害者を指す「ディスアビリティ（能力がない、の意）」という言葉が嫌いだ。「そういった言葉は、あらゆる職業やアイデンティティを吹き飛ばす強力な言葉ですから」と彼女は言う。また、肢体不自由者を表す古い言い回し「インバリッド（健全ではない）」も同様で、自身のアイデンティティとなる仕事がない人は、何ものでもないという考えをいたずらに強化するだけだ。

私がビデオインタビューを依頼すると、パトリシアは、学問に貢献できる機会はめったにないから、と、二つ返事で引き受けてくれた。かつてパトリシアの知的生活の中心だったさまざまな活動も、いまではもう不可能になっていたからだ。「じっくり考えるのが難しいのです。何か思いついてそれを口にしようとしても、痛みが走って集中できなくなってしまう」指で顔の前に線を引きながら、彼女はそう言った。何か考えても、痛みがそれを消してしまうのだ。また、これまで医療の専門家たちと話してきた自身の幅広い経験をベースにした本をたとえ書けたとしても、それを出版することはできないという。なぜなら社会保険庁は、障害手当の受給者が稼ぐことのできる金額に制限を設けているからだ。

学問の世界から離れたのち、パトリシアはアートを中心に自身のアイデンティティを築いてきた。編み物は長年していても絵を描いたことはなかったパトリシアだが、友人に誘われたオンラインのアートグループで初めての作品を褒められ、それが励みになった。構図のバランスなど技術的な規則を学ぶことは彼女にとっては一種のパズル、一種の解くべき問題であり、その面白さに夢中になった。やがてインスタグラムでアート作品を発表するグループを見つけると、自分の作品の「できばえ」を気にすることなく、ソーシャルメディアに投稿しはじめた。そしてほかのアマチュア・アーティストたちと交流するうちに、自分が属すことのできるコミュニティを見つけたのだ。

「アリストテレスをどう訳すかにもよりますが、私たちは〈社会的〉、または〈政治的〉存在です」とパトリシアは言う。自分の作品を人に見てもらうことで「孤独にならずにすむのです。作品を投稿する行為は、自分も社会の一員だという感覚を味わわせてくれる」。二〇二〇年四月にパトリシアと話したとき、彼女はインスタグラムで知り合った友人と「パンデミック・ペンフレンド」と名付けたプロジェクトに取り組んでいた。毎日、それぞれがスケッチブックの一ページに作品を描いてはそれをオンラインで投稿し、一〇〇日後に完成したスケッチブックをまるごと相手に送るというプロジェクトだ。たとえばある日のパトリシアは、自分とペンフレンドが変顔をしている姿を、使用済みの切手とヴィクトリア時代の二人の女性の写真を使ってコラージュにした。翌日には、花が満開のマグノリアの木を描き、ポスドクとしてヴァージニア州に引っ越したときに初めて見たマグノリアにまつわる短い物語を書いた。このプロジェクトは「パンデミックのなか、お互いに相手を安心させるためのものでしたが、同時に、自分自身を安心させるためのものでもありました」と彼女は言っていた。「重要だったのは、お互いを、そして自分を評価し、認めることでした」

また、このプロジェクトはパトリシアに自ら選んだ規律を課すことにもなった。修道院のお祈りや、リチャード・ブレスナハンのティーブレイクと同様の規律だ。毎日、その人のために絵を描くと約束したら、「とにかく毎日、やらなくてはいけません」と彼女は言う。一般に、パトリシアと同年代の人たちは仕事をするなかで、そのような責任を負い、人間関係にまつわる道徳的仕組みを学んでいく。だがその場合、労働環境が労働者の理想から乖離すると、労働者はバーンアウトの危険にさらされる。ではもし私たちが社会レベルで、仕事を生活の中心からはずしたらどうだろうか。たとえ仕事中心の生活をやめたとしても、やはり自身の成長のためにはスケジュールを守る、目標を目指す、責任を持つといった道徳的仕組みは必要だ。

パトリシアは、自分の創作の腕が上がっている証しとして、四五冊のスケッチブックを指さした。「学ぶことが好きな人間にとって、これは充実感があるんです」と言う。彼女はベッドから離れて、キャンバスで絵を描けるように、自宅にアトリエを作りたいと考えていた。そのいっぽうで、自身の体調の見通しについては悲観的だった。いずれエーラス・ダンロス症候群の治療法が発見されるかもしれないが、おそらくそれまでに数年はかかると主治医は言っているという。そのあいだも、彼女はスケッチブックに作品を作りつづけている。「好奇心を持ち、ある程度の規律を守り、思いやりを持って、感謝の気持ちを忘れずにいるかぎり、私はこの状況を乗り越えることができます。とりあえず、これまではそうやって乗り越えてきましたから」と彼女は言っていた。

＊＊＊

意図的であれ、偶然であれ、私が出会ったベネディクト会の修道士も、シティスクエアのスタッフや趣味人も、そして障害があるアーティストたちもみな、ポストバーンアウトの精神すなわちバーンアウト文化が終わった後の世界の精神で暮らし、人の尊厳とその人の仕事はまったく関係ないと確信していた。だが、その確信に至るには多くの道がある。たとえば教皇レオ一三世は、すべての人間は神に似せてつくられたという聖書の考え方をとおして、そこに到達した。エリカ・メナがそう考えるようになった理由は飼っている猫だ。「世界中のどんな生き物よりも、うちの猫がかわいい」と断言するメナは、「でもこの子はなんの仕事もしていません。文字どおり、ほんとうになんにもしてないのです。それでもこんなに愛されるなら、人間だって同じですよね?」と言う。さらにメナは、自分の友人たちが愛に値するのなら、そして仕事などしたことのない子どもたちが愛に値するのなら、「私だって愛に値するはず」とも言っていた。メナはまた、ある女性の活版印刷プロジェクト『反資本主義者のラブレター《アンチキャピタリスト・ラブ・ノーツ》』からもインスピレーションを受けていた。その活版印刷作品には「あなたは、あなたの生産性よりずっと価値がある」と書かれており、自分と同じ、印刷物作品を制作するアーティストによるそのシンプルなひと言を読んだことで、メナは新たな考え方に目覚めたという。「インスタグラムで彼女のその投稿を見たときは、憧れのようなものを覚えました」とメナは言った。そして「そう信じるには、私はどう変わればいいのか?」と自問しはじめたという。

作家で画家のスナウラ・テイラーは、貨幣価値のあるものを生み出しているか否かに関係なく、人にはすべからく尊厳が備わっているとし、その考え方に基づき、「働かない権利」について論じている。腕や脚の動きが大幅に制限される関節拘縮を患う彼女は、アメリカでは障害者もほかの人たちと同様に資本主義の理想を追うことが求められるため、その理想を実現できない障害者は罪悪感を抱きがちだと語る。エリカ・メナやパトリシア・ノーディーンと違い、テイラーはこれまで普通の仕事についたことがない。しかし彼女は「あなたには価値がある、と確信を持って育てられたことは非常に幸運だった」と書いている。「働かない権利とは」と彼女は続け、「人の価値を労働者としての生産性や、雇用され得る能力、または給料で決めさせない権利だ」と主張する。それこそが、メナが『アンチキャピタリスト・ラブ・ノーツ』で出会った考え方だ。それは、ブッカー・T・ワシントンが信奉したアメリカの典型的な労働倫理とは正反対の考え方でもある。ワシントンは、社会的評価がない人は、懸命に働くことで自身の価値を手にできると説いていたが、ティラーは、誰もが本来持っている尊厳を私たちがあらかじめ認めていれば、働いていてもいなくても、人は「自分のことを誇りに思えるはず」と主張する。[13]人の価値や自由の基盤になるのは、生産性とはまったく別の何かだというのだ。

ティラーのこの考え方は、働けないという屈辱や罪悪感から障害者を解放するだけではない。それはすべての人を解放する。仕事に対する理想を下げ、労働者により良い条件を与えることが正当なこととされるのだ。働かない権利の行使を経済的に可能にする最低所得保障も正当化されるかもしれない。また、私たちが病いや障害を普通の生活の一部と考えれば、無報酬でほかの人の面倒を見ることも、有給で働くのと同様に普通の活動となるはずだ。[14]障害という観点で仕事を見ることで、私たちは人間の集団としての脆弱性や相互依存性に気づくことができる。さらには、バーンアウトをつねに自分だけの問題としてとらえ、他者と共有する問題ではないと考える個人主義を弱体化させることもできる。

誰もがみな、いまは「一時的に健康」なだけだとティラーは言う。[15]現在の能力に関係なく、私たちはみな、年齢とともに障害を抱えることになる。遅かれ早かれ、病気や障害で私たちは働くことができなくなるのだ。この事実を認識することは、私のような健常な労働者が働くことのできない人たちと連帯するうえで大いに役立つはずだ。障害は人間にとってごく自然なことだ。したがってこの状態に尊厳を見いだし、障害を持つ人々が自主性を持って意義のある生活を送れるように社会の仕組みを変えることは、すべての人の利益になる。ジョハナ・ヘッヴァは、私たちに共通する弱さをベースにした、革進的で新しい政治が必要だと呼びかける。「互いの弱さ、もろさ、そして不安を真剣にとらえ、それを支援し、讃え、エンパワーする政治。互いを守り、共同体を実現し、実践する政治。親族との強い絆や、持ちつ持たれつの社会性、そして思いやりのある政治が必要だ」と。[16]

ヘッヴァがここで主張しているのは、労働倫理の中核をなす約束とは別の約束だ。つまり人は働いてこそ価値があるという労働倫理の約束ではなく、ベネディクト会のコミュニティのように、何があろうと私たちはお互いの面倒を見る、という約束だ。そしてかつて人々が労働倫理の古い約束を政府や職場に組み込んだように、現代の私たちも思いやりを基本に組み込んだシステムを構築できるはずだ。レオ一三世が呼びかけたように、仕事を労働者の「健康や体力」に合わせて調整することができるはずなのだ。[17] 現在働いている人なら誰もが、自分の仕事の理想と現実にギャップを感じる可能性がある。現在の労働環境ならすべての人にバーンアウトのリスクはあるのだ。それもまた労働者が連帯するきっかけになるはずで、現在の労働環境や私たちが仕事に期待するものを変える原動力になるだろう。私たちは、社会がつくった理想によって生じた問題を、ただ漫然と見ているわけにはいかない。私たちこそが社会なのだから、私たちならその理想を変えることができるはずだ。

＊＊＊

そして、ふたたび私の話だ。憧れの職業だった大学教授を辞めた私は、妻が働くテキサスに引っ越し、自分の職業的アイデンティティを再構築しようと考えた。仕事の理想と現実のギャップによる苦しみがなくなったことには安堵したが、強烈な日差しが照りつけるコンクリートの都市に移り住んだ最初の一年は、まるで迷子にでもなったような気分で過ごした。私は新参者だったから、何をして食べているのかと聞かれることも多く、「作家、ですかね？」とあやふやに答えてはいたものの、何か詐欺でも働いているような気分だった。仕事を聞かれたときちゃんと答えられるように、大学院に戻って別の学位を取ろうか、それとも飲食業界で職を得ようかとあれこれ考えたりもした。私は長い一日をひとり家で過ごし、誰かが仕事をくれないかとじっと待っていた。そのうちだんだん、映画『地獄の黙示録』の冒頭でマーティン・シーン演じる特殊部隊員、なすべきミッションもなく、サイゴンのホテルの部屋で酒に溺れていくウィラード大尉の気持ちがわかるようになった。

私は少しずつ、発表する論文を増やしていった。文章を書くワークショップに行き、執筆、講演、教育を組み合わせた新たなキャリアの計画も立てた。やはり大学の教壇に戻りたいと思い、近所の大学の一年生向け文書作成プログラムのディレクターにメールを送った。すると、すぐに会いたいという返事が来た。ちょうど、数週間後に始まる講座を担当する教員を探しているところだったのだ。

その職を得たことは、私の能力をふたたび開花させるうえで重要な一歩となった。講義のスケジュールはゆとりがあり、一学期にひとつか二つのクラスを受け持つだけだったが、とにかくこれで所属する機関ができた。非常勤講師となった私は、いわば亀裂の入った職場の分の悪い側にいたが、それでも終身雇用の同僚たちは同じ仲間として私と接してくれた。だが何よりありがたかったのは、自分が頼られているという実感だった。講義をし、論文を採点し、パラグラフの書き方をアドバイスする私に、学生たちは全幅の信頼を寄せてくれた。それは、自分の労働が直接的に認められているという実感、ひいては私自身を認めてもらえているという実感につながった。他者からの評価に重きを置きすぎるのは危険とわかってはいたが、それでも教室を出る学生たちの感謝の言葉を耳にするのは純粋にうれしかった。

この章を執筆中、私はふたたびマスラーク・バーンアウト・インベントリーの診断テストを受けてみた。自分はもうバーンアウトしていないとわかっていたが、それを証明する科学的な根拠がほしかったのだ。前回の診断テストから四年後の今回、私のスコアはバーンアウトの三つの側面すべてで、驚くほど改善していた。仕事を辞めた直後のスコアは、情緒的消耗感が百分位で九八番目、脱人格化（シニシズム）は四四番目、そして無力感の高さを示す個人的達成感は一七番目だった。しかし今回の診断では、情緒的消耗感が一三番目、脱人格化はわずか七番目、そして個人的達成感は五五番目にまで改善していたのだ。

このスコアは、現在の私自身の実感を正確に反映していた。私はもう疲れ切っていないし、目覚めもさわやかで、その日の仕事のことを考えて恐怖におののくこともない。もちろんいまも仕事は大変だし、じっと座って執筆するのは肉体的にも疲れる。だがそれでも、大学でフルタイムの教員として働いていたころのような、四六時中疲れているという消耗感はない。教える仕事は私の時間のごく一部を占めるだけだし、執筆の仕事に関しては、ほぼ完全な自主性があり、好きなことを書いている。私はいまの自分の仕事に誇りを持っている。もしいまもバーンアウトをしていたら、この本を書くことはできなかっただろう。

診断テストの設問に対する私の回答は、私が教師としての仕事の理想を下げたことを如実に物語っていた。このテストでは「学生と一緒に仕事をすると気分が高揚する」頻度を尋ねる設問があった。気分が高揚する、これはなかなか高いハードルだ。講義のあと、私は気分が高揚するべきなのだろうか？一ヵ月に数回、と私は回答した。だがそもそも、それ以上頻繁に気分が高揚することが健康的と言えるだろうか？　いまの私はむしろ、教えるという行為に陶酔感を覚えることを避け、感情的に距離を置こうとしている。気分を上げすぎないように、そして落ち込みすぎないように気をつけている。そんな私にはこの診断テストの設問が、教えるという仕事を理想化しすぎているように思えた。たとえばある設問は、どの程度の頻度で「学生たちとのあいだに、くつろいだ雰囲気を簡単に作れるか」を尋ねているが、くつろいだ雰囲気を簡単につくるなんてあり得ない。講義中にくつろいだ雰囲気をつくるには、大変な感情労働が必要なのだ。そのうえクラス内で同時に起こっているさまざまなことにもつねに目を配る必要があるから、そうおいそれとできる芸当ではない。

学生たちが読書課題をやっていないときや、自分が学生の論文にコメントしすぎていると気づいたときに苛立つことは、いまもある。しかしだからといってそれが、私の人生そのものを問い直す大きな悩みになることはない。なぜなら昔ほど、私は自分自身と仕事を同一視していないからだ。私がいま乗っている竹馬は、昔の竹馬よりもずっと短い。だから現実と理想の二本の竿が離れはじめても、そのギャップはすぐに調整できるし、たとえ調整できなくても、非常勤講師としての若干の非力さを感じるだけだ。そのぐらいなら、特に問題なくがまんできる。

こうやっていま、私は新しい仕事のビジョンについて書いているが、自分でもまだそこまでうまく実践できているわけではない。自尊心を高める、とソローが言う精神的耐乏生活は苦手だし、スケジュールを立てるのも得意とは言えず、生産性が上がっていないと思うと不安にもなる。まだ仕事が終わっていないと感じたときに、「仕事を忘れなさい」というシメノン神父のアドバイスに従うのもそう簡単ではない。また、他人に認めてもらいたいという気持ちも捨てきれない。そのうえスケッチ用の鉛筆はもう何年も手にしていないし、ホッケー用スケートシューズも履いていない。

それでも、大学教授だった最後の年と比べれば、私はずっと楽しく暮らしている。しかしこの境地に至るまでには、生活をぐっと簡素なものにしなければならなかった。仕事を辞めてフリーランスになったことで、収入は七五パーセント減となった。それでもなんとかなったのは、妻に収入があったおかげだ。大学の終身在職権も、フルタイムの仕事を持っているという地位も捨てなければならなかったし、自分のエゴの一部も、長年の夢も捨てなければならなかった。だが、その結果、新しい夢が見つかった。

バーンアウトの苦しみを美化したくないのであまり言いたくはないが、私のなかには、あそこまで完全にバーンアウトしたことに感謝する思いもある。バーンアウトは、何かおかしいぞ、生活を大きく変えないと危ないぞ、と私自身に知らせる合図だった。もし、大学教授の仕事があそこまでつらくなかったら、そのまま頑張りつづけ、最終的にはより深刻なダメージを負っていただろう。なぜならその害は知覚しにくく、劇的な崩壊というよりはむしろ徐々に進行し、やがて大きな浸食を引き起こすからだ。こうやって考えると、バーンアウトもありがたいものに思える。

終わりに　ポスト・パンデミックの世界における非エッセンシャルワーク

本書を執筆していたころ、Ｃｏｖｉｄ－19パンデミックの波が世界中を震撼させた。やがて私は家から出られなくなり、数少ない仕事のスケジュールも大きく狂い、社交生活はほぼゼロになった。あのころは、身の回りのすべてのペースが鈍化したように思えた。緑豊かな私の自宅周辺では時間帯に関係なく、いつもより多くの人が歩道に出ていたし、プラスチックのカップでワインやビールを飲んでいる人もよく見かけた。犬たちはふだんよりたっぷり散歩をさせてもらい、ベビーカーの赤ちゃんたちもいつもより長く散歩に連れ出してもらっていた。通常なら仕事に行っている夫婦が、木曜日の正午に公園でテニスをしていることもあった。

しかしその平穏さは、国中が感じていた恐怖、不安、悲しみを覆い隠す薄い仮面でしかなかった。ウイルスはたった一年で何十万人もの命を奪い、パンデミックはすべての人の仕事に大きな影響を与えた。失業率は事実上一夜にして、歴史的低水準から歴史的高水準へと跳ね上がった。病院や介護施設、精肉工場、食料品店などの最前線で働く人たちは、多大な感染リスクにさらされながら、人命を救い、食糧供給を維持するために働いた。「エッセンシャル」ワーカーと、「非エッセンシャル」ワーカーの違いは、経済的にも倫理的にも非常に大きな意味を持つようになった。政治家もテレビの広告主も一般の人たちまでもが鍋やフライパンを叩いてエッセンシャル・ワーカーたちを「英雄《ヒーロー》」と称えた。しかし、出勤しないという選択肢もほとんどなく、即席の防護服に甘んじ、賃金も低いことが多い彼らの状況を考えれば、そんな賞賛などささやかな代償でしかない。

それでもエッセンシャル・ワーカーたちは道徳的ヒロイズムを発揮し、仕事を続けた。自らの命を犠牲にして人々の命を救い、社会活動が完全に停止してしまわないよう、地味な仕事をコツコツと遂行した。その一例が、公共ラジオで紹介されたニューヨークの市バスのドライバー、フランク・デ・ジーザスと同僚との会話だ。彼は「つらいことも、厳しい試練もいろいろあるけど、おれたちはニューヨーク市のためにやってるこの仕事が好きなんだ」と言っていた。その言葉に別のドライバー、タイロン・ハンプトンは「たしかにそうだ。おれたちにはドライバーの魂がある。その魂がいま、試されてるんだよ」と答えている。感染のリスクにさらされ、「兄弟」同然のほかのドライバーたちが感染して亡くなる姿をまのあたりにしていた彼らは、友情と仕事への使命感に慰めと力を見いだしていた。「俺たち、こいつを乗り切ろうな」とハンプトンはデ・ジーザスに言っている。「俺たちなら乗り切れるさ」[1]

いっぽうこのころ、何百万人もの「非エッセンシャル」なオフィス労働者たちは、自宅でリモートワークを始めていた。また、学校が休校になったせいで、保護者たちは仕事をしながら無給の教員補助役も担うことになった。なかには自宅で働くことで、仕事量が通常より大幅に増えた人もいた。仕事を物理的に妨げるオフィスや通勤がなくなったからだ。オンライン・ネットワークは一日二四時間つながっているため、ある仮想プライベート・ネットワーク・プロバイダーの話では、二〇二〇年の春、アメリカ企業のユーザーがネットワークにログインしていた時間は一日平均して三時間増えたという。[2]つまり、仕事がまったくない人も多かったが、異常に働き過ぎていた人たちも存在したのだ。

このウイルスは、仕事における性別、人種、そのほかの格差も広げた。仕事を失ったり、家にいる子どもの世話で仕事を辞めざるを得なくなったりした割合は、女性の方が男性よりずっと高く、アメリカ人女性の労働参加率は一九八八年以来最低の水準にまで落ち込んだ。[3] また、黒人労働者は現場で働く割合が高いので、金銭的な見返りが少ないにもかかわらず高い感染リスクにさらされた。[4] いっぽう、ヒスパニック系やアジア系が大半の不法就労者たちは、政府がこの危機のために家庭や企業に提供した何兆ドルもの資金援助を受けることができなかった。

パンデミックは私たちの仕事を混乱させ、それまで私たちの時間を秩序づけ、目標や目的を与えてくれていたものから私たちを切り離した。しかし私たちはベネディクト会の修道士や修道女のように、自分たちは何のために生きているのか、というより崇高なビジョンにその秩序を置き換えることをしなかった。パンデミックによって、教会もシナゴーグもモスクも寺院も閉鎖され、ジムやヨガ・スタジオなど自分を見つめる行為が儀式化された場所も閉鎖された。最初の数カ月、私たちの生活はすべてがこの感染症を中心にまわっていた。「エッセンシャル」な仕事についている人以外はみな、ウイルスを避けることだけを考えて過ごしたのだ。すべての人にとって最優先の儀式は手洗いであり、私たちは文化的にゼロの状態に突入した。完全なる機能停止ではないが、だからといって機能しているとも言いがたい状態だ。もちろんそれはひどいものだったが、それはトータル・ワークとバーンアウト文化に突如あいた、予想外の穴でもあった。

政治家やライターのなかにはその穴があくやいなや、早く穴をふさぐべきだと主張し、公衆衛生を心配するよりもまずは、外出制限措置の早急な解除を呼びかけるものもいた。テレビ番組のインタビューで、「仕事に戻ろう、それが私のメッセージです」と言ったのは、テキサス州副知事のダン・パトリックで、彼は「生活を取り戻すのです。事態には賢く対処しなければいけない。私たち七〇歳以上の高齢者は自分で気をつければいい、国を犠牲にしてはいけません」と呼びかけた。[5] パトリックが言いたかったのは、若い労働者はこのウイルスではほとんど死なない、だから国は経済を回すためにも高齢者の死を受け入れなければいけない、ということらしい。その言葉には、人は働くために存在する、というアメリカ文化の原理がむき出しになっていた。健康な身体も、それを生産的に使わなければ意味がないということだ。しかしそれを言葉にしたのは、いきすぎだったようだ。そのような残酷で愚かな主張をしたことによって、彼はかえってその主張の危うさを強調してしまった。結局、私たちの社会は、仕事よりも健康を優先した。私たちは働くために存在しているのではないと証明したのだ。

＊＊＊

アメリカのほとんどの都市がロックダウンしたのち、私はツイッターのフォロワーたちに、タブーとも思えるこんな質問をしてみた。「この状況を楽しんでいる人はいますか？　特にお子さんのいる人でこれを楽しんでいる人はいますか？　ロックダウンのおかげで人生が良くなった、と思う人はいますか？」と尋ねたのだ。[6] すると驚いたことにアメリカやカナダ、ヨーロッパから、三〇人以上の人が回答してきた。彼らは、「楽しんでいる」という言葉は違うと思うと言いながらも、この新たな現実にポジティブなものを見いだしていた。ヴァージニア州に住む雑誌の編集者で子どもがいるケイトリン・ケイパーは、「ロックダウンを楽しんではいませんが」と前置きしてから、「でも、その結果生じた小さな変化は良かったと思う」と言っていた。ほかの人も「うれしい」や「よかった」という言葉を使って、ロックダウン時の変化について語ってくれた。通勤がなくなった彼らは、以前より多くの時間を子どもたちと過ごしていた。また、以前より運動するようにもなっていた。前からわかってはいたことだが、上司に命じられたくだらないプロジェクトのために、つねにオフィスにいる必要などないのだ。そのことをCovid‐19は浮き彫りにした。新型コロナは旧来のルーティンを一掃し、嫌な同僚の顔もコンピューター画面で小さく見るだけですむようにした。大規模に実施されたステイホームのおかげで、多くの労働者は、それまで無意味だと感じてきたさまざまな茶番から解放された。私たちの仕事に、いかに多くの「非エッセンシャル」な仕事が含まれていたかが、白日の下にさらされたのだ。

幼子三人を抱えてワシントンDCの非営利団体で働くある父親は、在宅勤務になったおかげで、やはり在宅勤務で働く妻と、より平等に家事を分担できるようになったと言っていた。「毎日の二時間半の通勤時間がなくなったので、妻も子どもの相手をしながら料理をしなくてすむようになりました」と言う彼は、家にいるあいだは毎日、料理をしていたという。彼と妻はスケジュールをやりくりして子どもの世話をし、ときには家の前でギターを弾き、子どもたちがそれに合わせて歌ったり踊ったりしたという。ふだんなら、そんな奇矯な行動は不可能とは言わないまでも周囲に眉をひそめられただろう。

ロックダウンは、プロ意識の高い労働者が、「時間を貪欲に奪っていく」仕事と愛する人たちとのあいだで味わうジレンマを打ち砕いた。[7] ロサンゼルスに住むフリーランスのライターで、四人の子どもを持つサマー・ブロックの話では、ロックダウンの前、彼女は仕事と家庭に加え、ガールスカウトからPTA、バーニー・サンダースの選挙運動に至るまでの数多くのボランティア活動をしていたため、毎日がギリギリだったという。「でもそのすべてがキャンセルになりました」と彼女は言う。子どもたちのセラピーや音楽のレッスンはオンラインになり、車で送り迎えをする必要もなくなった。「これまではいつも、子どもと過ごす時間が足りないと思っていましたが、ようやく、もっと子どもと一緒にいたいという思いに悩まされなくてすむようになりました」。そのうえ、文章を書く時間まで増えたという。

もちろん、私が話をした人たちはみな不安を感じていたし、パンデミックによって生じた状況よりは、コロナウイルスのない、「正常」な生活のほうがずっといいと断言する人もいた。「私は毎日ビクビクしています」とニューヨークで書籍の編集をするブリア・サンドフォードは言っていた。けれどふだんのスケジュールからぬけだしたことで、余暇に対する考え方は大きく変わったという。「通勤やオフィス環境での身体的ストレスがなくなったことで、家に引きこもるストレスは大分相殺された」というのだ。

「林を散歩し、食事も水分もしっかりとり、何年ぶりかで軽い運動までするようになりました」と言う彼女は、パンデミック後も、家でのリモートワークを増やし、「お祈りの前のスマホの禁止と散歩習慣」は続けたいと思っている。

私の質問に回答してくれた人たちは、通勤に使っていた時間を有益に利用する方法を見つけたようだった。パンデミック中にリモートワークをしていたアメリカ人を調べたある調査によると、浮いた時間の約四五パーセントは仕事に、二五パーセントは子どもの世話や家事に、残りの三〇パーセントは余暇にあてられたという。[8] だとしたら、部下を信用してくれる上司の下なら、このバランスをより家族や余暇のほうへ傾けることができるだろう。だが、私の質問に答えてくれた人たちは典型的な労働者というわけではない。ほとんどは高学歴で、リモートワークが可能な職種に就いており、肉親がCovid-

19に感染したという人はひとりもいなかった。したがって、彼らが自己隔離になんらかの利点を見つけることができたのは、ほとんどの労働者が享受していない強み――職の安定やそれなりの世帯収入、スケジュール管理の裁量性――を持っていたことも大きい。しかしだからこそ、彼らの経験は私たちに、バーンアウト文化の先にある未来を見せてくれるのだ。ではどうすれば、すべての労働者がそのようなメリットを享受できる社会がつくれるのだろうか？

そのような革命的変化には、仕事を、その仕事をする労働者の尊厳に見合ったものにする新たな政策が必要だ。だがそれは倫理的な革命でもある。仕事よりもっと価値のあるものを見いだし、生産性よりも労働者への思いやりを優先させる、倫理的な革命だ。そしてその革命はすでに、人々が互いの命の心配をしていた今回のロックダウン中に進行していた。サンディエゴの大学の事務員、エリン・ビショップに聞いた話では、彼女が家でリモートワークを始めると、狭いスペースに仕事と子どもたちが一緒くたに放り込まれることになり、家庭は「大混乱」に陥ったという。だがそれでも、数週間前なら不可能だった貴重な瞬間はあった。「裏庭に敷物をひいて寝転がり、三歳の子と空を見上げて、さまざまな形の雲に一緒に名前をつけました」と彼女は書いていた。「ほんとうにすばらしい時間でした」[9]

＊＊＊

ロックダウンが始まって間もないころ、私はニューヨーク州知事、アンドリュー・クオモがニューヨーク州、特にニューヨーク市が直面している問題について答えるインタビューを耳にした。そのインタビューの終盤、クオモはすべてのニューヨーカーたちの道徳に訴える呼びかけを行った。「これまで経験したことのない方法で想像の翼を広げ、自分の枠を超えた世界のことを考えて行動してください。なぜなら、これはあなただけの問題ではないからです。これは私たち全員の、共同体の、社会の問題です……できるかぎり多くの命を救いましょう。責任を、公共心を、思いやりを持ち、つねに慎重に行動してください。大切なのは、お互いを思いやる心です」[10]

クオモ自身の行動は、彼がこのとき語った基準をかならずしも満たしてはいなかったもしれない。コロナ危機のなかで彼が下した決断の多くは、のちに大きな批判を浴びることになったし、多くの側近から、セクハラ行為を非難されもした。けれどこのインタビューでのクオモの言葉は、非常に心に響くものだった。[11]彼が呼びかけたのは人々の連帯だ。連帯とは互いの尊厳を認識することだ。労働者が自らの価値に見合う労働環境を求めて団結するのも、その連帯があるからだ。今回のパンデミックで、私たちはさらに幅広い連帯を経験した。そしてすぐに気づいたのだ。私たちはふだん考えている以上に、密接につながっているということを。そしてそのつながりが、私たちの感染リスクを高めてもいた。生物学的に見れば、一人ひとりがウイルスの媒介者になりえるからだ。しかし、人と人のつながりは生物学だけでは語れない。人は経済的にも、社会的にも、道徳的にもつながっている。パンデミックの最中に、より良い日常を見つけることができた労働者がいたとしたら、それは最前線で働く人たちがいてくれたからにほかならない。

アメリカでパンデミックが始まった当初、何度も繰り返し言われたのが「流行曲線を平らにする」ということだった。要は、感染拡大の速度を鈍化させることで、一度に大量の病人が出ないようにし、医療システムの能力を超える状況をつくらないということだ。医師も看護師も医療技術者もすでに疲労困態だったが、感染者数の曲線を平らにすれば、医療従事者たちの仕事はより効果的なものとなり、この病いとの闘いに勝つチャンスも生まれるからだ。

医療従事者の負担に対してこのような社会的関心が集まるなどということは、これまでのアメリカ社会ではまったく考えられなかった。Covid-19が登場するはるか以前から、アメリカの患者の要求度は世界的に見ても非常に高かった。人々は医療従事者に思いやりを求めるが、医療従事者に対する思いやりはゼロというのが実情だったのだ。それだけでなく、人々は高価で危険なうえ、不必要な場合も多い治療を要求し、医療者たちの仕事をさらに増やしてもいた。たとえば偏頭痛だが、アメリカ人が頭痛で緊急治療室に行く割合はイギリス人の三倍だ。つまりアメリカ人は、それでなくとも負担の多い医療従事者にさらなる無理を強いているのだ。医療者の手間が増えれば、ほかの患者を診る時間が奪われ、さらにはそれがストレスとバーンアウトの原因となり、結果的には彼らが患者を治療する能力も損なわれる。いっぽうでアメリカ人は、ほかの国の患者よりも定期検診の受診率が低く、処方薬の服用も少ない。つまり、不調を早期に発見できず、病状が深刻になってはじめて医療機関の集中的な治療を受けるため、医療従事者たちの負担はさらに重くなるのだ[12]。

問題の一端は、アメリカの断片的で複雑な医療費支払いシステムにある。しかし、アメリカ人が一般に、労働者に敬意を払っていないことも問題の一部だ。じつは、この二つの要素は無関係ではない。もっと信頼性の高い医療システムがあれば、医療従事者たちは持続可能な方法で最高の仕事ができるだろう。また、医療従事者に患者への思いやりを求めるのなら、まずは医療従事者の人間としての限界を私たちが理解することだ。もちろん、医療を受ける勇気がない人や他者の「負担」になるのを恐れてなかなか病院にいかない人たちを非難するつもりはない。ただ、世の中には、他者に不要な労働を過度に押しつける「モンスター・ペイシェント」が存在するのだ。[13] また、「モンスター・スチューデント」がいることも、私は身をもって知っている。きっとどのような職業でも、その世界にはかならず他者のバーンアウトの原因を作る「モンスター・カスタマー」や「問題の多い同僚」がいるはずだ。いま求められているのは、そのような異常な人々のことを、不合理な存在あるいは非倫理的な存在であると示す規範だ。バーンアウトを克服し、ほかの人たちの成功を助けるには、自分の仕事への期待値を下げること、そして他者が私たちにしてくれる仕事への期待値も下げることが重要だ。パンデミックの最中、私たちはたしかにそういった思いやりを持っていた。そのような思いやりは、私たちのなかに備わっているのだ。それならなぜ、「平時」にそれを見せることができないのだろうか。

連帯は、社会規模の思いやりだ。私の苦しみも喜びも、あなたの苦しみと喜びにつながっていると認識すること、それが連帯だ。つまり、私があなたを思いやることは、あなたにとってだけでなく、私自身にとっても良いことなのだ。感染症が社会を襲えば、誰もがその犠牲となる可能性があり、ひとりの人がリスクにさらされれば、ほかの人のリスクも指数関数的に増大する。いっぽうステイホームや公共の場所でのマスク着用といった一人ひとりの自己防衛行動は、ほかの人たちの身も守る。バーンアウトはＣｏｖｉｄ‐19のように感染するわけではないが、それでもウイルス性の病気と共通する点が二つある。まず、働いている人全員にその可能性があるということ。そして、空間や社会構造を共有する人々との相互作用によって生じるということだ。ウイルス性の感染症であれ、バーンアウトであれ、私たちは被害者にも媒介者にもなりえるのだ。その認識を持てれば、人との交流のしかたを見直し、文化を変え、バーンアウトという流行病に終止符を打てるはずだ。

バーンアウトした大学教授が自分のバーンアウトを学生のせいにするのは簡単だし、教員の仕事量のせいにするのも簡単、教員の仕事を評価する管理職のせいにするのはもっと簡単だ。たしかに、彼らのせいに見えないこともない。しかし私が教職でバーンアウトしていたとき、じつは管理職者たちもバーンアウトしていたのではないだろうか。管理職が私や同僚に対して、私がふさわしいと思う評価をしなかったのは、私が学生たちに相応の注意を払えなかったのと同様、彼らも相応の評価ができなかったのかもしれない。大学も病院やホームセンターやレストランと同じで、人間関係のネットワークで構成されている。そしてバーンアウトはそのネットワーク上を、明確な規則や明文化されていない習慣を通じて全方向に広がっていく。つまり私が憂うつなら、私があなたを憂うつにする可能性も高くなるというわけだ。

バーンアウトを撲滅したい大学はその手始めとして、大学全体で率直なミーティングを行うといいだろう。そしてその場で全員が、現在の大学の運営方法は関係者全員に有害であり、この自滅的なシステムは誰のためにもなっていないことを認めるのだ。そうすれば誰もが、自分も悲惨な現実の当事者だと告白するはずだ。学生も教職員も管理職も、それぞれがお互いのバーンアウトの原因になっている。それでも皆、何かがおかしいと認めることはせず、不可能な理想を実現するために懸命に働かなければいけないと思い込んでいるのだ。

大学でも、そのほかの組織でも、メンバー全員が同じ苦境にあえいでいると気づけば、まったく新しい働き方を構築できるはずだ。自分は無力だと思っていた人たちも、みながひとつになれば自分たちが組織であることに気づくだろう。自分たち自身が組織であるなら、組織を作り直すことだってできるはずだ。

＊＊＊

私たちが仕事を中心にして築き上げた「高貴な嘘」、仕事は尊厳や人格、目的の源であるという嘘こそが、バーンアウト文化を永続させている。新型コロナによるロックダウンやステイホームもその嘘をあばくことはできなかったが、それでもそこに疑問を投げかけはした。たとえば、雇用されているかいないかと、その人の人間としての価値に関係がないことは明らかだ。パンデミックでは何千万人もの人がいっぺんに職を失ったが、それは彼らがだめな労働者だからでも、だめな人間だからでもなかった。このときアメリカの連邦政府は失業手当を大幅に拡充し、労働者のこれまでの収入に関係なくすべての失業手当に一律で週六〇〇ドルを上乗せした。つまり失業者の半数以上にとっては、通常の賃金より平均失業給付額のほうが高かったのだ。[14] この失業給付は、生活賃金レベルのベーシックインカム導入に向けた一歩に思われたし、実際、パンデミック時のスペインでは、一種のベーシックインカムが導入された。[15] アメリカの保守派の政治家や実業家のなかには、失業手当が良すぎたら働かないことを選ぶ人が出てくる、と反対する人もあり、彼らはベーシックインカム制度にも反対を唱えた。[16] 州議会議事堂にデモ隊が現れ、経済の「再開」を要求したとき、ジャーナリストのサラ・ジャフィは「経済の再開を要求する権利などないということが明らかになりつつある。誰もがそのような要求にノーと言う権利を持つべきなのだ」と書いている。前出の作家で画家のスナウラ・テイラーの言葉を借りればそれは「働かない権利だ」[17]。ユニバーサル・ベーシックインカムすなわち最低賃金保障は、その権利を真に意味のあるものにする唯一の手段かもしれない。そして人間の尊厳も普遍的に認めれば、それこそが仕事を真に自由なものにする唯一の手段になるかもしれない。そうすることで、人々は飢えや不名誉を恐れることなく、自由に仕事を辞められるようになるからだ。

たぶんコロナ・ウイルスが登場しなくても、何世紀も続いてきた仕事をとりまく意義の体系、すなわち「高貴な嘘」は、いずれ再編に向かっていただろう。その理由は自動化だ。皮肉にもパンデミックでその重要性が突如浮き彫りになったレジ係や倉庫労働者、トラックドライバーなどの仕事は、次の一〇年で自動化され、消滅の危機に陥るだろう。現在人間が行っているすべての仕事は、二〇二二に生まれた子どもたちが中年になるまでに機械に取ってかわられる可能性が高い[18]。もちろん私たちが経済全体に機械を導入することはないだろうが、大きな経済的圧力がその方向に向かうであろうことは認識しておく必要がある。いま、私たちが目にしている仕事が、この世から消えてしまうことだってじゅうぶんにありえるのだ。

ここまで読めば、私がその未来に大きな期待を寄せていることはおわかりだろう。パンデミックは私たちに多くの犠牲を強いたが、それと同時に、より人間的な新しい未来を夢想するゆとりも与えてくれた。問題なのは、急激な変化に直面したとき、私たちには新しい考え方を受け入れない傾向があること、すなわち欠点があるとわかっていてもなお現状維持に躍起になる傾向があることだ。哲学者のジョナサン・リアは著書『過激な希望　文化的荒廃時における倫理（Radical Hope: Ethics in the Cultural Devastation）』のなかで、社会的脆弱性という広く共有された感覚のせいで、私たちは視野をもっとも広げなければいけないときに、あえて視野を狭めてしまうと書いている。パンデミックのさなかに、隔離政策をやめて労働者たちを職場に戻せと主張したあの政治家たちのように、文化が脅威にさらされると、私たちは慣れ親しんだ考え方に固執してしまう。それはまるで「自分たちの考えが正しいと主張しないと、その考え自体が崩壊してしまうと思っているかのようだ」とリアは書いている。[19]

彼によれば、特定の文化体系のなかで成功している人たちは、そのシステムが崩壊した場合の解決策を見つけるのに「もっとも適さない人たち」だという。「自分の文化のなかで成功しているせいで、かえって急激に変化する新たな未来の挑戦に立ち向かえなくなるのかもしれない」と彼は言う。[20]だからこそ、私たちはいまの文化の片隅にいる人々、現在のシステムのなかで努力も成功もしていない人たちの暮らしからヒントを得る必要があるのだ。ベネディクト会の修道士たちや、エリカ・メナ、パトリシア・ノーディーンといった障害のあるアーティストたちはみな、程度こそ違うものの、労働倫理を乗り越え、高貴な嘘を拒絶した人たちだ。彼らは労働倫理とは異なる土台のうえで人間として花開く手本を築いた。彼らが土台としたのは仕事ではなく、普遍的な尊厳、自身と他者に対する思いやり、そして自らの意志で選んだ余暇の過ごし方のなかで見つけた目的だ。

また、私たちが仕事に対して抱いている理想を仕事は実現できないが、その問題はすべてロボット革命によって解決されるということも重要な点として挙げておきたい。最近では多くの産業で、理想の労働者像がどんどんロボットに近づいてきている。機械なら、自主性もプライバシーも必要ないし、尊厳もなく、社会に属していないから、社会から疎外される心配もない。また、労働によって道徳観念が歪むこともなく、限定的な行動を永遠に繰り返すこともできる。超越にあこがれることもなければ、人間の真のニーズに応えているだろうかと気に病むこともないのだ。そして経営側にとって何より魅力的なのは、ロボットは給料をほしがらないところだ。

実際のところ、私たちがいま知っている仕事は、あえて残しておく価値などないのかもしれない。たぶん仕事は本来、あまり良いものではないからだろう。そういう仕事はロボットに任せ、私たちはロボットたちの労働の果実を分配する方法を考えるべきだろう（それが簡単な作業ではないことはわかっている）。もしそれが実現すれば、私たちは好きなときに犬の散歩ができ、昼間にテニスをすることも、絵画教室に行くことも、延々と祈ることもできる。子どもと芝生に寝そべって、何時間も空を見上げていることもできるのだ。

バーンアウトは機械に任せよう。私たちには、もっとやるべき大切なことがある。

謝辞

本書をより良くするために、知的、編集的、感情的にサポートしてくれた多くの友人、同僚、恩師に感謝したい。ベス・アドミラル、アビー・アーネット、ギャレット・バー、ダン・クラスビー、ジェイソン・ダナー、バーブ・フェナー、ロビン・フィールド、エイミー・フロイント、トニー・グラッソ、ケンドラ・グリーン、チャールズ・ハットフィールド、アネリーゼ・ハインツ、ダン・イッシング、ファレル・ケリー、カートリー・ナイト、ケイティ・クラメック、ヴィンセント・ロイド、トム・マッカマン、ニコール・メアース、チャールズ・マーシュ、チャック・マシューズ、ジェニー・マクブライド、マイケル・マクレガー、ノリーン・オコナー、レガン・レイツマ、クリス・スカーボロ、ジョール・シュマン、ロス・スローン、ジェシー・スターリン、ホイットニー・スチュワート、ジャニス・トンプソン、ブライアン・ティル、シリー・ウォレン、ベン・ライト、ウィリー・ヤングに心から感謝する。

また、批評仲間のエリザベス・バーバー、シール・クリングラー、クリスティナ・ラロッコ、ロビン・マクドナルド、ダニエル・メトカフ・チェネル、マーサ・ウルフ、ヴォネッタ・ヤングにも感謝したい。この数年、彼らが私の仕事を慎重かつ愛情深く見守ってくれたおかげで、本書も私の執筆全般も大きく改善された。アン・グレイ・フィシャーとウィル・マイヤーズは、本書に何度も目を通してくれたうえに、知性とユーモアを交えて多くの議論をしてくれた。

トーマス・ハーゲンブッフとエミリー・ズレックは長年にわたり、仕事について私と対話してくれた。

またこのテーマについての私の思考を明確にしていくうえで、大きな助けとなってくれた何百人もの学生の代表としても彼らに感謝したい。

本書で名前が挙げられている人もそうでない人も、また〈砂漠のキリスト修道院〉や聖ベネディクト修道院、聖ヨハネ修道院、シティスクエアのメンバーなど、私に話を聞かせてくれたすべての人々に感謝する。

カレッジヴィル・インスティテュートには二度にわたり、文書作成ワークショップを開いてもらった。また、全米人文科学基金とルイヴィル・インスティテュートには本書執筆の初期段階から資金を援助してもらった。

このプロジェクトの初期段階、私の思考をまとめ、使う語彙を的確なものにするうえで大きな助けとなった新聞、雑誌、学術誌の編集者、エリザベス・ブルーニグ、エヴァン・デルカックス、アリーン・カルビアン、マーティン・カフカ、ライアン・カーニー、ローラ・マーシュ、B・D・マクレイ、ジョン・ネイジー、ティム・レイディ、マット・シットマン、ジェイ・トルソン、ケリー・ウェヴァーにも心から感謝する。

また、バンド〈ザ・ウォー・オン・ドラッグス〉にも感謝したい。本書を執筆中、私がつねに聞いていたのが彼らのアルバム『ロスト・イン・ザ・ドリーム』だった。

この本を世に送り出してくれたカリフォルニア大学出版局にも感謝する。特に、バーンアウトに関する私の文章を読み、本にしてくれたナオミ・シュナイダーには感謝してもしきれない。また、サマー・ファラ、テレサ・アイアフォーラ、ベンジー・メイリングス、フランシスコ・レインキング、そしてその仕事を私が直接目にすることはできなかったが、あらゆるかたちで本書に関わってくれたスタッフすべてに感謝する。原稿の校閲を担当してくれたキャサリン・オズボーン、索引を作ってくれたシャノン・M・T・リにも感謝する。出版社の要請に応え、この原稿の草稿に思慮深いコメントを寄せてくれたアンナ・カタリーナ・シャフナーを含む学者たちにも感謝したい。

家族の変わらぬサポートは大変ありがたかった。母のキャロル、きょうだいのリサ、ニコール、ジェフ。そして本書を執筆中に鬼籍に入ったトニー、ナナ、父にも感謝する。

また、以下の出版物に掲載された文書の使用許可をいただいたことにも感謝したい。“Taming the Demon,” *Commonweal*, February 8, 2019; “When Work and Meaning Part Ways,” *The Hedgehog Review* 20, no. 3 (Fall 2018); “Millennials Don’t Have a Monopoly on Burnout,” *The New Republic*, January 10, 2019; “Imagining a Better Life After Coronavirus,” *The New Republic*, April 1, 2020.

また、ここに書ききれなかったすべての人たちにも、感謝を伝えたい。

そして誰よりもアシュリー・バーンズには心からの感謝を表明する。私たちふたりの暮らしにおいて、バーンアウトはたんに概念的な問題というだけでなく、実存的な問題でもあった。その問題を解決しようと奮闘する私を日々、助けてくれたのが彼女だ。彼女がいたからこそ、本書を書くことができ、それを世に出すことができたと思っている。

註

はじめに

1. たとえば Monique Valcour, "Beating Burnout," *Harvard Business Review*, November 2016, https://hbr.org/2016/11/beating-burnout.
2. Karlyn Borysenko, "Burnout Is Now An Officially Diagnosable Condition: Here's What You Need To Know About It," *Forbes*, May 29, 2019, https://www.forbes.com/sites/karlynborysenko/2019/05/29/burnout-is-now-an -officially-diagnosable-condition-heres-what-you-need-to-know-about-it.
3. Christopher Gergen and Gregg Vanourek, "Three Ways to Beat Burn- out," *Harvard Business Review*, December 1, 2008, https://hbr.org/2008/12/three-ways-to-beat-burnout.
4. United States Department of Labor Bureau of Labor Statistics, "The Employment Situation: December 2008," January 9, 2009, https://www.bls.gov/news.release/archives/empsit_01092009.pdf.
5. Rebecca Knight, "How to Overcome Burnout and Stay Motivated," *Harvard Business Review*, April 2, 2015, https://hbr.org/2015/04/how-to-overcome-burnout-and-stay-motivated; John Rampton, "8 Ways to Get Over Job Burnout (Without Quitting)," Inc.com, March 31, 2017, https://www.inc.com/john-rampton/8-ways-to-get-over-job-burnout-without-leaving.html; Tabia Robinson, "How to Spot and Stop Burnout Before You Give Up On Freelancing," *The Freelancer*, July 2, 2019, https://contently.net/2019/07/02/resources/how-to-spot-and-stop-burnout-freelancing.
6. Viviana A. Zelizer, *Pricing the Priceless Child: The Changing Social Value of Children*, reprint edition (Princeton, NJ: Princeton University Press, 1994).
7. K. J. Dell'Antonia, "Some Good News about Parental Burnout: It's Cur- able," *Quartz*, January 12, 2019, https://qz.com/quartzy/1521267/some-good-news-about-parental-burnout-its-curable; Jessica Grose, "How to Avoid Burnout When You Have Little Ones," *New York Times*, May 29, 2019, https://parenting.nytimes.com/work-money/parental-burnout.
8. 保護者のバーンアウトに関する注目すべき二つの研究は Moïra Mikolajczak et al., "Exhausted Parents: Sociodemographic, Child-Related, Parent-Related, Parenting and Family-Functioning Correlates of Parental Burnout," *Journal of Child and Family Studies* 27, no. 2 (February 1, 2018): 602–14, https://doi.org/10.1007/s10826-017-0892-4 and Isabelle Roskam, Marie-Emilie Raes, および Moïra Mikolajczak, "Exhausted Parents: Development and Preliminary Validation of the Parental Burnout Inventory," *Frontiers in Psychology* 8 (February 9, 2017), https://www.frontiersin.org/articles/10.3389/fpsyg.2017.00163/full.

1章　誰もがバーンアウトしているのに、誰もバーンアウトの実態を知らない

1. Christina Maslach, *Burnout: The Cost of Caring* (Englewood Cliffs, NJ: Prentice-Hall, 1982), 90.
2. Maslach, *Burnout*,65.

3. Maslach, *Burnout*, 134–35.
4. Ayala M. Pines and Elliot Aronson, *Career Burnout: Causes and Cures* (New York: Free Press, 1988), ix.
5. Christina Maslach and Michael P. Leiter, *The Truth About Burnout: How Organizations Cause Personal Stress and What to Do About It* (San Francisco: Jossey-Bass, 1997), 18.［クリスティーナ・マスラーク、マイケル・P・ライター『燃え尽き症候群の真実　組織が個人に及ぼすストレスを解決するには』高城恭子訳、トッパン、一九九八年］
6. Maslach and Leiter, *The Truth About Burnout*, 17–18.
7. Lauren Berlant, *Cruel Optimism* (Durham, NC: Duke University Press, 2011), 1.
8. "The Burden of a Stroke Call: 56% of US Neurointerventionalists Meet Criteria for Burnout," *NeuroNews International*, August 27, 2019, https://neuronewsinternational.com/burnout-stroke-burden.
9. Tait D. Shanafelt et al., "Changes in Burnout and Satisfaction with Work- Life Integration in Physicians and the General US Working Population Between 2011 and 2017," *Mayo Clinic Proceedings* 94, no. 9 (September 2019): 1681–94, https://doi.org/10.1016/j.mayocp.2018.10.023.
10. Ben Wigert and Sangeeta Agrawal, "Employee Burnout, Part 1: The 5 Main Causes," Gallup Workplace, July 12, 2018, https://www.gallup.com/workplace/237059/employee-burnout-part-main-causes.aspx.
11. Deloitte US, "Workplace Burnout Survey," https://www2.deloitte.com/us/en/pages/about-deloitte/articles/burnout- survey.html, 二〇一九年一〇月八日閲覧。
12. "Survey Reveals Factors Behind Millennial Burnout," *YellowbrickBlog*, June 20, 2019, https://www.yellowbrickprogram.com/blog/survey-reveals -factors-behind-millennial-burnout.
13. 傍点は著者。Joanne Finnegan, "A Startling 79% of Primary Care Physicians Are Burned Out, New Report Finds," *FierceHealthcare*, August 6, 2019, https://www.fiercehealthcare.com/practices/a-startling-79-primary- care-physicians-are-burned-out-new-report-finds を参照。
14. Richard Fry, "Millennials Are Largest Generation in the US Labor Force," *Pew Research Center*, April 11, 2018, https://www.pewresearch.org/fact-tank/2018/04/11/millennials-largest-generation-us-labor-force.
15. Carolyn S. Dewa et al., "The Relationship between Physician Burnout and Quality of Healthcare in Terms of Safety and Acceptability: A Systematic Review," *BMJ Open* 7, no. 6 (June 1, 2017): e015141, https://doi.org/10.1136/bmjopen-2016–015141; Carolyn S. Dewa, Karen Nieuwenhuijsen, and Jeffrey S. Hoch, "Deciphering the Relationship Between Health Care Provider Burn- out and Quality of Care," *Annals of Internal Medicine*, October 8, 2019, https:// doi.org/10.7326/M19–2760.
16. Lisa S. Rotenstein et al., "Prevalence of Burnout Among Physicians: A Systematic Review," *JAMA* 320, no. 11 (September 18, 2018): 1131–50, https://doi.org/10.1001/jama.2018.12777.
17. Shanafelt et al., "Changes in Burnout and Satisfaction with Work-Life Integration in Physicians and the General US Working Population Between 2011 and 2017," 1690.
18. Colin P. West et al., "Single Item Measures of Emotional Exhaustion and Depersonalization Are Useful for Assessing Burn-

out in Medical Professionals," *Journal of General Internal Medicine* 24, no. 12 (December 2009): 1318–21, https://doi.org/10.1007/s11606–009–1129-z.

19. Meredith Corporation and Harris Poll, " Burnout Flashpoint," October 3, 2019, http://online.fliphtml5.com/mseh/cfmp/#p = 8.

20. Meredith Corporation and Harris Poll, "BurnoutFlashpoint,"8.

21. Deloitte US, "Workplace Burnout Survey."

22. Anne Helen Petersen, "How Millennials Became the Burnout Generation," *BuzzFeed News,* January 5, 2019, https://www.buzzfeednews.com/article/annehelenpetersen/millennials-burnout-generation-debt -work.

23. Petersen, "How Millennials Became the Burnout Generation."

24. Petersen, "How Millennials Became the Burnout Generation."

25. Anne Helen Petersen, "Here's What' Millennial Burnout' Is Like For16 Different People," *BuzzFeed News,* January 9, 2019, https://www.buzzfeednews.com/article/annehelenpetersen/millennial-burnout-perspectives.

26. Tiana Clark, "This Is What Black Burn out Feels Like," *BuzzFeed News*, January 11, 2019, https://www.buzzfeednews.com/article/tianaclarkpoet/millennial-burnout-black-women-self-care-anxiety-depression.

27. Clark, "This Is What Black Burnout Feels Like."

28. Clark, "This Is What Black Burnout Feels Like."

29. Linda V. Heinemann and Torsten Heinemann, "Burnout Research: Emergence and Scientific Investigation of a Contested Diagnosis," *SAGE Open* 7, no. 1 (January 2017): 7, https://doi.org/10.1177/2158244017697154.

30. Pines and Aronson, *Career Burnout,* xi.

31. Linda V. Heinemann and Torsten Heinemann, "Burnout: From Work- Related Stress to a Cover-Up Diagnosis," in *Burnout, Fatigue, Exhaustion: An Interdisciplinary Perspective on a Modern Affliction,* ed. Sighard Neckel, Anna Katharina Schaffner, and Greta Wagner (Cham, Switzerland: Palgrave Macmillan, 2017), 131, 138.

32. Heinemann and Heinemann, "Burnout," 141–43.

33. Heinemann and Heinemann, "Burnout," 142.

34. Wolfgang P. Kaschka, Dieter Korczak, and Karl Broich, "Burnout: A Fashionable Diagnosis," *Deutsches Ärzteblatt International* 108, no. 46 (November 2011): 781–87, https://doi.org/10.3238/arztebl.2011.0781.

35. Johannes Bahlmann, Matthias C. Angermeyer and Georg Schomerus, "'Burnout' statt 'Depression'—eine Strategie zur Vermeidung von Stigma?," *Psychiatrische Praxis* 40, no. 2 (March 2013): 78–82, https://doi.org/10.1055/s-0032–1332891.

36. Bernd Kramer, "Burnout Ist Eine Ausweichdiagnose," *Der Spiegel*, November 24, 2011, https://www.spiegel.de/karriere/volkskrankheit-burnout-ist-eine-ausweichdiagnose-a-799348.html. 翻訳に協力してくれたブライアン・キャンベルとキャサリン・デイヴィスに感謝する。

37. Lance Morrow, "The Burnout of Almost Everyone," *Time,* September21, 1981, http://content.time.com/time/magazine/article/0,9171,953109,00.html.

38. Richard A. Friedman, "Is Burnout Real?," *NewYorkTimes,*-June3,2019.

39. Karlyn McKell, "5 Tips to Avoid Bridesmaid Burnout(Yes, It's

a Thing)," *Thrive Global*, August 28, 2019, https://thriveglobal.com/stories/avoid-brides-maid-burnout-with-these-tips/; News 4—Fox 11 Digital Team, "Local Company Looks to Help with Post-Burning Man Burnout," KRNV, September 2, 2019, https://mynews4.com/news/local/local-company-looks-to-help-with-post-burning-man-burnout; Lauren Entwistle, "Burnout in the Age of Binge-Watching, " *Greatist*, October 11, 2019, https://greatist.com/live/binge-tv-burnout.

二章　バーンアウト　最初の二〇〇〇年

1. Anna Katharina Schaffner, *Exhaustion: A History* (New York: Columbia University Press, 2016), 117.
2. Eccl.1:2–3(New Revised Standard Version).
3. Eccl.1:17.
4. Eccl.9:18.
5. Eccl.9:10.
6. Schaffner, *Exhaustion,* 17.
7. Aristotle, "Metaphysics," in *The Basic Works of Aristotle,* ed. Richard McKeon, trans. W. D. Ross (New York: Random House, 1941), 981b.〔アリストテレス『形而上学』出隆訳，岩波書店，一九五九年〕
8. Evagrius Ponticus, *The Praktikos; Chapters on Prayer,* trans. John Eudes Bamberger (Spencer, Mass.: Cistercian Publications, 1970), 18–19.
9. St. John Cassian, *The Institutes,* trans. Boniface Ramsey (New York: Newman Press, 2000), 233.
10. Jennifer Radden, "From Melancholic States to Clinical Depression," in *The Nature of Melancholy: From Aristotle to Kristeva,* ed. Jennifer Radden (Oxford: Oxford University Press, 2000), 8.
11. William Shakespeare, "As You Like It," IV. i, https://shakespeare.folger.edu/shakespeares-works/as-you-like-it/act-4-scene-1.〔シェイクスピア『お気に召すまま』福田恆存訳，新潮社，一九八一年〕
12. Schaffner, *Exhaustion,* 58.
13. Radden, "From Melancholic States to Clinical Depression," 17–18.
14. David G. Schuster, *Neurasthenic Nation: America's Search for Health, Happiness, and Comfort, 1869–1920* (New Brunswick, NJ: Rutgers University Press, 2011), 7.
15. Julie Beck, "'Americanitis': The Disease of Living Too Fast," *The Atlantic*, March 11, 2016, https://www.theatlantic.com/health/archive/2016/03/the-history-of-neurasthenia-or-americanitis-health-happiness-and-culture/473253.
16. Michael O'Malley, "That Busyness That Is Not Business: Nervousness and Character at the Turn of the Last Century," *Social Research* 72, no. 2 (2005): 386 の引用による。
17. "Americanitis," *TIME Magazine*, April27,1925,32.
18. George M. Beard, *American Nervousness: Its Causes and Consequences* (New York: Putnam, 1881), 39–52, http://archive.org/details/americanner vous00beargoog.
19. Beard, *American Nervousness*, front is piece. 20. Schaffner, *Exhaustion,* 95.
21. Beard, *American Nervousness,* 26.
22. Beard, *American Nervousness,* 26.
23. Schaffner, *Exhaustion,* 96.

24. Beard, *AmericanNervousness,* 207.
25. Beard, *AmericanNervousness,* 126,186; Beck, "Americanitis."
26. Beard, *American Nervousness,* 99.
27. Schaffner, *Exhaustion,* 97–98 の引用による。
28. Greg Daugherty, "The Brief History of 'Americanitis,'" *Smithsonian Magazine*, March 25, 2015, https://www.smithsonianmag.com/history/brief-history-americanitis-180954739.
29. Beck, "Americanitis."
30. Schuster, *Neurasthenic Nation,* 46–56.
31. Sears, Roebuck and Company, *Catalogue No.112*. (Chicago: Sears, Roebuck & Co., 1902), 472, http://archive.org/details/catalogueno11200sear.
32. Schaffner, *Exhaustion,* 100,104.
33. Schuster, *Neurasthenic Nation,* 142.
34. Kevin Aho, "Neurasthenia Revisited: On Medically Unexplained Syndromes and the Value of Hermeneutic Medicine," *Journal of Applied Hermeneutics,* April9,2018,4–5, https://doi.org/10.11575/jah.v0i0.53334.
35. Schuster, *Neurasthenic Nation,* chap.6.
36. Graham Greene, *A Burnt-Out Case* (New York: Viking,1961),52. Originally published 1960 by Heinemann (London). 〔グレアム・グリーン『燃えつきた人間』田中西次郎訳、グレアム・グリーン全集〈一六〉、早川書房、一九八〇年)〕
37. Greene, *A Burnt-OutCase*,57.
38. Greene, *A Burnt-OutCase*,133.
39. Greene, *A Burnt-OutCase*,111.
40. Francis X. Clines, "Village Youths Find Friend in Doctor," *The New York Times,* July 13, 1970, https://www.nytimes.com/1970/07/13/archives/village-youths-find-friend-in-doctor-village-youths-find-a-friend.html.
41. Herbert J. Freudenberger and Geraldine Richelson, *Burn-Out: The. High Cost of High Achievement* (Garden City, NY: Anchor Press, 1980), xix.
42. Noel King, "When A Psychologist Succumbed To Stress, He Coined The Term 'Burnout,'" *NPR.org*, December 8, 2016, https://www.npr.org/2016/12/08/504864961/when-a-psychologist-succumbed-to-stress-he-coined-the-term-burnout, 二〇一九年五月二三日閲覧。
43. H. B. Bradley, "Community-Based Treatment for Young Adult Offenders," *Crime & Delinquency* 15, no. 3 (July 1969): 366.
44. David W. Maurer, *Language of the Underworld,* ed. Allan W. Futrell and Charles B. Wordell (Lexington: University Press of Kentucky, 1981), 287; Wilmar B. Schaufeli, Michael P. Leiter, and Christina Maslach, "Burnout: 35 Years of Research and Practice," *Career Development International; Bradford* 14, no. 3 (2009): 205, http://dx.doi.org.proxy.libraries.smu.edu/10.1108/13620430910966406.
45. Freudenberger and Richelson, *Burn-Out,* xv.
46. Freudenberger and Richelson, *Burn-Out*, xix–xx.
47. Herbert J. Freudenberger, "Staff Burn-Out," *Journal of SociaIIssues*30, no. 1 (March 1974): 161, https://doi.org/10.1111/j.1540–4560.1974.tb00706.x.
48. Freudenberger, "StaffBurn-Out," 161.
49. Freudenberger, "StaffBurn-Out," 160–61.
50. Herbert J. Freudenberger, "The Staff Burn-out Syndrome in

Alternative Institutions," *Psychotherapy: Theory, Research & Practice* 12, no. 1 (Spring 1975): 73, https://doi.org/10.1037/h0086411.

51. Freudenberger, "StaffBurn-Out," 160.
52. Philip Zimbardo, *The Lucifer Effect: Understanding How Good People Turn Evil* (New York: Random House, 2007), 170–71.
53. Kathleen O'Toole, "The Stanford Prison Experiment: Still Powerful after All These Years," *Stanford News*, January 8, 1997, https://news.stanford.edu/pr/97/970108prisonexp.html.
54. O'Toole, "The Stanford Prison Experiment."
55. Christina Maslach, "'Detached Concern' in Health and Social Service Professions," in *Dehumanization in Institutional Settings,* by Philip Zimbardo and Christina Maslach (Springfield, VA: National Technical Information Serv- ice, 1973), 9.
56. Maslach, "'Detached Concern' in Health and Social Service Professions," 11.
57. Maslach, "'Detached Concern' in Health and Social Service Professions," 15.
58. King, "When A Psychologist Succumbed To Stress, He Coined The Term 'Burnout.'"
59. Maslach and Leiter, *The Truth About Burnout.*
60. Schaufeli, Leiter, and Maslach, "Burnout," 206–7
61. Ad Hoc Committee, "The Triple Revolution," *International Socialist Review,* Summer 1964, 85–89.
62. Felicia Kornbluh, "The Goals of the National Welfare Rights Movement: Why We Need Them Thirty Years Later," *Feminist Studies* 24, no. 1 (1998): 71–72, https://doi.org/10.2307/3178619; Johnnie Tillmon, "Welfare Is a Women's Issue," *Ms. Magazine,* July 1972, 111–16.
63. Nathan Heller, "Who Really Stands to Win from Universal Basic Income?," *The New Yorker*, July 2, 2018, https://www.newyorker.com/magazine/2018/07/09/who-really-stands-to-win-from-universal-basic-income; Noah J. Gordon, "The Conservative Case for a Guaranteed Basic Income," *The Atlantic*, August 6, 2014, https://www.theatlantic.com/politics/archive/2014/08/why-arent-reformicons-pushing-a-guaranteed-basic-income/375600/; James Livingston, *No More Work: Why Full Employment Is a Bad Idea* (Chapel Hill: University of North Carolina Press, 2016), 13–28.
64. Jefferson R. Cowie, *Stayin' Alive: The 1970s and the Last Days of the Working Class* (New York: The New Press, 2010), 11.
65. US Bureau of Labor Statistics, "Average Hourly Earnings of Production and Nonsupervisory Employees, Total Private," FRED, Federal Reserve Bank of St. Louis, https://fred.stlouisfed.org/graph/?g = mwsh, 二〇二〇年一一月一二日閲覧。
66. Cowie, *Stayin' Alive,* 8.
67. US Bureau of Labor Statistics, "Average Hourly Earnings of Production and Nonsupervisory Employees, Total Private."
68. Rick Perlstein, "That Seventies Show," *The Nation,* October 20, 2010, https://www.thenation.com/article/seventies-show.
69. Cowie, *Stayin'Alive,* 12.
70. Jimmy Carter, "Crisis of Confidence," July 15, 1979, https://www.pbs .org/wgbh/americanexperience/features/carter-crisis.
71. Willis J. Nordlund, *Silent Skies: The Air Traffic Controllers' Strike* (West- port, CT: Praeger, 1998), 97.

72. William Safire, "Burnout," *The New York Times,* May23, 1982, sec. Magazine, 10.
73. Schaufeli, Leiter, and Maslach, "Burnout," 210.
74. World Health Organization, "Burn-Out," ICD-11—Mortality and Morbidity Statistics, 2019, https://icd.who.int/browse11/l-m/en#/http://id.who.int/icd/entity/129180281.
75. Maddy Savage, "Burnout Is Rising in the Land of Work-Life Balance," *BBC Worklife*, July 26, 2019, https://www.bbc.com/worklife/article/20190719 -why-is-burnout-rising-in-the-land-of-work-life-balance.
76. Stela Salminen et al., "Narratives of Burnout and Recovery from an Agency Perspective: A Two-Year Longitudinal Study," *Burnout Research* 7 (December 1, 2017): 2, https://doi.org/10.1016/j.burn.2017.08.001.
77. Freudenberger and Richelson, *Burn-Out,* 4.
78. Leslie Kaufman, "Some Companies Derail the 'Burnout' Track," *The New York Times,* May 4, 1999, sec. Business, https://www.nytimes.com/1999/05/04/business/some-companies-derail-the-burnout-track.html.
79. Rebekah Iliff, "How to Grow Your Startup Without Risking Burnout," *Inc.com*, July 29, 2019, https://www.inc.com/rebekah-iliff/how-to-grow-your-startup-without-risking-burnout.html.

三章　バーンアウト・スペクトラム

1. Crystal Hooper et al., "Compassion Satisfaction, Burnout, and Compassion Fatigue Among Emergency Nurses Compared With Nurses in Other Selected Inpatient Specialties," *Journal of Emergency Nursing* 36, no. 5 (September 1, 2010): 422, https://doi.org/10.1016/j.jen.2009.11.027.
2. Maslachand Leiter, *The Truth About Burnout,* 17–19; Pavlos Deligkaris et al., "Job Burnout and Cognitive Functioning: A Systematic Review," *Work & Stress* 28, no. 2 (April 3, 2014): 107–23, https://doi.org/10.1080/02678373.2014 .909545.
3. Blake Farmer, "When Doctors Struggle With Suicide, Their Profession Often Fails Them," *NPR.org*, July 31, 2018, https://www.npr.org/sections/health-shots/2018/07/31/634217947/to-prevent-doctor-suicides-medical -industry-rethinks-how-doctors-work.
4. J. Angst and K. Merikangas, "The Depressive Spectrum: Diagnostic Classification and Course," *Journal of Affective Disorders* 45, no. 1–2 (August 1997): 32, https://doi.org/10.1016/s0165–0327(97)00057–8.
5. Angst and Merikangas,36.
6. Angst and Merikangas,32.
7. Barry A. Farber and Leonard David Wechsler, *Crisis in Education: Stress and Burnout in the American Teacher* (San Francisco: Jossey-Bass, 1991), 24; Wilmar Schaufeli and D. Enzmann, *The Burnout Companion To Study And Practice: A Critical Analysis* (Boca Raton, FL: CRC Press, 1998), 140.
8. Maslach and Leiter, *The Truth About Burnout,* 17.
9. Christina Maslach, "Burned-Out," *Human Behavior* 5, no.9(September 1976): 22.
10. Michael P. Leiter and Christina Maslach, "Latent Burnout Profiles: A New Approach to Understanding the Burnout Experience," *Burnout Research* 3, no. 4 (December 1, 2016): 89–100,

https://doi.org/10.1016/j.burn.2016.09.001.

11. Sophie Berjot et al., "Burnout Risk Profiles among French Psychologists," *Burnout Research* 7 (December 1, 2017): 10–20, https://doi.org/10.1016/j.burn.2017.10.001.
12. Leiter and Maslach, "Latent Burnout Profiles" ; Tamara M. Schult, David C. Mohr, and Katerine Osatuke, "Examining Burnout Profiles in Relation to Health and Well-Being in the Veterans Health Administration Employee Population," *Stress and Health* 34, no. 4 (2018): 490–99, https://doi.org/10.1002/smi.2809; Nancy J. Yanchus, Jan Beckstrand, and Katerine Osatuke, "Examining Burnout Profiles in the Veterans Administration: All Employee Survey Narrative Comments," *Burnout Research* 2, no. 4 (December 1, 2015): 97–107, https://doi.org/10.1016/j.burn.2015.07.001.
13. Julia Moeller et al., "Highly Engaged but Burned Out: Intra-Individual Profiles in the US Workforce," *Career Development International,* February 6, 2018, https://doi.org/10.1108/CDI-12-2016-0215; Jan Beckstrand, Nancy Yanchus, and Katerine Osatuke, "Only One Burnout Estimator Is Consistently Associated with Health Care Providers' Perceptions of Job Demand and Resource Problems," *Psychology* 8, no. 7 (2017): 1019–41, https://doi.org/10.4236/psych.2017.87067.
14. Debra J. Brody, Laura A. Pratt, and Jeffery P. Hughes, "Prevalence of Depression Among Adults Aged 20 and Over: United States, 2013–2016," NCHS Data Brief (Hyattsville, MD: National Center for Health Statistics, February 2018).
15. Berjotetal., "Burnout Risk Profiles among French Psychologists," 16.
16. Leiter and Maslach, "Latent Burnout Profiles," 95–96.
17. Leiter and Maslach, "Latent Burnout Profiles," 98.
18. Schult, Mohr, and Osatuke, "Examining Burn out Profiles in Relation to Health and Well-Being in the Veterans Health Administration Employee Population," 497.
19. Shanafelt et al., "Changes in Burnout and Satisfaction with Work-Life Integration in Physicians and the General US Working Population Between 2011 and 2017."
20. Evangelia Demerouti et al., "The Job Demands-Resources Model of Burnout," *Journal of Applied Psychology* 86, no. 3 (June 2001): 501–2, https://doi.org/10.1037/0021-9010.86.3.499.
21. Nicole Maestasetal., *Working Conditions in the United States: Results of the 2015 American Working Conditions Survey* (RAND Corporation, 2017), 47–48, https://doi.org/10.7249/RR2014.
22. Schult, Mohr, and Osatuke, "Examining Burn out Profiles in Relation to Health and Well-Being in the Veterans Health Administration Employee Population."
23. Yanchus, Beckstrand, and Osatuke, "Examining Burnout Profiles in the Veterans Administration," 104.
24. Maslach, *Burnout: The Cost of Caring,* 5; Christina Maslach, Wilmar B. Schaufeli, and Michael P. Leiter, "Job Burnout," *Annual Review of Psychology* 52, no. 1 (2001): 405, https://doi.org/10.1146/annurev.psych.52.1.397.
25. Yanchus, Beckstrand, and Osatuke, "Examining Burnout Profiles in the Veterans Administration," 100, 102.
26. David Graeber, *Bullshit Jobs: A Theory* (New York: Simon and Schuster, 2018). 〔デヴィッド・グレーバー『ブルシット・ジ

ヨブ　クソどうでもいい仕事の理論』酒井隆史、芳賀達彦、森田和樹訳、岩波書店、二〇二〇年〕

27. Yanchus, Beckstrand, and Osatuke, "Examining Burnout Profiles in the Veterans Administration."
28. Morrow, "The Burn out of Almost Everyone."
29. Pines and Aronson, *Career Burnout,* x.
30. Freudenberger, "StaffBurn-Out," 161.
31. Irvin Sam Schonfeld, Jay Verkuilen, and Renzo Bianchi, "Inquiry into the Correlation between Burnout and Depression," *Journal of Occupational Health Psychology* 24, no. 6 (December 2019): 604, https://doi.org/10.1037/ocp0000151.
32. Irvin Sam Schonfeld and Renzo Bianchi, "Burnout and Depression: Two Entities or One?, " *Journal of Clinical Psychology* 72, no. 1 (2016): 22–37, https://doi.org/10.1002/jclp.22229.
33. Schonfeld, Verkuilen, and Bianchi, "Inquiry into the Correlation between Burnout and Depression," 611.
34. Schonfeld and Bianchi, "Burnout and Depression."
35. Aviva Patz, "How To Tell The Difference Between Depression And Burnout," *Prevention*, November 5, 2015, https://www.prevention.com/life/a20486040/depression-or-burnout の引用による。

四章　バーンアウトの時代、労働環境はいかに悪化したか

1. Max Weber, "Science as a Vocation," in *The Vocation Lectures,* ed. David S. Owen and Tracy B. Strong, trans. Rodney Livingstone (Indianapolis: Hackett, 2004), 7.〔マックス・ウェーバー『職業としての学問』尾崎邦雄訳、岩波書店、一九八〇年〕
2. Paul F. Campos, "The Real Reason College Tuition Costs So Much," *The New York Times,* April 4, 2015, https://www.nytimes.com/2015/04/05/opinion/sunday/the-real-reason-college-tuition-costs-so-much.html.
3. Colleen Flaherty, "New Report Says Many Adjuncts Make Less than $3,500 per Course and $25,000 per Year," *Inside Higher Ed*, April 20, 2020, https://www.insidehighered.com/news/2020/04/20/new-report-says-many-adjuncts-make-less-3500-course-and-25000-year.
4. Colleen Flaherty, "About Three-Quarters of All Faculty Positions Are off the Tenure Track, According to a New AAUP Analysis," *Inside Higher Ed*, October 12, 2018, https://www.insidehighered.com/news/2018/10/12/about-three -quarters-all-faculty-positions-are-tenure-track-according-new-aaup.
5. Gwynn Guilford, "The Great American Labor Paradox: Plentiful Jobs, Most of Them Bad," *Quartz*, November 21, 2019, https://qz.com/1752676/the-job-quality-index-is-the-economic-indicator-weve-been-missing.
6. Erin Hatton, *The Temp Economy: From Kelly Girls to Permatemps in Post-war America* (Philadelphia: Temple University Press, 2011), 2–4.
7. Hatton, The *Temp Economy*, 22,39.
8. Hatton, *The Temp Economy*, 74–75.
9. Hatton, *The Temp Economy*, 93–94.
10. David Weil, *The Fissured Workplace: Why Work Became So Bad for So Many and What Can Be Done to Improve It* (Cambridge, MA: Harvard University Press, 2014), 7–8.
11. Goldie Blumenstyk, "College Leaders Are Getting Serious About Out- sourcing. They Still Have Plenty of Concerns,

Too," *The Chronicle of Higher Education,* March 26, 2019, http://www.chronicle.com/article/College-Leaders -Are-Getting/245978.

12. Weil, *The Fissured Workplace,* 13–14.

13. Weil, *The Fissured Workplace,* 16.

14. Lilah Burke, "The Staffing Divide," *Inside Higher Ed*, March 26, 2020, https://www.insidehighered.com/news/2020/03/26/policies-protect-college -staff-members-amid-crisis-contractors-are-left-out.

15. Zeynep Ton, *The Good Jobs Strategy: How the Smartest Companies Invest in Employees to Lower Costs and Boost Profits* (New York: Houghton Mifflin Harcourt, 2014), 158–60.

16. Shirin Ghaffary, "Uber's Baffling Claim That Its Drivers Aren't Core to Its Business, Explained," *Vox*, September 16, 2019, https://www.vox.com/recode/2019/9/16/20868916/uber-ab5-argument-legal-experts-california.

17. Alex Rosenblat, *Uberland: How Algorithms Are Rewriting the Rules of Work* (Oakland: University of California Press, 2018), 203.［アレックス・ローゼンブラット『Uberland ウーバーランド　アルゴリズムはいかに働き方を変えているか』飯嶋貴子訳、青土社、二〇一九年］

18. Carrie M. Lane, *A Company of One: Insecurity, Independence, and the New World of White-Collar Unemployment* (Ithaca, NY: ILR Press, 2011); Allison J. Pugh, "What Does It Mean to Be a Man in the Age of Austerity?," *Aeon*, December 4, 2015, https://aeon.co/essays/what-does-it-mean-to-be-a-man-in-the-age-of-austerity.

19. Rosenblat, *Uberland,* 35–37.

20. Rosenblat, *Uberland,* 139.

21. Rosenblat, *Uberland,* 133–35.

22. Schaufeli, Leiter, and Maslach, "Burnout," 208.

23. US Bureau of Labor Statistics, "All Employees, Manufacturing / All Employees, Total Nonfarm," FRED, Federal Reserve Bank of St. Louis, https://fred.stlouisfed.org/graph/?g = cAYh, 二〇二〇年一〇月六日閲覧。

24. US Bureau of Labor Statistics, "All Employees, Manufacturing," FRED, Federal Reserve Bank of St. Louis, https://fred.stlouisfed.org/series/MANEMP, 二〇一九年一一月四日閲覧。

25. US Bureau of Labor Statistics, "Manufacturing Sector: Real Output," FRED, Federal Reserve Bank of St. Louis, https://fred.stlouisfed.org/series/OUTMS, 二〇二一年四月二〇日閲覧。

26. US Bureau of Labor Statistics, "Charts of the Largest Occupations in Each Area, May 2018," Occupational Employment Statistics, https://www.bls.gov/oes/current/area_emp_chart/area_emp _chart.htm 二〇一九年一一月九日閲覧。

27. Kathi Weeks, *The Problem with Work: Feminism, Marxism, Antiwork Politics, and Postwork Imaginaries* (Durham, NC: Duke University Press, 2011), 71.

28. Arlie Russell Hochschild, *The Managed Heart: The Commercialization of Human Feeling,* 20th anniversary ed. (Berkeley: University of California Press, 2003), 4.［A・R・ホックシールド『管理される心　感情が商品になるとき』石川准、室伏亜希訳、世界思想社、二〇〇〇年］

29. Andrew Ross, *No-Collar: The Humane Workplace and Its Hidden Costs* (New York: Basic Books, 2003), 92.

30. Weeks, *The Problem with Work,* 73; Benjamin H. Snyder,

“Dignity and the Professionalized Body: Truck Driving in the Age of Instant Gratification,” *The Hedgehog Review* 14, no. 3 (Fall 2012): 8–20.

31. Weeks, *The Problem with Work,* 74–75.
32. “NUMMI 2015,” *This American Life,* July 17, 2015, http://www.this americanlife.org/radio-archives/episode/561/nummi-2015.
33. Vicki Smith, *Crossing the Great Divide: Worker Risk and Opportunity in the New Economy* (Ithaca, NY: ILR Press, 2001), 64–65.
34. Smith, *Crossing the Great Divide*, 74.
35. Smith, *Crossing the Great Divide*, 76.
36. Smith, *Crossing the Great Divide*, 49,38–39.
37. Da-Yee Jeung, Changsoo Kim, and Sei-Jin Chang, “Emotional Labor and Burnout: A Review of the Literature,” *Yonsei Medical Journal* 59, no. 2 (March 1, 2018): 187–93, https://doi.org/10.3349/ymj.2018.59.2.187.
38. Maslach and Leiter, *The Truth About Burnout,* 38; Michael P. Leiter and Christina Maslach, “Six Areas of Worklife: A Model of the Organizational Context of Burnout,” *Journal of Health and Human Services Administration* 21, no. 4 (1999): 472–89.
39. Maslach and Leiter, *The Truth About Burnout,* 2–9.
40. Organization for Economic Cooperation and Development, “Employment—Hours Worked—OECD Data,” https://data.oecd.org/emp/hours-worked.htm, 二〇一九年七月二四日閲覧。
41. Maestasetal., *Working Conditions in the United States,* 26.
42. Jared Bernstein, “Productivity and Wages: What’s the Connection?,” *Washington Post,* August 14, 2018, https://www.washingtonpost.com/news/posteverything/wp/2018/08/14/productivity-and-wages-whats-the-connection.
43. Jessica Bruder, “These Workers Have a New Demand: Stop Watching Us,” *The Nation*, May 27, 2015, https://www.thenation.com/article/these-workers-have-new-demand-stop-watching-us.
44. Emily Guendelsberger, *On the Clock: What Low-Wage Work Did to Me and How It Drives America Insane* (New York: Little, Brown and Company, 2019), 32.
45. Nelson C. Brunsting, Melissa A. Sreckovic, and Kathleen Lynne Lane, “Special Education Teacher Burnout: A Synthesis of Research from 1979 to 2013,” *Education and Treatment of Children* 37, no. 4 (October 16, 2014): 681–711, https://doi.org/10.1353/etc.2014.0032.
46. Graeber, *Bullshit Jobs,* 26.
47. “Doctors Describe Harrowing Realities inside NYC Emergency Rooms: ‘It’s Really Hard to Understand How Bad This Is,’” *CBS News*, March 25, 2020, https://www.cbsnews.com/news/coronavirus-pandemic-doctors-describe-harrowing-realities-inside-nyc-emergency-rooms; Ellen Gabler, Zach Montague, and Grace Ashford, “During a Pandemic, an Unanticipated Problem: Out-of-Work Health Workers,” *The New York Times,* April 15, 2020, https://www.nytimes.com/2020/04/03/us/politics/coronavirus-health-care-workers-layoffs.html.
48. Brian G. Arndt et al., “Tethered to the EHR: Primary Care Physician Workload Assessment Using EHR Event Log Data and Time-Motion Observations,” *The Annals of Family Medicine* 15, no. 5 (September 2017): 419, https://doi.org/10.1370/

afm.2121.
49. Shanafelt et al., "Changes in Burnout and Satisfaction with Work-Life Integration in Physicians and the General US Working Population Between 2011 and 2017," 1688.
50. Annalena Welp, Laurenz L. Meier, and Tanja Manser, "Emotional Exhaustion and Workload Predict Clinician-Rated and Objective Patient Safety," *Frontiers in Psychology* 5 (January 2015), https://doi.org/10.3389/fpsyg.2014.01573.
51. Danielle Ofri, "The Business of Health Care Depends on Exploiting Doctors and Nurses," *The New York Times,* June 8, 2019, https://www.nytimes.com/2019/06/08/opinion/sunday/hospitals-doctors-nurses-burnout.html.
52. Christine Sinsky et al., "Allocation of Physician Time in Ambulatory Practice: A Time and Motion Study in 4 Specialties," *Annals of Internal Medicine* 165, no. 11 (December 6, 2016): 757, https://doi.org/10.7326/M16–0961.
53. Tait D. Shanafelt et al., "Relationship Between Clerical Burden and Characteristics of the Electronic Environment With Physician Burnout and Professional Satisfaction," *Mayo Clinic Proceedings* 91, no. 7 (July 1, 2016): 845, https://doi.org/10.1016/j.mayocp.2016.05.007; Rebekah L. Gardner et al., "Physician Stress and Burnout: The Impact of Health Information Technology," *Journal of the American Medical Informatics Association* 26, no. 2 (February 1, 2019): 106–14, https://doi.org/10.1093/jamia/ocy145.
54. William Wan, "Health-Care System Causing Rampant Burnout Among Doctors, Nurses," *Washington Post*, October 23, 2019, https://www.washingtonpost.com/health/2019/10/23/broken-health-care-system-is-causing-rampant-burnout-among-doctors-nurses.
55. Ofri, "The Business of Health Care Depends on Exploiting Doctors and Nurses."
56. Atul Gawande, "Overkill," *The New Yorker,* May 11, 2015, http://www.newyorker.com/magazine/2015/05/11/overkill-atul-gawande.
57. Kevin Drum, "Join Me on a Dived own the Rabbit Hole of Health Care Admin Costs," *Mother Jones* (blog), June 15, 2019, https://www.motherjones.com/kevin-drum/2019/06/join-me-on-a-dive-down-the-rabbit-hole-of-health-care-admin-costs.
58. Schult, Mohr, and Osatuke, "Examining Burnout Profiles in Relation to Health and Well-Being in the Veterans Health Administration Employee Population," 494.
59. Arnold B. Bakkeretal., "The Relationship Between the Big Five Personality Factors and Burnout: A Study Among Volunteer Counselors," *The Journal of Social Psychology* 146, no. 1 (February 2006): 42–43. https://doi.org/10.3200/SOCP.146.1.31–50; Maslach, Schaufeli, and Leiter, "Job Burnout," 411.
60. Shanafeltetal., "Changes in Burnout and Satisfaction with Work-Life Integration in Physicians and the General US Working Population Between 2011 and 2017," 1688.
61. Jihyun Kim, Peter Youngs, and Kenneth Frank, "Burn out Contagion: Is It Due to Early Career Teachers' Social Networks or Organizational Exposure?," *Teaching and Teacher Education* 66 (August 1, 2017): 252, https://doi.org/10.1016/j.tate.2017.04.017.
62. Maslach, *Burnout: The Cost of Caring,* 60.

63. Maslach, *Burnout: The Cost of Caring,* 60.
64. Shanafeltetal., "Changes in Burnout and Satisfaction with Work-Life Integration in Physicians and the General US Working Population Between 2011 and 2017," 1688.
65. Yue-Yung Huetal., "Discrimination, Abuse, Harassment, and Burnout in Surgical Residency Training," *New England Journal of Medicine* 381, no. 18 (October 31, 2019): 1741–52, https://doi.org/10.1056/NEJMsa1903759. 不当な扱いを受けたとの研修医の報告は研修プログラムによって異なり、不当な扱いはほとんどなかったとされるプログラムもあったことに注意。
66. Arlie Hochschild and Anne Machung, *The Second Shift: Working Families and the Revolution at Home,* Revised ed. (New York: Penguin, 2012); Kelley L. Sharp and Diane Whitaker-Worth, "Burnout of the Female Dermatologist: How Traditional Burnout Reduction Strategies Have Failed Women," *International Journal of Women's Dermatology* 6, no. 1 (January 1, 2020): 32–33, https://doi.org/10.1016/j.ijwd.2019.08.004.
67. Talisa C. Gonzalezetal., "An Examination of Resilience, Compassion Fatigue, Burnout, and Compassion Satisfaction between Men and Women among Trauma Responders," *North American Journal of Psychology* 21, no. 1 (March 1, 2019): 1–19; Radostina K. Purvanova and John P. Muros, "Gender Differences in Burnout: A Meta-Analysis," *Journal of Vocational Behavior* 77, no. 2 (October 2010): 168–85, https://doi.org/10.1016/j.jvb.2010.04.006; Maslach, Schaufeli, and Leiter, "Job Burnout," 410.
68. Purvanova and Muros, "Gender Differences in Burnout."
69. Kim Templeton et al., "Gender-Based Differences in Burnout: Issues Faced by Women Physicians," *NAM Perspectives,* May 28, 2019, 2, https://doi.org/10.31478/201905a.
70. Guy Standing, "Global Feminization Through Flexible Labor: A Theme Revisited," *World Development* 27, no. 3 (March 1999): 583, https://doi.org/10.1016/S0305–750X(98)00151-X.
71. Nina Banks, "Black Women's Labor Market History Reveals Deep-Seated Race and Gender Discrimination," *Economic Policy Institute* (blog), February 19, 2019, https://www.epi.org/blog/black-womens-labor-market-history-reveals-deep-seated-race-and-gender-discrimination.
72. Bryce Covert, "We're All Women Workers Now: How the Floor of the Economy Has Dropped for Everyone," *The Nation*, February 21, 2013, https://www.thenation.com/article/archive/were-all-women-workers-now-how-floor-economy-has-dropped-everyone.
73. Adia Harvey Wingfield, "AboutThose79Cents," *The Atlantic*, October 17, 2016, https://www.theatlantic.com/business/archive/2016/10/79-cents/504386.
74. "2020 Racial Wage Gap," *PayScale*, 2020, https://www.payscale.com/data/racial-wage-gap.
75. Clark, "This Is What Black Burnout Feels Like."
76. Elise T. Pas, Catherine P. Bradshaw, and Patricia A. Hershfeldt, "Teacher- and School-Level Predictors of Teacher Efficacy and Burnout: Identifying Potential Areas for Support," *Journal of School Psychology* 50, no. 1 (February 1, 2012): 139, https://doi.org/10.1016/j.jsp.2011.07.003; Jonathan Lent and Robert Schwartz, "The Impact of Work Setting, Demographic Characteristics, and Personality Factors Related to Burnout Among Professional Counselors," *Journal of Mental Health*

Counseling 34, no. 4 (October 1, 2012): 355–72, https://doi.org/10.17744/mehc.34.4.e3k8u2k552515166.
77. Michelle P. Salyers and Gary R. Bond, "An Exploratory Analysis of Racial Factors in Staff Burnout Among Assertive Community Treatment Workers," *Community Mental Health Journal* 37, no. 5 (October 1, 2001): 393–404, https://doi.org/10.1023/A:1017575912288; Garret D. Evans et al., "Ethnic Differences in Burnout, Coping, and Intervention Acceptability Among Childcare Professionals," *Child and Youth Care Forum* 33, no. 5 (October 2004): 349–71, https://doi.org/10.1023/B:CCAR.0000043040.54270.dd.
78. Evansetal., "Ethnic Differences in Burnout, Coping, and Intervention Acceptability Among Childcare Professionals," 365.
79. Carol B. Cunradi et al., "Burnout and Alcohol Problems among Urban Transit Operators in San Francisco," *Addictive Behaviors* 28, no. 1 (January 1, 2003): 98, https://doi.org/10.1016/S0306–4603(01)00222–2.
80. Carol B. Cunradi, Meng-Jinn Chen, and Rob Lipton, "Association of Occupational and Substance Use Factors with Burnout among Urban Transit Operators," *Journal of Urban Health: Bulletin of the New York Academy of Medicine* 86, no. 4 (July 2009): 567, https://doi.org/10.1007/s11524–009–9349–4.
81. Christine Owens, "These Labor Laws Are Suppressing Black Workers," *Fortune*, September 4, 2017, https://fortune.com/2017/09/04/labor-day-2017 -right-to-work-unions; Molly Kinder and Tiffany Ford, "Black Essential Workers' Lives Matter. They Deserve Real Change, Not Just Lip Service," *Brookings Institution*, June 24, 2020, https://www.brookings.edu/research/black-essential-workers-lives-matter-they-deserve-real-change-not-just-lip-service.
82. Davin L. Phoenix, *The Anger Gap: How Race Shapes Emotion in Politics* (Cambridge, UK: Cambridge University Press, 2019), 42.
83. Caroline Beaton, "Is Anxiety a White-People Thing?," *Vice*, November 9, 2017, https://www.vice.com/en_us/article/mb35b8/is-anxiety-a-white-people-thing; Melissa Pandika, "The Test We Use to Detect Depression Is Designed for White People," *Vice*, February 13, 2018, https://www.vice.com/en_us/article/vbpdym/depression-screening-not-effective-for-black-youth.
84. Ofri, "The Business of Health Care Depends on Exploiting Doctors and Nurses."

五章　仕事の聖人と仕事の殉教者　私たちの理想の問題点

1. Alex Williams, "Why Don't Rich People Just Stop Working?," *The New York Times,* October 18, 2019, https://www.nytimes.com/2019/10/17/style/rich-people-things.html; US Bureau of Labor Statistics, "American Time Use Survey—2019 Results," June 25, 2020, https://www.bls.gov/news.release/pdf/atus.pdf; Ruihong Liu, "Rich Teens Twice as Likely to Land Jobs as Poor Kids," *Philadelphia Magazine*, June 23, 2015, https://www.phillymag.com/business/2015/06/23/rich-poor-teen-jobs; Paula Span, "Many Americans Try Retirement, Then Change Their Minds," *The New York Times,* March 30, 2018, https://www.nytimes.com/2018/03/30/health/unretirement-work-seniors.html.

2. Pugh, "What Does It Mean to Be a Man in the Age of Austerity?" ; Anne Case and Angus Deaton, "Mortality and Morbidity in the 21st Century," BPEA Conference Drafts (Brookings Institution, March 17, 2017), https://www.brookings.edu/wp-content/uploads/2017/03/6_casedeaton.pdf.
3. Eric Hopkins, "Working Hours and Conditions during the Industrial Revolution: A Re-Appraisal," *The Economic History Review* 35, no. 1 (1982): 52–66, https://doi.org/10.2307/2595103.
4. Plato, *Republic,* trans. G. M. A. Grube,2nded. (Indianapolis, IN: Hackett, 1992), 414c–15.〔プラトン『国家』(上・下) 藤沢令夫訳, 岩波文庫, 一九七九年〕
5. Brian Kennedy and Cary Funk, "Public Interest in Science and Health Linked to Gender, Age and Personality" (Washington, DC: Pew Research Center, December 11, 2015), https://www.pewresearch.org/science/2015/12/11/personality-and-interest-in-science-health-topics.
6. John Smith, *The Generall Historie of Virginia, New England, & The Summer Isles, Together with The True Travels, Adventures, and Observations, and A Sea Grammar,* vol. 1 (New York: Macmillan, 1908), 182.
7. Livingston, *No More Work.*
8. Sonny Perdue, "The Dignity of Work and the American Dream," *Arizona Daily Star*, December 4, 2019, https://tucson.com/opinion/national/sonny-perdue-the-dignity-of-work-and-the-american-dream/article_ a9109ba1-cd48–5038-b00a-41ae-cddd91fa.html; Jeff Spross, "You're Hired!," *Democracy Journal,* Spring 2017, http://democracyjournal.org/magazine/44/youre-hired.
9. 2Thess.3:10.
10. Allison J. Pugh, "The Social Meanings of Dignity at Work, " *The Hedgehog Review* 14, no. 3 (Fall 2012): 30.
11. Will Durant, *The Story of Philosophy: The Lives and Opinions of the World's Greatest Philosophers,* 2nd edition (New York: Pocket Books, 1991), 76.
12. Paul E. Johnson, *A Shopkeeper's Millennium: Society and Revivals in Rochester, New York, 1815–1837*, 25th Anniversary Edition (New York: Farrar, Straus and Giroux, 2004), 57– 58.
13. David Sheff, "Playboy Interview: Steve Jobs," *Playboy,* February 1985, http://reprints.longform.org/playboy-interview-steve-jobs.
14. Plato, *Republic,* 415a-c.
15. Jean Calvin, *Institutes of the Christian Religion,* trans. Henry Beveridge (Peabody, MA: Hendrickson, 2008), 472 〔ジャン・カルヴァン『キリスト教綱要』渡辺信夫訳, 新教出版社, 二〇〇七年〕; Martin Luther, "The Gospel for the Sunday After Christmas: Luke 2," in *Sermons II,* ed. Hans J. Hillerbrand, trans. John J. Kunstmann, vol. 52, *Luther's Works* (Philadelphia: Fortress Press, 1974), 124.
16. Betty Friedan, *The Feminine Mystique* (1963; New York: W. W. Norton, 2001), 458.〔ベティ・フリーダン『新しい女性の創造』三浦冨美子訳, 大和書房, 二〇〇四年〕
17. Miya Tokumitsu, *Do What You Love: And Other Lies About Success & Happiness* (New York: Regan Arts, 2015); Sarah Jaffe, *Work Won't Love You Back: How Devotion to Our Jobs Keeps Us Exploited, Exhausted, and Alone* (New York: Bold Type Books, 2021).

18. Paul Ross, "Wegmans Ranked as Third Best Fortune 100 Company to Work For," WKBW, February 18, 2020, https://www.wkbw.com/news/local-news/wegmans-ranked-as-third-best-fortune-100-company-to-work-for.
19. Gallup, Inc., *State of the Global Workplace 2013: Employee Engagement Insights for Business Leaders Worldwide* (Washington, DC: Gallup, 2013), 17.
20. Gallup, Inc., *State of the Global Workplace 2013*, 199.
21. Lillian Cunningham, "New Data Show Only 30% of American Workers Engaged in Their Jobs," *Washington Post*, April 30, 2013, https://www.washington post.com/news/on-leadership/wp/2013/04/30/new-data-show-only-30-of -american-workers-engaged-in-their-jobs.
22. Karlyn Borysenko, "How Much Are Your Disengaged Employees Costing You?," *Forbes*, May 2, 2019, https://www.forbes.com/sites/karlynborysenko/2019/05/02/how-much-are-your-disengaged-employees-costing-you.
23. Shaley McKeever, "3 Types of Employees: How to Spot the Silent Killer," *Recruiter.com*, January 31, 2014, https://www.recruiter.com/i/3-types-of-employees-how-to-spot-the-silent-killer.
24. Gallup, Inc., *State of the Global Workplace 2013*,17.
25. Gallup, Inc., *State of the Global Workplace 2017* (Washington, DC: Gallup, 2017), 197; Gallup, Inc., *State of the Global Workplace 2013*, 112.
26. "Most and Least Meaningful Jobs," *PayScale*, https://www.payscale.com/data-packages/most-and-least-meaningful-jobs, 二〇二〇年五月二二日閲覧。
27. Mihaly Csikszentmihalyi, *Flow: The Psychology of Optimal Experience* (New York: Harper & Row, 1990), 162. [M. チクセントミハイ『フロー体験　喜びの現象学』今村浩明訳、世界思想社、一九九六年]
28. Csikszentmihalyi, *Flow*, 151–52.
29. Jeanne Nakamura and Mihaly Csikszentmihalyi, "The Concept of Flow," in *Handbook of Positive Psychology* (New York: Oxford University Press, 2002), 89.
30. Csikszentmihalyi, *Flow*, 149.
31. Csikszentmihalyi, *Flow*, 147–48.
32. Max Weber, *The Protestant Ethic and the "Spirit" of Capitalism and Other Writings*, ed. Peter Baehr and Gordon C. Wells (New York: Penguin Books, 2002), lxx, 121. マックス・ヴェーバー『プロテスタンティズムの倫理と資本主義の精神』大塚久雄訳、岩波文庫、一九八九年]
33. Max Weber, *The Protestant Ethic and the "Spirit" of Capitalism and Other Writings*, 13.
34. Max Weber, *The Protestant Ethic and the "Spirit" of Capitalism and Other Writings*, 120–21.
35. Marianne Weber, *Max Weber: A Biography*, trans. Harry Zohn (New York: John Wiley & Sons, 1975), 243. [マリアンネ・ウェーバー『マックス・ウェーバー』大久保和郎訳、みすず書房、一九八七年]
36. Marianne Weber, *Max Weber*, 253.
37. Marianne Weber, *Max Weber*, 263.
38. Max Weber, *The Protestant Ethic and the "Spirit" of Capitalism and Other Writings*, 76.
39. Gianpiero Petriglieri, "Is Overwork Killing You?," *Harvard*

Business Review, August 31, 2015, https://hbr.org/2015/08/is-overwork-killing-you.

40. Tristen Lee, "Millennials Are Beyond Burnout Now," *The Independent*, August 13, 2019, https://www.independent.co.uk/voices/millennials-burnout-gen-z-work-life-balance-holiday-income-snap-a9055471.html.
41. Lee, "Millennials Are Beyond Burnout Now."
42. Josef Pieper, *Leisure: The Basis of Culture,* ed. James V. Schall (San Francisco: Ignatius Press, 2009), 20.［ヨゼフ・ピーパー『余暇　文化の基礎』稲垣良典訳、エンデルレ書店、一九六一年］
43. Pieper,*Leisure*,53.
44. Pieper,*Leisure*,38.
45. Karen Rinaldi, "Motherhood Isn't Sacrifice, It's Selfishness," *The New York Times,* August 4, 2017, https://www.nytimes.com/2017/08/04/opinion/sunday/motherhood-family-sexism-sacrifice.html.
46. Ian Petrie (@icpetrie), "Letter to First Grade Parents: 'It Is Important That We Start on Time. We Are Training Our Children for the Work Force,'" Twitter, September 12, 2013, https://twitter.com/icpetrie/status/378296120096468992.
47. Ellen Bara Stolzenberg et al., "The American Freshman: National Norms Fall 2017," Expanded Version (Los Angeles: Higher Education Research Institute, 2019), 36, https://www.heri.ucla.edu/monographs/TheAmericanFreshman2017-Expanded.pdf.
48. Mona Simpson, "A Sister's Eulogy for Steve Jobs," *The New York Times,* October 30, 2011, https://www.nytimes.com/2011/10/30/opinion/mona-simpsons-eulogy-for-steve-jobs.html.
49. Pieper, *Leisure,*36.
50. Pieper, *Leisure*,49.
51. Adam Smith, *The Wealth of Nations, Books I-III,* ed. Andrew Skinner (London: Penguin Classics, 1997), 109–10.［アダム・スミス『国富論（上・下）　国の豊かさの本質と原因についての研究』山岡洋一訳、日経ビジネス人文庫、二〇二三年］
52. Adam Smith, *The Wealth of Nations, Books IV-V,* ed. Andrew Skinner (London: Penguin Classics, 2000), 368–69.
53. Alexandra Michel, "Transcending Socialization: A Nine-Year Ethnography of the Body's Role in Organizational Control and Knowledge Workers' Transformation," *Administrative Science Quarterly* 56, no. 3 (2011): 325–68, https://doi.org/10.1177/0001839212437519.
54. Anne Li, "Despite Grueling Hours, Consulting And Finance Keep Attracting College Seniors," *WBUR Here and Now,* December 4, 2015, https://www.wbur.org/hereandnow/2015/12/04/consulting-finance-job-growth.
55. Pieper, *Leisure,*58.
56. Booker T. Washington, *Up from Slavery,* ed. William L. Andrews, 2nd ed. (New York: W. W. Norton & Company, 1995), 71. B・T・ブッカー『奴隷より立ち上がりて』稲澤秀夫訳、真砂書房、一九六九年）
57. Washington, *Up from Slavery,* 72.
58. Washington, *Up from Slavery,* 38.
59. Washington, *Up from Slavery,*68.
60. Lawrence A. Scaff, *Max Weber in America* (Princeton, NJ:

Princeton University Press, 2011), 109.
61. Washington, *Up from Slavery,* 119.
62. Washington, *Up from Slavery,* 86.
63. Washington, *Up from Slavery,* 123–24.
64. Meghan McCarty Carino, "Workers Are Putting off Vacation as Pandemic Increases Stress," *Marketplace*, August 17, 2020, https://www.marketplace.org/2020/08/17/workers-putting-off-vacation-pandemic -increases-stress.
65. "Glassdoor Survey Finds Americans Forfeit Half of Their Earned Vacation/Paid Time Off," *Glassdoor*, May 24, 2017, https://www.glassdoor.com/press/glassdoor-survey-finds-americans-forfeit-earned-vacationpaid-time.
66. Kathryn Vasel, "Half of American Workers Aren't Using All Their Vacation Days," *CNMoney*, December 19, 2016, http://money.cnn.com/2016/12/19/pf/employees-unused-paid-vacation-days/index.html.
67. Washington, *Up from Slavery,* 124.
68. Booker T. Washington, *The Story of My Life and Work* (Toronto: J. L. Nichols, 1901), 273, http://docsouth.unc.edu/neh/washstory/washin.html.
69. Pieper, *Leisure,* 35.
70. Washington, *Up from Slavery,* 83, 73.
71. Washington, *Up from Slavery,* 134.
72. Phil.2:7–8.
73. Jonathan Malesic, "A Kenotic Struggle for Dignity: Booker T. Washington's Theology of Work," *Journal of Religious Ethics* 44, no. 3 (2016): 416–17, https://doi.org/10.1111/jore.12147 を参照。

六章　すべてを手に入れることはできる　新たな「良い人生」像

1. *The Parking Lot Movie,* directed by Meghan Eckman (Redhouse Productions, 2010), http://www.theparkinglotmovie.com.
2. Pugh, "The Social Meanings of Dignity at Work," 30–31.
3. Arthur C. Brooks, "The Dignity Deficit," *Foreign Affairs,* February 13, 2017, https://www.foreignaffairs.com/articles/united-states/2017–02–13/dignity -deficit.
4. Perdue, "The Dignity of Work and the American Dream."
5. Bill Clinton, "Text of President Clinton's Announcement on Welfare Legislation," *The New York Times,* August 1, 1996, https://www.nytimes.com/1996/08/01/us/text-of-president-clinton-s-announcement-on-welfare -legislation.html.
6. Sherrod Brown, "The Dignity of Work Tour," https://dignityofwork.com, 2019年1月11日閲覧。
7. Pope Leo XIII, *Rerum Novarum,* 1891, 2, 4, http://www.vatican.va/holy_father/leo_xiii/encyclicals/documents/hf_l-xiii_enc_15051891_rerum-novarum_en.html.
8. Leo XIII, *Rerum Novarum,* 20.
9. Leo XIII, *Rerum Novarum,* 44–45.
10. Leo XIII, *Rerum Novarum,* 42. 傍点は著者。
11. Steve Siebold, "Chicago Teachers: Stop Holding the City Hostage, " *The American Spectator*, October 23, 2019, https://spectator.org/chicago-teachers-stop-holding-the-city-hostage.
12. John Paul II, *Laborem Exercens,* 1981, 6, http://www.vatican.va/holy_father/john_paul_ii/encyclicals/documents/hf_ jp-ii_enc_14091981_laborem -exercens_en.html.
13. Gene Sperling, *Economic Dignity* (New York: Penguin,2020),136.

14. Eckman, *The Parking Lot Movie.*
15. Henry David Thoreau, *Walden,* ed. J. Lyndon Shanley (Princeton, NJ: Princeton University Press, 2004), 3; 〔ヘンリー・D・ソロー『ウォールデン　森の生活』今泉吉晴訳、小学館、二〇一六年〕 Laura Dassow Walls, *Henry David Thoreau: A Life* (Chicago: University of Chicago Press, 2017), 198–99.
16. Rebecca Solnit, "Mysteries of Thoreau, Unsolved," *Orion,* May/June 2013, 18–19.
17. Walls, *Henry David Thoreau,* 194.
18. Walls, *Henry David Thoreau*, 215–16.
19. Walls, *Henry David Thoreau,* 451–53.
20. Thoreau, *Walden,* 6.
21. Thoreau, *Walden,* 6.
22. Thoreau, *Walden,* 5.
23. Thoreau, *Walden,* 7.
24. Thoreau, *Walden,* 92.
25. Thoreau, *Walden* 7.
26. Thoreau, *Walden* 36,54.
27. Thoreau, *Walden,* 159.
28. Thoreau, *Walden,* 162.
29. Thoreau, *Walden,* 205.
30. Thoreau, *Walden* 150.
31. Thoreau, *Walden,* 221–22.
32. Thoreau, *Walden*, 222.
33. Thoreau, *Walden,* 56.
34. Thoreau, *Walden,* 89.
35. Thoreau, *Walden,* 111–12.
36. Thoreau, *Walden,* 326–27.
37. Jenny Odell, *How to Do Nothing: Resisting the Attention Economy* (Brooklyn, NY: Melville House, 2019), 15. 〔ジェニー・オデル『何もしない』竹内要江訳、早川書房、二〇二一年〕
38. Weeks, *The Problem with Work,* 109–10.
39. Mitra Toossi and Teresa L Morisi, "Women In The Workforce Before, During, And After The Great Recession," Spotlight on Statistics (Bureau of Labor Statistics, July 2017), https://www.bls.gov/spotlight/2017/women-in-the-workforce-before-during-and-after-the-great-recession/pdf/women-in -the-workforce-before-during-and-after-the-great-recession.pdf.
40. Giulia M. Dotti Saniand Judith Treas, "Educational Gradients in Parents' Child-Care Time Across Countries, 1965–2012," *Journal of Marriage and Family* 78, no. 4 (August 1, 2016): 1083–96, https://doi.org/10.1111/jomf.12305.
41. Rinaldi, "Motherhood Isn't Sacrifice, It's Selfishness."
42. Weeks, *The Problem with Work,* 8.
43. Weber, *The Protestant Ethic and the "Spirit" of Capitalism and Other Writings,* 13, 120.
44. Weeks, *The Problem with Work,* 15.
45. Weeks, *The Problem with Work,* 168.
46. Weeks, *The Problem with Work* ,34.
47. Leo XIII, *Rerum Novarum,* 13.
48. Weeks, *The Problem with Work,* 32–33.
49. Weeks, *The Problem with Work,* 232–33.
50. Eckman, *The Parking Lot Movie.*
51. Alonzo Subverbo (pseud.), "Live. Park. Die.," *Subverbo* (blog), September 10, 2016, https://alonzosubverbo.wordpress.com/2016/09/09/live-park-die.

52. Thoreau, *Walden,* 69.
53. Subverbo (pseud.), “Live. Park. Die.”

七章　ベネディクト会は仕事の悪霊をどのように手なづけたのか

1. Leslie Miller, “A Megabyte Mission: Monks Called to Put Vatican’s Word on the Web,” *USA Today,* November 13, 1996, sec. Life, p. 1D.
2. Deborah Baker, “Holy Web Page: In a Remote Part of New Mexico, Benedictine Monks Get on the Internet to Spread the Word,” *Los Angeles Times,* December 31, 1995, http://articles.latimes.com/1995–12–31/local/me-19506_1_christian-monks.
3. Elizabeth Cohen, “21st-Century Scribes: Monks Designing Web Pages,” *The New York Times,* March 17, 1996, https://www.nytimes.com/1996/03/17/us/21st-century-scribes-monks-designing-web-pages.html.
4. John L. Allen, “Monk Targets Catholic Slice of On-Line Market,” *National Catholic Reporter*, April 17, 1998, 7.
5. Allen, “Monk Targets Catholic Slice of On-Line Market.”
6. Ray Rivera, “Monks Put Religion on the Net,” *The New Mexican,* July27, 1997.
7. Mari Graña, *Brothers of the Desert: The Story of the Monastery of Christin the Desert* (Santa Fe, NM: Sunstone Press, 2006), 131–32.
8. Benedicta Ward, S. L. G., trans., *The Sayings of the Desert Fathers: The Alphabetical Collection* (Kalamazoo, MI: Cistercian Publications, 1975), 5.
9. Pieper, *Leisure,* 53.
10. Philip Lawrence, O. S. B., “Abbot’s Notebook for May 30, 2018,” May 30, 2018, https://us11.campaign-archive.com/?e = 228db5cfa0&u = f5bb6673a3350b85b34f0d6cc&id = fc4afc0f67.
11. Mt.4:1–11.
12. 2 Thess.3:10.
13. Pieper *Leisure,* 72.
14. Abraham Joshua Heschel, *The Sabbath: Its Meaning for Modern Man* (New York: Farrar, Straus and Giroux, 2005), 14.〔A・J・ヘッシェル『シャバット　安息日の現代的意味』森泉弘次訳、教文館、二〇〇二年〕
15. Julie L. Rose, *Free Time* (Princeton, NJ: Princeton University Press, 2016), 94–95.
16. Benedict, *The Rule of St. Benedict in English,* ed. Timothy Fry (Collegeville, MN: Liturgical Press, 1982), chap. 43.3.『聖ベネディクトの戒律』古田暁訳、すえもりブックス、二〇〇一年〕
17. Benedict, *The Rule of St. Benedict*, chap.43.6.
18. Jacques Le Goff, *Time, Work & Culture in the Middle Ages,* trans. Arthur Goldhammer (Chicago: University of Chicago Press, 1980), 80.
19. Allen, “Monk Targets Catholic Slice of On-Line Market.”
20. Benedict, *The Rule of St. Benedict,* chap.57.
21. Aquinas Woodworth, “AQVINAS,” 14,2020,https://www.aqvinas.com, 二〇二〇年一月一四日閲覧。
22. Weeks, *The Problem with Work,* 146.
23. Cary Cherniss and David L. Krantz, “The Ideological Community as an Antidote to Burnout in the Human Services,” in *Stress and Burnout in the Human Service Professions,* ed. Barry A. Farber, Pergamon General Psychology Series, PGPS-117

(New York: Pergamon Press, 1983), 198–212.

24. Benedict, *The Rule of St. Benedict*, chap.35.

25. Stephanie Dickrell, "Benedictine Sisters Will Lead Talk on Islam, Stereotypes," *St. Cloud Times*, September 11, 2016, https://www.sctimes.com/story/news/local/immigration/2016/09/11/benedictine-sisters-lead-talk-islam-stereotypes/89776016.

26. Benedict, *The Rule of St. Benedict*, chap.43.3.

27. Benedict, *The Rule of St. Benedict*, chap.57.1.

28. Allison J. Pugh, *The Tumbleweed Society: Working and Caring in an Age of Insecurity* (Oxford: Oxford University Press, 2015), 18–19. 29. Benedict, *The Rule of St. Benedict*, chap.55.18.

30. Benedict, *The Rule of St. Benedict*, chap.48:24–25. 31. Leo XIII, *Rerum Novarum*, 42.

32. John Henry Newman, *Sermons Bearing on Subjects of the Day* (New York: Scribner, Welford, & Co., 1869), 307, http://archive.org/details/sermonsbearingo00copegoog.

33. Drew DeSilver, "More Older Americans Are Working than in Recent Years," Pew Research Center, June 20, 2016, https://www.pewresearch.org/fact-tank/2016/06/20/more-older-americans-are-working-and-working-more-than-they-used-to.

34. Span, "Many Americans Try Retirement, Then Change Their Minds." 35. Thoreau, *Walden*, 54.

36. Tomáš Janotík, "Empirical Analysis of Life Satisfaction in Female Benedictine Monasteries in Germany," *Revue Économique* 67, no. 1 (2016): 143–65. Chapter 8. Varieties of Anti-Burnout Experience

八章　さまざまなバーンアウト対策

1. Kirsti Marohn, "St. John's Kiln Firing Is Celebration of Art, Community," *Minnesota Public Radio News*, October 21, 2019, https://www.mprnews.org/story/2019/10/21/st-johns-kiln-firing-is-celebration-of-art-community.

2. Max Weber, *The Theory of Social and Economic Organization*, ed. Talcott Parsons, trans. A. M. Henderson and Talcott Parsons (New York: The Free Press, 1964), 358–59, http://archive.org/details/in.ernet.dli.2015.6054.

3. Larry M. James, *House Rules: Insights for Innovative Leaders* (Abilene, TX: Leafwood Publishers, 2018), 245.

4. James, *House Rules*, 249–50.

5. Kristin Hildenbrand, Claudia A. Sacramento, and Carmen Binnewies, "Transformational Leadership and Burnout: The Role of Thriving and Followers' Openness to Experience," *Journal of Occupational Health Psychology* 23, no. 1 (2018): 33, https://doi.org/10.1037/ocp0000051.

6. Meredith Elaine Babcock-Roberson and Oriel J. Strickland, "The Relationship Between Charismatic Leadership, Work Engagement, and Organizational Citizenship Behaviors," *The Journal of Psychology* 144, no. 3 (April 8, 2010): 313–26, https://doi.org/10.1080/00223981003648336; Anastasios Zopiatis and Panayiotis Constanti, "Leadership Styles and Burnout: Is There an Association?," *International Journal of Contemporary Hospitality Management* 22,no.3(January1,2010):300–20, https://doi.org/10.1108/09596111011035927.

7. Hildenbrand, Sacramento, and Binnewies, "Transformational Leader- ship and Burnout."

8. Weber, *The Theory of Social and Economic Organization,* 363–64.
9. *Darkon,* directed by Luke Meyer and Andrew Neel (Think Films, 2006 を参照), https://vimeo.com/322967237.
10. Pieper, *Leisure*,50.
11. Erica Mena, "Tying Knots: A Language of Anxiety," April 1, 2019, https://acyborgkitty.com/2019/04/01/3792.
12. Johanna Hedva, "Sick Woman Theory," *Mask Magazine*, January 19, 2016, http://www.maskmagazine.com/not-again/struggle/sick-woman-theory.
13. Sunny Taylor, "The Right Not to Work: Power and Disability," *Monthly Review* (blog), March 1, 2004, https://monthlyreview.org/2004/03/01/the-right-not-to-work-power-and-disability.
14. Hedva, "Sick Woman Theory."
15. Taylor, "The Right Not to Work."
16. Hedva, "Sick Woman Theory."
17. Leo XIII, *Rerum Novarum,* 42.

終わりに

1. "'We Have A Driver's Heart': New York City Bus Operators On Work And Loss During COVID-19," *StoryCorps*, April 24, 2020, https://storycorps.org/stories/we-have-a-drivers-heart-new-york-city-bus-operators-on-work -and-loss-during-covid-19.
2. Michelle F. Davis and Jeff Green, "Three Hours Longer, the Pandemic Workday Has Obliterated Work-Life Balance," *Bloomberg.com,* April 23, 2020, https://www.bloomberg.com/news/articles/2020–04–23/working-from-home-in-covid-era-means-three-more-hours-on-the-job.
3. Pallavi Gogoi, "Stuck-at-Home Moms: The Pandemic's Devastating Toll on Women," *National Public Radio*, October 28, 2020, https://www.npr.org/2020/10/28/928253674/stuck-at-home-moms-the-pandemics-devastating-toll-on-women.
4. Kinder and Ford, "Black Essential Workers' Lives Matter."
5. Manny Fernandez and David Montgomery, "Texas Tries to Balance Local Control With the Threat of a Pandemic," *The New York Times,* March 24, 2020, https://www.nytimes.com/2020/03/24/us/coronavirus-texas-patrick-abbott.html.
6. JonathanMalesic(@JonMalesic), "I Have a Taboo Question for a Thing I'm Writing: Is Anyone Enjoying This? Any Parents, in Particular? Are There Any Ways Your Life Is Better in This Situation? If so, DM or Email Me. I Don't Have to Use Your Name, If You Don't Want Me To," Twitter, March 24, 2020, https://twitter.com/JonMalesic/status/1242511479150120968.
7. Claire Cain Miller, "Women Did Everything Right. Then Work Got 'Greedy,'" *The New York Times,* April 26, 2019, https://www.nytimes.com/2019/04/26/upshot/women-long-hours-greedy-professions.html.
8. Jose Maria Barrero, Nicholas Bloom, and Steven Davis, "60 Million Fewer Commuting Hours per Day: How Americans Use Time Saved by Working from Home," *VoxEU*, September 23, 2020, https://voxeu.org/article/how-americans-use-time-saved-working-home.
9. Erin Bishop (@the_ebish), "@Jon Malesic I Just Laid on a Blanket in the Backyard with My 3 Year Old Naming What Shapes

We Saw in the Clouds. It Was Marvelous," Twitter, March 24, 2020, https://twitter.com/the_ebish/status/1242598401545392128.

10. Transcript of Andrew M. Cuomo interviewed by Michael Barbaro, March 18, 2020, https://www.governor.ny.gov/news/audio-rush-transcript-governor-cuomo-guest-daily-podcast.

11. Anna Grone wold and Erin Durkin, "Cuomo's Corona virus Halo Begins to Fade," *Politico*, May 29, 2020, https://politi.co/2TPIGBU; Joe Sexton and Joaquin Sapien, "Two Coasts. One Virus. How New York Suffered Nearly 10 Times the Number of Deaths as California," *ProPublica*, May 16, 2020, https://www.propublica.org/article/two-coasts-one-virus-how-new-york-suffered-nearly-10-times-the-number-of-deaths-as-california; Jesse McKinley, "Cuomo Faces New Claims of Sexual Harassment from Current Aide," *The New York Times*, March 19, 2021, https://www.nytimes.com/2021/03/19/nyregion/alyssa-mcgrath-cuomo-harassment.html; Jesse McKinley, Danny Hakim, and Alexandra Alter, "As Cuomo Sought $4 Million Book Deal, Aides Hid Damaging Death Toll," *The New York Times*, March 31, 2021, https://www.nytimes.com/2021/03/31/nyregion/cuomo-book-nursing-homes.html.

12. David H. Freedman, "The Worst Patients in the World," *The Atlantic*, June 12, 2019, https://www.theatlantic.com/magazine/archive/2019/07/american-health-care-spending/590623.

13. Robert D. Gillette, "'Problem Patients:' A Fresh Look at an Old Vexation," *Family Practice Management* 7, no. 7 (August 2000): 57.

14. Eric Morath, "Coronavirus Relief Often Pays Workers More Than Work," *The Wall Street Journal* April 28, 2020, https://www.wsj.com/articles/coronavirus-relief-often-pays-workers-more-than-work-11588066200.

15. Carrie Arnold, "Pandemic Speeds Largest Test yet of Universal Basic Income," *Nature* 583, no. 7817 (July 10, 2020): 502–3, https://doi.org/10.1038/d41586-020-01993-3.

16. Bess Levin, "Republicans Are Worried Corona virus Stimulus Bill Is Too Generous to the Unemployed," *Vanity Fair*, March 25, 2020, https://www.vanityfair.com/news/2020/03/lindsey-graham-coronavirus-stimulus-bill; Andy Puzder, "Don't Extend the Cares Act's $600 Weekly Bonus," *Washington Post*, July 2, 2020, https://www.washingtonpost.com/opinions/employers-cant-find-people-to-hire-the-pandemic-bonus-is-to-blame/2020/07/02/da9b0950-bc7d-11ea-bdaf-a129f921026f_story.html.

17. Sarah Jaffe, "The Post-Pandemic Future of Work," *The New Republic*, May 1, 2020, https://newrepublic.com/article/157504/post-pandemic-future-work.

18. Kevin Drum, "You Will Lose Your Job to a Robot—and Sooner than You Think," *Mother Jones*, December 2017, https://www.motherjones.com/politics/2017/10/you-will-lose-your-job-to-a-robot-and-sooner-than-you-think.

19. Jonathan Lear, *Radical Hope: Ethics in the Face of Cultural Devastation* (Cambridge, MA: Harvard University Press, 2008), 7.

20. Lear, *Radical Hope*, 64.

訳者あとがき

本書は二〇二二年にカリフォルニア大学出版局から出版された *The End of Burnout: Why Work Drains Us and How to Build Better Lives* の全訳である（本文中〔　〕で囲んだ部分は訳者による注である）。仕事で燃え尽きて大学教授の職を辞した著者が、自身の体験に基づいてバーンアウトの原因や実態をさまざまな角度から検証し、バーンアウト文化から脱却する術を提案する一冊だ。

「バーンアウト」や「燃え尽き症候群」という言葉を私たちが日常的に使うようになって久しいが、はたしてその厳密な意味を理解しているかというとはなはだ怪しい。仕事上のちょっとした疲労やストレス、不満に対しても、私たちはバーンアウトしたと気軽に口にすることは多い。しかし本書の著者のジョナサン・マレンシックのバーンアウトはもっと深刻だった。彼はすっかり燃え尽き、神学教授の仕事を辞めざるを得なくなるまで追いつめられたのだ。憧れていた大学教授の職に就き、終身在職権も獲得して、じゅうぶんな報酬と社会的地位、そして職の安定も得たはずなのに、なぜ自分はバーンアウトしてしまったのか。著者は自身の体験をきっかけに、現代社会ではなぜ多くの人々が働く気力を失い、自分を人生の敗北者と感じてしまうのかを突きとめようとする。そしてバーンアウトの原因や科学、歴史、文化を、学者ならではの綿密な調査と考察でさぐっていく。

こうして、著者個人のバーンアウト体験から始まった探求の旅は、バーンアウトという現代社会特有の現象がたんなる個人の問題ではないことをじょじょに明らかにしていく。一般にバーンアウトを引き起こす原因としては職場における自律性の欠如や不公平、コミュニティの崩壊、価値観の不一致などが挙げられるが、原因は職場環境だけにあるとは限らない。バーンアウトに陥りやすいのは献身的に働く人たち、高い理想を掲げ、その理想に近づこうとしながら現実とのギャップに苦悩する人たちだ。では、私たちが仕事に持ち込んだその高い理想はいったいどこから来たのか。仕事の現実である労働環境の悪化を引き起こした原因はなんなのか。バーンアウトという現象を長い時間軸と文化、哲学の視点でとらえ、掘り下げるうちに、もはやバーンアウトは労働者個人の問題ではなく、現代の社会と文化に組み込まれた、逃れられない問題となっていることが浮き彫りになっていく。

ではなぜ、私たちはバーンアウトから逃れることができないのか。著者は、現代の労働倫理の歴史をひもとき、現代の私たちは仕事をその人の価値、その人のアイデンティティとして認識していること、そして人は働いてこそ価値がある、仕事は人に尊厳、人格、目的意識を与えるという考え方を内面化していることを指摘する。だとすれば、人は自分の価値を社会に証明するために、限界まで働いてしまうのも無理はない。その考え方が、私たちをバーンアウトに駆り立てているのだとすれば、私たちが労働に対して抱いている理想が、むしろ私たちの首を絞め、それが悪化の一途を辿る労働環境のなかで私たちを追いつめているということになる。

このように人々をバーンアウトに駆り立てる文化からの脱却について考える第二部では、著者は人間らしい良い人生を送るためのヒントを探して、バーンアウト文化からできるだけ遠いタイプの働き方をしている人々を訪ねる。労働時間を制限して多くの時間を祈りにあてる修道院の修道士、スタッフの人間性を中心に組織を運営する非営利団体、仕事よりも趣味に生きる人たち、障害のあるアーティスト。彼らはみな、自律性の欠如や不公平、コミュニティの崩壊、価値観の不一致といったバーンアウトの原因とも、仕事がすべてという価値観とも無縁の生活を送っている。仕事を自身のアイデンティティとはせず、仕事をしていなくても尊厳や人格、目的意識を保って生きている人たちだ。

特に印象に残るのは、修道院の収入を確保するために立ち上げたIT事業が大成功を収めるが、修道士の祈りの時間を確保するために、あえて事業を閉鎖する修道院の判断だ。それは、彼らには金銭的利益や仕事の充実感よりもはるかに大切なものがあることを示している。一般の人たちに同じことを期待することはできないが、それでも利益や仕事の充実感以上に価値のあるものの存在を認め、仕事と人生、ワークとライフのバランスを考える一助とはなるだろう。

著者はこういった修道士やアーティストの多くに直接取材し、仕事が人に尊厳を与え、人格を作り、目的意識を育むという私たちにしみこんだ考え方はまやかしではないか、仕事に依存しない、もっと人間らしい良い人生の送り方があるはずだと問いかける。

本書が二〇二一年のコロナ禍に書かれたことも、バーンアウトを考えるうえでは意味がある。Covid‐19の蔓延は、これまで一心不乱に働いていた人たちの仕事が一時的に、ほぼ完全にストップした前代未聞の出来事だった。ある日突然、生活から仕事がなくなったときに私たちは何をよりどころに、何を大切にして生きるのか。今、この時期に本書を読むことで、コロナ禍前とは違う世界が見えてくるかもしれない。

本書の訳出にあたっては、青土社編集部の篠原一平氏にたいへんお世話になった。この場を借りて、心よりお礼を申し上げたい。

二〇二三年九月

訳者

なぜ私たちは燃え尽きてしまうのか
バーンアウト文化を終わらせるためにできること

2023年11月10日　第一刷発行
2024年9月10日　第四刷発行

著　者　ジョナサン・マレシック
訳　者　吉嶺英美

発行者　清水一人
発行所　青土社

〒101-0051　東京都千代田区神田神保町1-29　市瀬ビル
［電話］03-3291-9831（編集）　03-3294-7829（営業）
［振替］00190-7-192955

印刷・製本　シナノ
装丁　大倉真一郎

ISBN978-4-7917-7591-0　Printed in Japan